KB071780

예술가의 해법

Fixed.

FIXED.:
HOW TO PERFECT THE FINE ART OF PROBLEM-SOLVING
by Amy E. Herman

Copyright © 2021 by Amy E. Herman

This Korean edition was published by Chungrim Publishing Co., Ltd.
in 2023 by arrangement with Amy E. Herman c/o Writers House LLC
through KCC(Korea Copyright Center Inc.), Seoul.

이 책은 (주)한국저작권센터(KCC)를 통한
저작권자와의 독점계약으로 청림출판(주)에서 출간되었습니다.
저작권법에 의해 한국 내에서 보호를 받는 저작물이므로 무단전재와 복제를 금합니다.

문제의
너머를 보다

예술가의 해법
Fixed.

에이미 E. 허먼 지음 | 문희경 옮김

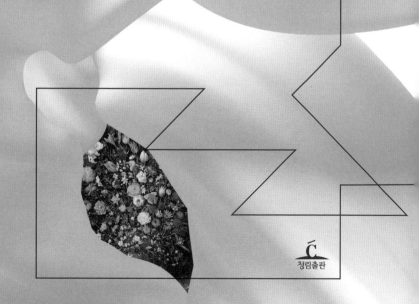

청림출판

기뻐하자! 우리 시대는 견딜 수 없다.
용기 내자. 최악은 최선을 예고하므로.

제니 홀저Jenny Holzer, 〈선동적 에세이Inflammatory Essays〉, 1979~1982

차례

작가의 말   이 책에서 인터뷰에 응해주신 분들은 대부분 매우 섬세한 작업을 하는 분들이므로 사생활 보호를 위해 이름과 세부 정보를 변경했습니다. 살아 있거나 고인이 된 특정 인물을 연상케 하는 내용이 있다면, 전적으로 우연의 일치이고 의도하지 않았습니다. 이 책의 작품은 모두 작가나 저작권사의 허락을 받아 실었습니다.

서론

이제 당신이 불편해할 일을 요청하려 한다. 누드와 죽음이 나오는
데다 주변의 모두를 무시해야 하는 일이다.

　방문을 닫고, 휴대전화를 끄고, 노트북을 덮고, 긴급한 연락과
이메일과 회의 요청도 잠시 무시하고 10쪽의 그림을 가만히 들여다
보라. 그림의 크기도 보고, 세부 요소도 살피고, 그림에 등장하는 사
람이나 사물의 수를 세어보고, 무슨 상황인지 짐작해서 정리해 보라.

　심호흡을 하고 생각이 흐르는 대로 놓아두자. 그림 속 혼돈을
보고 무슨 생각이 드는가? 자연재해일까? 인간이 일으킨 재난일까?
현재 여러분의 나라에서 벌어지는 상황인가? 어쩌면 좀 더 사적인
상황이 떠오를 수도 있다. 회사에서 일어나는 일일 수도 있고, 감당
하기 힘든 가족 갈등일 수도 있고, 추수감사절에 줌으로 함께 해야
하는 상황일 수도 있다. 누구든, 어디에 살든, 그림 속 절망적 상황에
공감할 것이다.

　이 그림은 테오도르 제리코Théodore Géricault의 〈메두사호의 뗏목〉
이다. 프랑스 구축함 메두사호가 군함 네 척으로 구성된 선단을 이
끌고 항해하다가 다른 배들과 떨어져 아프리카 해안에서 약 50킬로
미터 떨어진 바다에서 표류한 실화를 모티프로 한 작품이다. 그저

〈메두사호의 뗏목The Raft of the Medusa〉, 테오도르 제리코, 1819, 캔버스에 유채

먼 옛날에 발생한 재난으로 보일 수도 있다(실제로 1816년 7월 17일에
발생한 사건을 묘사한 그림이다). 하지만 파국에 이르는 과정을 들여다
보면 바로 지난주에 발생한 재난이나 당장 오늘이나 내일 일어날지
모를 재난이 떠오를 것이다. 이 배가 좌초된 데 막중한 책임을 져야
할 사람은 경험이 부족한 중년의 관료였다. 부유한 백인인 그는 멀
리 떠 있는 구름을 육지의 산으로 착각해서 (배 주위에 흰 물결이 일어
나는데도) 구름이 멀리 있으니 자기네는 먼바다에 나와 있다고 믿고
배를 곧장 모래톱으로 몰았을 만큼 무능했다. 배가 모래톱에 박힌
뒤에도 대포 열네 기를 바다로 던져서(대포의 무게가 42톤이었다) 배
를 모래톱에서 빼내자는 제안을 거부했다. 그러나 배가 해안가에서

좌초되었다고 해서 반드시 비극으로 끝나야 했던 것은 아니다. 선단의 다른 배들을 호출해 무기와 금을 옮겨 싣고 승객들을 해변으로 안전하게 실어나른다는 계획도 있었다. 그러다 폭풍우가 몰아쳐 메두사호가 갈가리 뜯기기 시작하자 선장은 공황에 빠졌다. 그는 계획을 다 버리고 급히 구명보트에 옮겨 탔다. 그리고 여섯 척밖에 없는 구명보트에 장교와 총독과 이들의 가족만 태웠다.

위기 상황을 이렇게 황당할 정도로 무능하게 대처하는 모습에서 우리 시대의 단면을 보는 것 같다. 선장은 승객의 절반에 가까운 사람들(민간인과 하급선원)을 얼기설기 만든 뗏목에 태웠다. 원래 화물을 실어야 할 뗏목에 사람을 태운 것이다. 그것도 넘치게 많이 태웠다. 곧 부서질 것 같은 뗏목이 물속에 반쯤 잠겼다. 길이 19미터에 폭이 7미터인 뗏목은 봄철 나들이객 정도는 태울 수 있을지언정 남자 146명과 여자 한 명, 열두 살짜리 소년 한 명을 태우기에는 역부족이었다. 이 사람들은 바뀐 계획에 따라 모두 바다로 향했다. 밧줄 두 줄로 구명보트에 묶인 뗏목 하나에 실린 채로. 급조된 계획이기는 해도 처음 얼마간은 순조롭게 흘러갔다.

문제에 봉착하기 전까지는.

구명보트의 노 젓는 선원들은 얼마 지나지 않아 하중이 과도해서 구명보트가 앞으로 나아가지 못하는 것을 알았다. 선장은 구명보트의 승객들까지 위험해질까 우려해 밧줄을 끊으라고 명령했다. 조타 장치도, 돛도 없는 뗏목에 와인 한 병과 비스킷 한 통만 던져 주고 그들끼리 알아서 살아남게 버렸다. 망망대해에 홀로 떠 있는 뗏목 위의 사람들(청년도 있고 노인도 있고, 흑인도 있고 백인도 있고, 남자도 있고 여자도 있고, 노련한 사람도 있고 미숙한 사람도 있었다)은 서로

잔인하게 싸우면서 무서운 속도로 타락하여 급기야 인육을 먹기에 이르렀다. 모자와 벨트를 먹어 치우고 나서 서로에게 눈을 돌린 것이다. 13일 만에 구조된 뗏목에는 열다섯 명만 살아남았고 그마저도 다섯 명은 목숨만 겨우 붙어 있었다. 뗏목에 탄 사람들을 구조한 어느 선원은 이렇게 적었다. "구조된 사람들은 며칠 전부터 인육을 먹었다. 뗏목을 발견하고 보니 그들이 말리려고 널어놓은 고기 조각이 스테이 역할을 하던 밧줄을 다 덮었다."

이 섬뜩한 이야기는 프랑스를 뒤흔들었고, 체제를 향한 냉혹한 시선이 새로 복원된 왕가를 향했다. 그래서 왕당파는 이 잔학한 사건을 덮기로 하고, 148명 전원이 바다에서 표류하다 실종되었다고 발표했다. 그러다 생존자 두 명(이 그림의 돛대 옆 두 사람인 메두사호의 외과의와 기술자)이 뗏목에서 벌어진 상황을 생생하게 증언하는 글을 썼는데(그 후 이 글을 보강해서 책으로 냈다), 그 내용은 당국의 공식 발표와 상반되었다. 이 책은 프랑스에서 베스트셀러가 되었고, 귀족계급의 냉혹함이 신문의 표제를 장식했다. 이 사건에 대한 비판이 거세지자 메두사호의 선장이 재판정에 불려 나갔다. 하지만 법적 절차를 거친 끝에 가벼운 형을 받아(사형이 아니라 고작 3년 형이었다) 공분을 샀다.

메두사호 조난 사고가 발생하고 3년이 지난 1819년에 실물 크기에 가까운 그림 〈메두사호의 뗏목〉이 파리 살롱에 처음 공개되었을 때도 역시 모두가 격분했다. 당시 양쪽으로 갈라진 정치 지형을 반영하듯 평론가들도 이 작품의 가치를 두고 양분되어 작품의 시의 적절함에 찬사를 보내거나 부정확한 요소를 지적하며 조롱했다(예컨대 굶주린 생존자들이 무슨 역도 대회에 나간 사람처럼 보인다는 식이었다). 또 누군가는 흑인을 작품의 중심에 배치한 점을 들어 화가가 인종 폭동을 들쑤신다고 비난했다. 이 작품을 본 루이 18세는 정치적 의미는 모른 척하고 너그럽게도 화가의 위대한 성취에 주목하며 "제리코 선생, 난파선을 그렸군요"라고 말하고 짜증이 난 듯 잠시 말을 끊었다가 "선생에게 잘 맞는 그림은 아니군요!"라고 평했다. 제리코는 이 작품에 건 기대만큼 반응이 오지 않자 실망해서 액자에서 그림을 떼어내며 탄식했다. "봐줄 가치도 없는 그림이군."[1]

그러나 루브르박물관과 수많은 관람객은 그렇게 생각하지 않는 모양이다. 〈메두사호의 뗏목〉은 (화가의 사후인 1824년까지도 제대로 인정받지 못했지만) 현재는 루브르박물관에서 한쪽 벽면을 당당히 차지하고 있다. 이 작품은 생생하고 복합적이고 섬뜩하다. 당시의 정치상과 (미술과 프랑스의) 역사를 담은 이 작품은 화가가 몇 년에 걸쳐 면밀하게 조사하고 외딴 작업실에서 고도의 집중력으로 완성해서 대중에게 선보인 역작이다. 그래서 나는 이 작품이 난해한 문제를 해결하는 법을 배우는 데 완벽한 입문서가 될 수 있다고 판단했다.

누구나 언제든 문제를 겪게 마련이므로 문제 해결은 인간의 중요한 생존 능력이다. 문제를 해결하는 과정은 생산성 면에서든, 수익성 면에서든, 평화를 위해서든 중요한 요소다. 그러나 오늘날의 복잡한 기술 중심 세계에서 우리의 문제 해결 능력이 과부하에 걸릴 때가 많다. 인류 역사상 처음으로 수많은 사람이 같은 친구를 두었다. 애플의 시리Siri와 아마존의 알렉사Alexa. 우리는 점차 인공지능에 의존하여 살아가면서 상상력까지 인공지능에 의존한다. 그러나 인터넷이 바로바로 정답을 토해내는 사이에 우리의 추론 능력은 약해지거나 애초에 발달하지 못할 수 있다. 구글이 있는데 뭐 하러 문제를 해결하는 법을 배워야 하느냐는 것이다.

안타깝게도 재난이 발생할 때마다 검색창에 문제를 넣는다고 바로 정답이 나오는 것은 아니다. 머피의 법칙과 성경에서도 알 수 있듯이, 문제는 언제든 발생한다. 더욱이 요즘처럼 위험한 세상에서는 기저에 은밀하게 얽혀 있는 문제나 가파른 비탈길 위에 위태롭게 서 있는 문제가 날로 늘어나고, 이런 문제를 풀려면 인간의 손길이 필요하다. 우리는 한평생 인간으로 살면서 모든 직종과 각계각층의 사람들에게 발생하는 문제를 파악해야 하고, 더 나아가 해결할 수도 있어야 한다. 문제가 우리를 집어삼키거나 지옥에 떨어뜨리거나 파멸시키기 전에. 다행히 문제 해결 능력은 학습이 가능하다. 그러나 안타깝게도 배울 기회가 많지는 않다.

얼마 전에 함께 점심을 먹은 대학교수가 바로 이 문제에 대한 해결책이 부족하다고 개탄했다.

"학기마다 스마트폰으로 답을 찾는 데 익숙한 학생들이 새로 들어와요. 스스로 해결할 상황에서 스스로 해결하지 못하죠. 문제는 이런 학생들에게 어떻게 문제 해결 능력을 가르쳐야 할지 나도 막막하다는 거예요."

나는 지난 18년간 리더십 컨설턴트로서 실리콘밸리의 경영자부터 네이비실Navy SEAL(미국 해군 특수부대 – 옮긴이)에 이르기까지 세계 각지에서 다양한 직종의 사람들을 상대로 전문가 양성 프로그램을 진행하면서 좋은 교육 자료가 얼마나 효과적일 수 있는지 직접 확인했다. 물론 문제를 해결하기 위해 태도나 접근 방법을 조정하는 법에 관한 책은 많이 나와 있다. 나 역시 그런 책으로 도움을 받은 적이 있지만, 진퇴양난에서 정확히 어떻게 빠져나올지 차근차근 이끌어 주는 책은 만나지 못했다. 그래서 내가 한 권 쓰기로 했다.

　나는 강력계 형사나 인질 협상 요원들을 상대로 프로그램을 진행하면서 때로는 답이 명백해 보여도 그 이면을 보거나, 아래를 들춰 보거나, 한 발 떨어져서 보아야 온전한 답을 찾을 수 있다는 교훈을 얻었다. 그래서 문제 해결에 관한 유명한 말, 재앙의 불가피성을 지적한 말에서 출발하기로 했다. "잘못될 가능성이 있으면 꼭 잘못된다."

　이는 오래된 개념이지만 실제 인물인 공군 엔지니어 에드워드 A. 머피Edward A. Murphy 대위가 이 유명한 말을 조금 바꿔 말하면서 1950년대에 다시 인기를 끌었다.[2] 머피 대위는 공군에서 갑작스러운 감속 상황에서 인체의 한계를 테스트하는 MX981 프로젝트를 진행하던 중 어느 기술자가 변환기의 배선을 잘못 연결해 놓은 것을 발견했다. 그리고 그 기술자의 서툰 솜씨를 탓하며 이렇게 투덜댔다. "이 사람은 잘못할 길이 있으면 반드시 찾아내고야 마는군." 이 프로젝트 책임자가 머피의 이 표현을 글로 옮기며 '머피의 법칙'이라고 불렀다. 프로젝트의 다른 엔지니어들도 이 표현을 썼다. 다만 문제가 발생할 소지를 미리 발견하고 차단하기 위한 금언으로 삼았다. MX981 프로젝트의 책임자인 군의관 존 폴 스태프John Paul Stapp 박사는 기자회견을 열어 안전성 기록을 높이 평가하면서(스태프 박사는 침팬지와 곰을 고속 로켓 썰매에 묶고 그 자신도 인간 기니피그가 되어 로켓 썰매에 탑승했다.[3] 결과적으로 중력 때문에 모세혈관에서 혈액이 빠져나와 눈이 충혈되는 정도의 증상만 경험했다.), 연구팀이 머피의 법칙을 경계한 덕분이라고 말했다. 이렇게 하나의 법칙이 탄생했다.

　문제 해결에 관한 가장 유명한 표현이 이렇게 군사학에서 왔다면, 정반대 방향에서도 해결책을 발견할 수 있지 않을까? 뇌의 반대편 영역을 주로 쓰는 사람들, 예술가 말이다.

가능해 보였다. 독일 영화감독 빔 벤더스Wim Wenders가 창의성을 '강박적 문제 해결'이라고 정의한 것을 보고, 나는 예술가가 극복해 나가는 무수한 장애물을 체계적으로 살펴보면 내가 원하는 문제 해결의 구체적인 단계를 발견할 수 있을 것으로 기대했다. 그리고 예술가가 문제를 분류하고 해결하는 창작 과정(개념을 잡고 작품으로 구현하는 전체 과정에서 데드라인과 자금이나 재료나 동기의 제약을 비롯한 온갖 장애물에 직면하는 과정)을 탐색하자 누구나 쉽게 따라 할 수 있는 지침서가 나왔다. 번호를 따라가며 색칠하면 완성되는 그림과 같다.

이 책은 접근하고 실행하는 단계부터 배포하고 인정받는 단계에 이르기까지 예술가의 창작 과정에 따라 구성되었다. 준비 단계, 밑그림 단계, 전시 단계의 3부로 구성된다. '관점을 바꿔라'나 '데드라인을 정하라' 같은 구체적인 단계도 있고, '관계와 경고신호를 알아채라'나 '모순을 관리하라' 같은 독창적인 단계도 있다.

결과적으로 독특하고 현란하고 때로는 불안할 정도로 강렬한 예술품(잘린 머리통과 훤히 드러난 젖가슴, 낙서와 사진, 옛 거장의 작품과 쓰레기로 제작한 예술품)을 즉흥적으로 느껴 보는 사이 의사 결정과 문제 해결, 창의적 사고를 키우기 위한 구체적이고 신뢰할 만한 로드맵이 나올 것이다. GPS도 필요 없다.

예술이든 예술가든, 난해하고 둔감하고 때로는 외설적이라는 억울한 비난을 듣는다. 그러나 바로 이런 이유에서 예술이 문제 해결에 완벽한 환경을 조성해 주는 것이다. 어차피 현대를 살아가는 우리가 직면하는 문제도 예술만큼 복잡다단하기 때문이다.

안심하라. 미술사를 배웠거나 예술에 관한 지식이 있어야만 효과를 볼 수 있는 것은 아니다. 그냥 눈을 뜨고 마음을 열기만 하면 된다. 진지하게 예술을 공부하자는 것이 아니다. 예술을 통해 우리와 우리가 직면하는 문제를 이해하자는 것이다.

예술은 보편적인 언어다. 세계 어디에 사는 누구든, 예술을 통해 문제 해결 방법을 배울 수 있다. 전혀 다른 배경 출신으로 매사를 정반대로 바라보는 두 사람이 같은 그림 앞에 서서 무엇이 보이는지 대화를 나눌 수 있다. 예술은 우리가 우리에게서 벗어나 안전한 거리에서 관찰한 내용을 분석하고 실행 가능한 지식으로 바꾸게 해준다. 그사이에 문제가 왜 발생하고 그 문제를 어떻게 바로잡을지 깨달을 수 있다.

예술이 문제 해결에 도움이 되는 또 하나의 이유는 그것이 우리 자신의 뿌리 깊은 진실을 드러내 주기 때문이다. 우리가 벗어나지도 못하고, 우리 자신에게조차 감춰진 진실 말이다.

예를 들어보자.

나는 '지각의 기술' 강의에서 다음 18쪽의 두 작품을 보여준다.

우선 참가자들에게 두 작품의 차이점과 유사점을 찾아보게 한다. 그리고 두 사람의 자세, 링컨의 흐트러진 넥타이, 워싱턴 뒤에 뜬 무지개, 그리고 때로는 당연한 사실, 그러니까 하나는 그림이고 다른 하나는 사진이라는 사실에 관해서도 논의한다.

잠시 두 이미지를 찬찬히 살펴보고 유사점과 차이점을 다섯 가지 이상 확인해 보라.

이번에는 19쪽의 두 작품에서 두 가지 유사점을 찾아보라.

〈조지 워싱턴(랜즈다운 초상화)George Washington(Lansdowne Portrait)〉, 길버트 스튜어트, 1796, 캔버스에 유채

〈앉아 있는 에이브러햄 링컨Abraham Lincoln seated〉, 알렉산더 가드너, 1865.2.5, 사진

　　글을 읽을 수 있는 나이만 되어도 두 사람 중 왼쪽 대통령의 임기를 두 번까지는 아니어도 적어도 한 번은 겪었을 것이다. 이제 당신은 마음속으로 쉴 새 없이 많은 말을 쏟아낼 것이다. 오바마가 좋든 싫든, 아예 관심이 없든, 내가 강의에서 오바마의 이미지를 꺼내는 순간 사람들의 마음도 달라진다. 여기서부터 사적인 영역으로 넘어가는 것이다. 좋은 점과 싫은 점이 떠오를 것이다. 웅변술로든 인종으로든, 오바마를 링컨과 비교할 수도 있다. 국민 의료와 일자리를 떠올리든, 선거나 노예제나 슬픔이나 분노나 영광을 떠올리든, 이제는 단순한 이미지 이상의 무언가를 생각하게 된다.

　　그리고 이 생각에는 개인의 편견이 개입한다.

　　앞의 두 대통령의 이미지를 볼 때는 객관적으로 분석할 수 있었

〈버락 오바마Barack Obama〉, 케힌데 와일리, 2018, 유채

〈앉아 있는 에이브러햄 링컨〉, 알렉산더 가드너, 1865.2.5, 사진

다. 어느 한 사람에게 표를 던지거나 반대할 필요가 없다. 미국사 수업이 아니라면 굳이 어느 한 사람을 지지하거나 반대하는 문자 메시지를 보내거나 트윗을 올리거나 의견을 피력하지도 않는다. 그러나 두 번째로 제시한 두 이미지를 분석할 때는 사정이 달라진다. 갑자기 당신의 지각에 필터가 생기고, 당신이 보는 이미지에 색깔이 덮인다. 좋은 쪽으로든 나쁜 쪽으로든.

사실 편견을 경고하는 말을 많이 듣지만, 원래 편견은 나쁜 것이 아니다. 누구에게나 편견이 있다. 어떤 편견은 으르렁거리는 호랑이의 본능적 경계심처럼 우리의 생존에 유리하다. 우리가 이렇게 망설이는 태도를 타고나지 않았다면, 육식동물의 먹잇감이 될 것이다. 반면에 누군가의 겉모습만 보고 부당하게 경계한다면 그 사람을 오해하고 상처 주고 그 사람과 의미 있는 관계로 발전할 기회를 놓칠 수 있다. 그래서 훌륭한 제자가 될 재목을 놓치거나, 우리에게 간절히 필요한 지혜를 나눠 줄 노인을 알아보지 못할 수 있다. 직장에서 발전하거나, 임금을 인상하거나, 승진할 기회를 놓칠 수도 있다. 따라서 문제를 잘 해결하려면, 특히 우리의 생각과 '반대편'에 있는 사안을 다룰 때는 스스로 편견을 알아챌 방법을 배워야 한다.

　　메두사호의 뗏목이 그러했듯이, 나는 우리가 서로를 잡아먹기 전에 예술이 우리를 혼란과 혼돈에서 끌어낼 수 있다고 믿는다. 또 우리는 문제를 재난이 아니라 기회로 보는 법도 배울 수 있다. 외부에서 어떤 문제가 발생하면, 제도의 결함과 조직의 허점과 우리 내면의 문제를 들여다볼 기회가 생긴다. 일단 문제를 찾기만 하면 그 문제를 바로잡아서 우리 자신과 우리의 일과 인간관계를 더 공고히 다질 수 있다. 윈스턴 처칠Winston Churchill이 위기는 기회라고 하지 않았던가.

기밀 군부대의 강의 사례 I

코로나19 범유행으로 여행이 금지되고 얼마 되지 않았을 때였다. 이름을 밝힐 수 없는 군부대의 지도자에게서 '지각의 기술' 강의를 그 부대의 특성에 맞게 진행해 줄 수 있느냐는 의뢰가 들어왔다. 그 지도자는 내게 성은 빼고 이름만 알려주었다. 여기서는 '캐럴린'이라는 가명을 쓰겠다. 물론 그 사람이 내게 말해준 이름도 정부의 인적사항에 올라간 실명은 아니었겠지만. 상대가 여성으로 짐작되는 목소리로 말하고 여자 이름을 대기는 했어도 정말로 여자인지는 알 수 없다.

캐럴린이 넌지시 내비치면서도 모호하게 말을 골라 소개한 이 부대는 "스트레스가 극심한 환경에서 뛰어난 인지 능력"을 발휘할 수 있도록 고도로 훈련받은 조직이었다. 그러나 최근 훈련에서 부대원들이 위험천만한 지각 오류를 범하기 시작했다. 훈련을 마치고 함께 모여서 정리하는 시간에 부대원들은 이런 실수가 개인의 문제인 동시에 부대 전체의 문제라는 데 의견을 모았고, 캐럴린이 국방부의 한 지인에게서 '지각의 기술' 강의에 관해 듣고 내게 연락한 것이다. 캐럴린은 내게 그 부대의 성격에 맞게 강의를 조율해서 최근의 지각 오류 문제를 해결하고 향후 중대한 임무에서 주어진 상황을 정확히 파악하기 위한 도구를 마련해 달라고 주문했다.

좋은 시절이었다면 어디든 달려가 직접 강의를 진행했을 것이다. 사실, 이런 강의는 생각만큼 거창한 행사가 아니다. 대체로 별다른 특징 없는 정부 건물이나 외따로 떨어진 회의실에서 진행된다. 그리고 나는 이왕이면 그 도시에서 가까운 미술관에서 강의를 진행하려고 한다. 파워포인트로 강의를 진행하다가 잠시 시간을 내서 참가자들과 함께 예술품을 직접 둘러보기 위해서다. 이런 강의의 이점은 청중을 직접 만날 수 있다는 점이다. 캐럴린의 부대처럼 신원을 밝히지 않아도 직접 만나면 참가자들의 신체 언어를 읽고 정보를 수집할 수 있다. 그들 안에 위계질서가 있고 질서가 느슨하게든 엄격하게든 유지되고 있다면, 나는 주로 그들이 소통하는 모습을 보고 정보를 얻을 수 있다. 집단 안에서 누가 어떤 역할을 하는지, 모두가 대화를 나눌 때 누가 긴장을 풀어주는 역할을 하는지, 누가 대화를 주도하는지, 누가 등장할 때 모두가 갑자기 긴장하면서 자세를 고쳐 앉는지 따위를 관찰할 수 있다.

그러나 이번 강의에서는 이런 단서를 전혀 얻을 수 없다. 코로나19 범유행으로 컴퓨터로만 만날 수 있었다. 참가자들은 각자의 이름이 들어간 검은 상자로만 화면에 나타났다. 캐럴린은 내게 부대의 구성이나 임무에 관해서는 정보를 많이 주지 않았다. 그저 그들이 "빠르게 변화하고 주로 적대적인 환경에서 끊임없이 위기를 판단하는" 임무를 수행한다고만 밝혔다. 미국 내에서 작전을 수행할까? 아니면 해외에서? 대면으로? 원격으로? 혼자서? 팀으로? 단기간? 장기간? 캐럴린이 준 단서 외에 작은 정보라도 더 캐내려고 하면 그는 보안상 밝힐 수 있는 정도는 다 말했다면서 선을 그었다. 그리고 이렇게 말했다. "우리 임무에서 실패는 선택지가 아니라고만 말씀드릴 수 있습니다."

나는 무심코 "그건 누구나 마찬가지죠!"라고 대꾸했다.

그러자 캐럴린이 마침내 내가 요긴하게 써먹을 만한 단서를 흘렸다. "그런데 우리 팀에서는 실수하면 곧장 인명 손실로 이어지니 실수는 절대로 용납되지 않습니다."

그렇게 원격으로 강의를 진행하는 데 필요한 단서가 주어졌다. 그 덕분에 이제는 맨땅에서 시작하지 않아도 되었지만, 심사숙고해서 진행해야 했다.

준비
단계

Prep

〈아티스트매거진Artists Magazine〉에 따르면 초보 예술가가 가장 흔하게 저지르는 실수는 작업에 착수하기 전에 준비 단계를 소홀히 하는 것이다.[1] 캔버스에 애벌칠을 제대로 해두지 않으면 나중에 물감이 굳어서 떨어지거나, 캔버스 섬유가 물들어 작품을 망치거나, 작품의 가치가 크게 떨어질 수 있다. 그러면 예술가의 시간과 자원과 창조적 작업이 무용지물이 된다.

문제 상황의 규모와 심각도와 민감도를 제대로 고려하지 않고 곧장 해결하려고 뛰어들면 좋은 결과를 얻지 못한다. 1부에서는 문제 해결을 준비하는 과정에 필요한 세 단계를 알아본다. 주로 문제가 발생하기 전에 예방 차원에서 시도하는 단계다. 우선 문제 해결의 주체인 우리 자신을 이해하는 과정에서 시작할 것이다.

우리 자신과 우리의 마음을 모르는 채로는 문제를 제대로 해결할 수 없다. 우리가 어떤 필터로 세상을 보는지 알아채는 법을 터득하면, 그 필터만이 아니라 일상에서 부딪히는 온갖 난관을 극복하는 데도 도움이 된다. 이처럼 각자가 자화상을 그리면 인종이나 권력, 특권처럼 뜨거운 논란을 일으키는 주제에 관해 스스로 어떻게 생각하는지 점검해 우리 자신과 타인의 편견을 더 많이 이해한 상태에서 문제 해결 상황에 직면할 수 있다.

〈핥기와 거품내기Lick and Lather〉, 재닌 안토니, 1993

1569년에 스페인 국왕 펠리페 2세의 주치의 알폰소 폰체 데 산타크
루즈Alfonso Ponce de Santa Cruz는 왕족 하나가 특이한 망상을 일으킨 과
정을 상세히 기록했다.[1] 그 환자가 갑자기 딴사람으로 돌변해서 뺄

〈핥기와 거품내기〉, 재닌 안토니, 1993

정다리로 걷고 문지방에 걸려 넘어지려 하는데도 시종조차 몸에 손
대지 못하게 했다.

다른 면에서는 명석하고 사리 분별이 잘 되던 이 사람은 어느
날 깨어 보니 다른 사람이 되어 있다고 스스로 믿었다. 그는 몸이 뼈
가 아니라 유리로 되어 있다고 믿었다.

그는 무슨 일이 있어도 집 밖에 나가지 않고 늘 침대에 두툼한
담요와 밀짚을 깔아 푹신하게 만들어 두고는 그 속에 들어가 며칠씩
꼼짝하지 않고 누워만 있었다. 누구도 그의 생각이 틀렸다고 설득
할 수 없었다. 그러나 주치의에게는 계획이 있었다. 주치의는 환자

의 방을 밀짚으로 모두 덧대게 했다. 그리고 방에 환자만 남기고 모두 나가서 문을 잠그고 밀짚에 불을 붙이게 했다. 그러자 환자는 문을 향해 미친 듯이 몸을 던지며 탈출하려고 몸부림쳤다. 환자가 도와달라고 애원하자 주치의는 문밖에서 침착하게 그에게 무슨 상황인지 생각해 보라고 했다. 그의 몸이 유리로 되어 있다면 그렇게 거칠게 몸을 부딪쳤을 때 벌써 깨지지 않았겠느냐고 했다.

환자는 바로 알아들었다. 그는 몸이 유리로 되어 있지 않다고 인정하고 바로 (여러 면에서……) 구조되었다.

몸이 유리로 되어 있다는 공포는 중세부터 19세기까지 널리 퍼져 있어서 심리학에서는 '유리 망상glass delusion'이라는 정식 명칭도 얻었다.[2] 이 증상을 보인 유명인으로는 프랑스의 샤를 6세와 바이에른 공국의 알렉산드라 아멜리에 공주가 있다. 요즘은 과학이 발전해서 몸이 유리 뼈대로 되어 있다고 믿는 사람이 없지만, 여전히 사람들은 온갖 망상을 일으킨다. 과대망상을 보이는 사람은 자기를 실제보다 더 착하고 똑똑하고 너그럽다고 믿고 남들이 자기를 어떻게 보는지 모른다. 2013년에 교도소 수감자를 대상으로 한 연구에서는 폭력적인 범죄자가 자기를 보통의 시민보다 더 친절하고 진실할 뿐 아니라 준법정신이 부족하지 않다고 여기는 것으로 나타났다.[3]

망상이란 어떤 사람이 생각하는 자기 모습과 현실의 모습 사이의 연결이 끊긴 상태다. 말하자면 자의식self-awareness이 결핍된 상태다. 대다수 사람이 자의식 결핍 상태다.

심리학자 타샤 유리크Tasha Eurich는 전체 인구의 95퍼센트가 자의식이 있다고 믿지만 실제로는 10~15퍼센트만 자의식이 있다고 지적한다.[4] 지도자를 대상으로 한 통계는 더 심각하다. 글로벌 경영 컨

설팅 회사 헤이그룹Hay Group에서는 총괄 관리자 이상의 경영진 1만 7000명을 대상으로 행동 역량을 분석하여 그중 4퍼센트만 정말로 자의식을 가졌다는 결과를 얻었다.[5]

역사상 유례없는 정보 과잉의 시대에 우리는 왜 우리 자신에 대해서는 무지할까? 답은 단순하다. 무지한 채로 머물고 싶기 때문이다.

2009년에 〈뉴욕타임스New York Times〉의 칼럼니스트 니컬러스 크리스토프Nicholas Kristof는 또 한 종의 종이 신문 폐간을 개탄하는 칼럼에서 MIT의 연구를 언급했다. 미래에는 사람들이 뉴스를 신문과 주류 뉴스 매체처럼 엄선된 출처가 아니라 온라인에서 '주워들을' 거라는 내용이었다. 월드와이드웹www에서 검색할 수 있게 되면서 정보 민주화가 이루어졌지만, 한편으로 인터넷 이용자에게 특수한 힘이 생겼다. 모두가 편집자가 되는 것이다. 문제는 사람들이 이렇게 정보 수집에서 완전히 주도권을 가지면 당연하게도 자기 의견을 지지하는 의견으로 치우치게 되고, 결국 비슷한 보도만 소비하게 된다는 점이다.

크리스토프는 칼럼에서 이렇게 썼다. "이렇게 흘러가야 한다면, 주여, 저희를 저희 자신에게서 구하소서."[6]

도널드 트럼프Donald Trump가 미국 대통령으로 선출된 뒤 사람들이 보인 충격과 경악은 크리스토프의 우려가 틀리지 않았다는 것을 보여준다. 2016년 영국의 브렉시트Brexit 투표 결과와 2017년 인도 우타르프라데시주 주의회 선거에서 인도인민당이 압승한 사례만 보더라도 결코 미국만의 추세가 아닌 것을 알 수 있다. 미국과 영국과 인도의 이 세 사례에서 대중의 생각을 정확히 읽어야 할 여론조사 기관과 전문가와 주류 언론이 완전히 헛짚었다는 것을 알 수 있다. 왜일까? 상황을 정확히 읽지 않아서였을까? 아니면 그들 자신의 희망과 의견에 눈이 멀어서였을까? 보고 싶은 것만 본 것일까?

모두 맞는 말이다. 전문가들조차 이렇게 헛짚었다면 정보 수집에 관해 우리 같은 비전문가는 날마다 얼마나 더 헛짚을까?

행동과학에서는 인간은 누구나 선택적 진실을 추구한다고 설명한다. 그래야 마음이 편해지기 때문이다. 누구나 자신의 신념과 삶의 양식을 연대 보증해 주는 사람들에게 둘러싸여 살고 싶어 한다. 캔자스대학교의 연구자들은 최근에 유사성을 향한 욕구는 그저 위로받고 편안하게 지내기 위한 선택이 아니라 우리의 DNA에 각인된 기본적인 심리 요소라는 결론에 이르렀다.[7] 그래서 오히려 더 혼돈에 빠질 수 있다. 개인적으로나 직업적으로나.

무사안일주의와 확증 편향

메두사호의 쇼마레 선장은 배가 출발할 때부터 정부情婦와 갑판 밑 선실에서 지냈다. 그가 그냥 노련한 선원들에게 선단의 다른 배들을 따라가라고 허락했더라면 문제가 생기지 않았을 수도 있다. 선원들은 모두 연안의 위험한 해역을 항해하는 데 잔뼈가 굵은 사람들이었다. 하지만 프랑스혁명 시대에 나폴레옹 군대에 들어가 영국과 싸운 선원들과 영국군의 편에서 왕정복고를 위해 싸운 선장 사이의 알력이 수면 위로 올라왔다. 이 와중에 세네갈의 신임 총독으로 임명된 쥘리앵 데지레 슈말츠 Julien-Désiré Schmaltz가 선장에게 빠른 항로로 가

달라고 재촉했다. 슈말츠도 왕당파에 승부를 건 사람이었다. 나폴레 옹이 워털루전투에서 승리했다면 슈말츠는 왕의 편에 선 반역자로 재판정에 섰을 것이다. 그러나 결국 슈말츠가 내기에서 이겼고, 루이 18세가 왕위에 오르자 선장의 별과 함께 슈말츠의 별도 떠올랐다.

이처럼 분열이 심각한 메두사호가 암초에 걸려 방향을 잃은 것이다. 바다색이 갑자기 옅어지자 선원들은 사하라사막의 모래가 방다르갱 만으로 흘러 내려와 생긴 여울에 가까워진 것 같다고 선장에게 알렸다. 선장은 아무것도 모르면서 선원들의 경고를 무시했다. 메두사호가 좌초하기 불과 한 시간 전에 쇼마레 선장은 수심을 재느라 항해가 늦어진다면서 수심을 재지 말라고 지시했다.

그러다 폭풍우가 몰아치고 메두사호가 좌초되어 부서지기 시작하자 선장이 퍼뜩 정신을 차리고 위기 상황에서 기지를 발휘했을까? 아니다. 이런 순간에도 선장은 배와 승객에 대한 책임을 지기보다 상류층 지인들에게 호의를 베풀기 바빴다. 그가 세네갈의 신임 총독을 구명보트로 내려보내 폭신한 안락의자에 앉게끔 배려하는 사이, 다른 승객들은 조악한 뗏목에 모여 앉아 위험에 노출되었다. 선장은 또한 구명보트 탑승 인원을 줄여서 귀족들이 안전하게 항해할 만큼 식량도 확보했다. 최악의 결정은 뗏목에 빽빽이 올라탄 사람들이 폭동을 일으킬까 두려워 뗏목을 예인하는 밧줄을 끊어버린 것이다. 왕이 선택한 선장이 결국 프랑스에서 재판정에 섰을 때 이런 구체적인 사정이 국민에게 새어 나갔고, 계급의식이 뿌리 깊은 프랑스 사회 전체가 들끓었다. 당연하게도 선장은 무능하고 안일한 항해로 유죄를 선고받았다. 그러나 이번에도 그는 특혜를 받았다. 사형이 아니라 고작 3년 형을 받은 것이었다.

불행히도 이처럼 위험천만한 무사안일주의는 프랑스 부르봉 왕조의 몰락과 함께 사라지지 않았다. 노스웨스턴대학교 켈로그경영대학원 경영전략과의 해리 크래머Harry Kraemer 교수는 수많은 기업이 몰락한 원인으로 무사안일주의를 꼽는다. 크래머는 어떤 기업이 시장에서 주도권을 잡으면, 경영진은 모든 상황이 항상 그렇게 잘 풀릴 것으로 믿는다고 지적한다. 그들만의 언론을 읽고 신뢰하기 때문이다.

크래머는 이렇게 경고한다. "무사안일주의가 작동하기 시작하면 기업이 성장하는 데 필요한 지속적인 개선의 기반이 흔들린다. 그러다 결국에는 평범해질 수밖에 없다. 최악의 경우 기업이 비전을 잃는다."[8] 배가 좌초될 것을 직감하면 제일 유능한 사람들부터 배를 이탈한다. 지도자는 혼란 속에서 서둘러 상황을 되돌리려다가 오히려 나쁜 결정을 내리고 현실과 타협한다.

심리학에서는 이렇게 자기 입장을 지지하는 정보는 수용하고 반대되는 정보는 모른 척하거나 부정하는 성향을 '확증 편향confirmation bias' 혹은 '우리 편 편향'이라고 부른다. 빌 비숍Bill Bishop은 2009년에 출간된 《거대한 갈라치기: 왜 비슷한 생각의 미국이 모이면 분열하는가 The Big Sort: Why the Clustering of Like-Minded America Is Tearing Us Apart》에서 우리가 우리의 주장과 일치하지 않는 의견과 관점으로부터 우리를 보호하려다 분열하고 결국에는 양극화와 무관용으로 넘어간다고 지적한다.[9]

교육받지 못하고 정보를 접하지 못하는 사람들(인터넷에 숨어서 염탐하는 무지한 트롤들)에게나 해당하는 얘기라고 치부하기 쉽지만, 실제로 연구에 따르면 교육받은 사람들 사이에 더 널리 퍼져 있는 현상이다.

　나는 이 말에 충격받았다. 나 역시 당연히 '똑똑한' 사람이 덜 편협할 거라고 생각했다. 그러나 꼭 그렇지 않다는 것을 알게 되면서 나 자신의 편견을 깨닫고, 우리의 지도자들도 이런 생각의 보호막 속에서 보호받을 뿐 아니라 그럴 가능성이 남들보다 더 크다는 것도 알았다.[10]

　예일대학교에서 진행된 학생과 화장실에 관한 연구에서는 인간이 타고난 또 하나의 편향을 지적했다.[11] 바로 우리가 실제보다 더 많이 안다고 생각하는 편향이다. 이 연구에서는 학생들에게 화장실 변기와 지퍼와 시계를 비롯해 여덟 가지 물건을 보여주고 각 물건의 작동 원리를 어느 정도 이해하는지 등급을 매기게 했다. 그리고 학생들이 잘 이해한다고 답한 물건의 작동 원리를 설명해 달라고 하면, 대다수가 스스로 지식을 과대평가한 것을 깨닫고 자신의 무지에 놀란다. 이 현상을 '설명 깊이의 착각illusion of explanatory depth'이라고 하는데, 변기에 관해서라면 문제가 되지 않지만(작동 원리를 알든 모르든 어차피 변기는 똑같이 작동할 것이므로) 사업과 정치, 사회, 군사 또는 서아프리카 해안에서 항해하는 일이라면 중대한 영향을 미친다.

　인지과학자 스티븐 슬로먼Steven Sloman과 필립 페른백Philip Fernbach은 《지식의 착각: 왜 우리는 스스로 똑똑하다고 생각하는가 The Knowledge Illusion: Why We Never Think Alone》에서 미국인에게 러시아가 우크라이나의 크림반도를 합병하려는 시도에 미국이 어떻게 대응해야 할지, 또 지도에서 우크라이나를 제대로 짚을 수 있는지 알아본 2014년의 설문 조사를 인용한다.[12] 여러분도 해보자. 두 지도 중 아래쪽 지도를 손으로 가리고 전 세계의 모든 국가가 국경 구분 없이

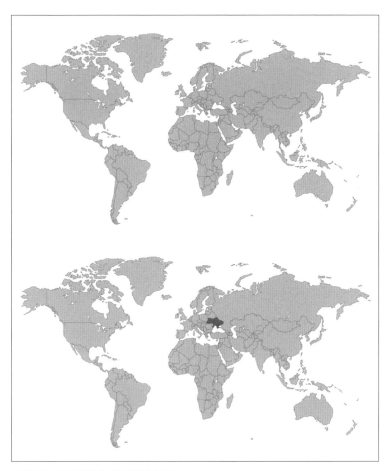

세계지도, 공유 저작권, 위키미디어 공용

표시된 위쪽 지도를 보라. 우크라이나가 어디에 있는지 정확히 짚을
수 있는가?

　정확히 짚었는가? 아리송해서 아래쪽 지도를 확인했다면 답을
몰랐다는 뜻이다. 우크라이나의 위치를 이탈리아나 오스트레일리아
만큼 자신 있게 짚었다면 축하한다. 당신은 답을 아는 소수다. 대다

수는 우크라이나를 제대로 짚지 못한다. 실제로 평균 약 2900킬로미터나 떨어진 엉뚱한 위치를 짚는다.

그러나 미국인의 지리 지식이 부족하다는 것보다 더 충격적인 결과는 이 설문 조사에서 우크라이나의 위치를 더 크게 잘못 짚을수록 크림반도 문제에서 미국의 군사 개입을 허용해야 한다고 응답할 가능성이 커진다는 점이다. 잠시 생각해 보자. 우크라이나에 관해 아는 사람이 더 적을수록, 그들이 이 나라를 침공하는 문제에 찬성할 가능성이 커진다. 만약 미국이 이런 여론조사에 따라 대응했다면 어떻게 되었을까? 지도에서 찾지도 못하는 나라를 침공했을까?

미국은 군사 개입을 하는 대신 우크라이나 영토를 합병한 러시아에 제재를 가했다. 바로 아래쪽 지도에서 검게 표시된 지역이다 (크림반도는 흑해로 튀어나온 남쪽 끝 반도다).

우리는 자연히 우리의 세계관을 강화해주는 정보를 신뢰할 가능성이 크고, 우리와 같은 관점을 가진 사람들을 공개적으로 지지하고 함께 편견을 키우면서 우리의 지식수준을 착각한다. 이런 논리적 오류가 오늘날의 미디어 사용 습관에 의해 더 굳어질 때 진정한 위기가 찾아온다. 2020년 1월 현재, 세계 인구의 절반 이상인 59퍼센트가 하루 평균 6시간 43분 동안 인터넷을 이용한다. 깨어 있는 시간의 3분의 1 정도다.[13] 구글 같은 기술회사들이 우리의 대화와 기호에 의해 발생한 알고리즘과 필터를 참고하여 우리가 좋아할 것으로 예상되는 정보를 더 많이 제시해서 현재 우리는 어느 때보다 우리와 다른 측면을 적게 접한다. 그 대신 우리 자신만 들여다본다. 그리고 우리의 복제물만 본다.

문제 해결의 첫 단계는 문제를 인식하는 것이다. 이제 우리는 오랜 시간 거쳐온 인류의 진화와 현대 커뮤니케이션 기업이 공모하여 우리를 혼수상태로 묶어두려 한다는 사실을 알았다. 따라서 균형 감각을 길러야 한다. 정보를 수집하면서 우리 안의 편견에 반박하기 위해 평소에는 잘 보지 않는 측면을 더 열심히 들여다보고 반대 의견을 찾아 읽고 스스로 불편한 상황에 들어가 확인해야 한다.

간호사 집단과의 문제 해결 과정

미술관은 관람객이 많이 찾아와 소장품을 봐주기를 원한다. 그리고 미술관의 교육부는 이 목표를 달성하는 과정에서 중요한 역할을 한다. 나의 '지각의 기술' 강의는 의대생을 위한 소규모 프로그램에서 출발했다. 학생들은 재미있고 쉬운 인문학 과목으로 학점을 받을 수 있어서 좋고, 미술관(구체적으로는 내가 교육부를 담당한 프릭컬렉션Frick Collection)은 젊고 똑똑하고 활기찬 관람객을 예술의 세계로 끌어들일 수 있어서 좋았다. 나는 첫 학기부터 예술을 보면 감상을 넘어서 새로운 길이 열리는 것을 확인하고 강의의 목표를 확장했다. 미술관에 한 번도 가본 적 없는 학생들이 예술품을 새롭게 바라보는 법을 경험하면서 스스로 새로운 사고방식을 발견하는 모습을 확인했기 때문이다. 처음부터 양방향 도로였다. 말하자면 나는 새로운 학생들을 만나 이미지 자료의 폭을 넓히면서 나만의 유레카 순간을 경험했다. 강의에서 새로운 청중을 만날 때마다 새롭게 응용할 방법을 발견하고, 참가자들의 구체적인 문제를 해결하는 데 도움이 되는 이미지를 찾아보았다. 이런 노력은 지금도 계속된다.

그즈음 나는 레이철이라는 여자에게 전화 한 통을 받았다. 그녀가 일하는 병원의 레지던트를 통해 내 프로그램을 알게 되었다고 했다. 그녀는 내게 그 병원의 간호사들을 위해 강의를 해달라고 요청했다. 나는 승낙하고 첫 번째 실수를 저질렀다. 의사와 간호사는 모두 의료계 종사자이므로 비슷한 내용으로 강의를 준비하면 되겠다고 생각한 것이다. 내 생각이 틀렸다. 의사와 간호사는 같은 공간에서 일하지만 전혀 다른 직종이다. 의사는 병을 진단하고 약을 처방하는 데 비해 간호사는 환자를 안전하고 편안하게 돌봐준다. 따라서 의사와 간호사는 환자를 전혀 다르게 바라본다. 아무리 자상하고 환자를 편하게 대하는 의사여도 결국에는 증거를 검토하고, 진단하고, 치료법을 처방한다. 반면에 간호사는 환자를 잘 돌보기 위해 환자와 환자의 상태, 가족과 친구, 몸짓 언어와 기분, 습관, 두려움, 환자가 하는 모든 말과 숨기려 하는 모든 면을 꼼꼼히 살펴야 한다. 간호사는 환자를 더 긴 시간 만나기 때문에 의사보다 환자에 관해 더 잘 안다. 그래서 간호사들은 남들이 이런 결정적 차이를 알아주지 않으면 섭섭해한다. 나는 레이철과 통화하면서 곧바로 간호사에게 절대로 하면 안 되는 질문이 있다는 것도 알았다. "왜 의사가 되지 않았어요?"

나는 레이철과 함께 일하는 간호사들과 긴 시간을 함께하면서 그들을 위한 강의를 준비했고 강의가 인기를 얻자 함께 박물관에 가서 예술품을 감상하는 시간도 넣었다. 그러면서 생각지도 못한 것을 배웠다. 간호사가 환자에게 보여주는 공감과 친절이 반드시 다른 간호사에게도 적용되는 것은 아니라는 점이다. 사실 간호사 집단에는 정반대의 분위기가 있었다. 주로 선배 간호사가 경험이 부족한 어린 간호사에게 가하는 따돌림과 괴롭힘 때문에 병원이 험악한 업무 공간이 되었다. 이런 분위기는 간호사의 이직률을 높이는 주된 원인이며 비용 면에서도 큰 손실이어서 경영진에게는 골칫거리였다. 이렇게 병원 전체에 퍼져 있는 심각한 문제(불가피한 '통과의례' 정도로 가볍게 보거나 간과하는 문제)에 이름까지 붙었다. 바로 수평적 폭력 lateral violence이다. 이런 문제가 더 심각해질 수 있다.

처음 통화하고 얼마 지나지 않아 레이철은 내게 이런 '해로운 문제'를 해결하는 데 도움을 줄 수 있는지 물었다. 레이철은 이렇게 말했다. "간호사들이 새끼들을 잡아먹고 있어요." 노련한 간호사들이 신입이나 나이 어린 후배에게 노골적으로 적대감과 공격성을 드러내는 통에 안 그래도 스트레스가 심한 업무 환경이 더 힘들어지는 예가 비일비재했다. 이런 적대감은 주로 무능함에 대한 관점 차이에서 생긴다. 젊은 간호사는 새롭고 정교한 기술을 훈련받았다고 생각하고, 나이 든 간호사들은 오래 일하면서 후배들이 상상도 하지 못하는 것을 안다고 생각한다. 마흔한 살의 베테랑 간호사는 내게 이렇게 말했다. "좋은 간호사는 병실에 들어서는 순간 감염의 냄새를 맡아요." 신입 간호사가 이런 직감을 터득하려면 오랜 시간이 걸린다.

또 다른 문제도 있다. 신입 간호사들이 따돌림을 당하고도 보복이 두려워 보고하지 못한다는 점이다. 따라서 억울한 마음이 폭발 직전까지 끓는다. 업무 환경이 이미 압력밥솥 같은 상태여서 모두에게 폭발의 타이머가 짧게 맞춰져 있다. 그러나 아무도 근본적인 문제에는 손대지 않고 그저 눈앞의 상황을 수습하고 눈물을 닦고 환자에게 돌아갈 뿐이다. 그리고 타이머를 다시 설정한다. 레이철은 신입 간호사들에게 따돌림을 거부하고 보고하라고 교육해서 이런 악순환의 고리를 끊고 싶었다. 그러나 이런 교육만으로는 충분하지 않았다. 간호사들에게는 간호 업무에 대한 의견을 나눌 뿐 아니라 상황을 보고 관찰하는 방법과 효율적인 의사소통 방식에 관해 터놓고 얘기할 자리가 필요했다. 대립할 때는 감정에 휘말리지 않고 침착하게 대응하는 방법도 배워야 했다. 그래서 나는 신입 간호사들을 10~15명씩 묶어서 현실의 삶을 찍은 사진을 비롯한 예술품을 보고 함께 토론하게 했다. 3시간 동안 진행되는 이 강의에서 간호사들은 울고 웃으며 예술을 근무 현장이나 수술실 상황과 연결할 수 있었다. 예술품을 보는 시간이므로 서로 적대적이지 않은 안전한 분위기에서 거침없이 질문하고, 또 비난당하거나 심하게는 쫓겨날까 봐 겁내지 않고 남들의 의견에 반론을 제기할 수 있었다.

다음으로 모든 사연에는 양쪽 모두의 사정이 있으므로 선배 간호사들에게도 강의를 진행해야 했다. 이번에는 노련한 의료계 종사자들이 흔히 갖는 편견에 집중하기로 했다. 그래서 작품도 새로운 사고방식에 마음을 여는 데 중점을 두고 골랐다. 말을 물가까지 데려갈 수는 있어도 물을 떠먹일 수는 없다는 것은 잘 알지만, 말에게 물을 튀기는 식으로 다른 간호사들과의 관계를 다시 생각해 보도록 유도할 수 있기를 바랐다. 내가 선배 간호사들과 함께 감상을 나눈 예술품 두 점이 문제 해결에서 백 마디 말보다 더 효과적인 듯했다. 첫 번째 작품은 하와이의 예술가 폴 파이퍼Paul Pfeiffer가 복싱 시합을 촬영한 비디오 스틸 연작이다. 파이퍼는 영상을 디지털로 변환하면서 상대 선수가 주먹을 날리는 장면만 제거해서 선수가 혼자 서서 계속 맞기만 하고 몸을 웅크리며 방어 자세를 취하는 장면만 남

⟨카리아티드(오스카 데 라 호야)Caryatid
(De La Hoya)⟩, 폴 파이퍼, 2015, 디지털
영상, 미디어 플레이어가 장착된 크롬
처리된 12인치 컬러 TV

졌다. 공격하는 상대가 보이지 않아서 타격을 받은 선수는 다음 타
격이 어디서 날아오는지 전혀 모르는 듯 보인다. 나는 간호사들에게
이렇게 사방에서 연거푸 타격이 들어온 적이 있었는지 물었다. 이미
지 속 선수들처럼 시합 중 링에 머물며 녹초가 되어도 쓰러지지 않
은 때가 있었는지도 물었다. 다들 고개를 끄덕였고, 그런 상황을 누
구보다 잘 안다는 듯 슬픔과 피로가 섞인 표정이 되었다. 파이퍼는
이 연작의 제목을 '카리아티드Caryatids'라고 지었다. 나는 간호사들에
게 고대 그리스 건축에서 지붕을 떠받드는 여인상 형태의 기둥에 붙
여진 이름이라고 설명했다. 이 여인상들은 강인하고 견고하며 어떤
상황에서든 계속 주변 세계를 떠받친다. 바로 간호사가 하는 일이다.

내가 간호사들에게 보여주는 두 번째 작품은 ⟨브라운 자매The
Brown Sisters⟩라는 제목의 사진집이다. 사진가 니컬러스 닉슨Nicholas
Nixon은 브라운 가족의 네 자매(그중 한 사람인 베베가 그의 아내였다)를
35년에 걸쳐 같은 순서로 세워 놓고 사진을 찍었다. 이 사진을 보면

세월의 흔적과 연륜이 주는 보상이 동시에 보인다. 세월이 흐르는 사이에 자매들의 외모(그리고 자매들 사이의 정서적 역동)가 미세하게 달라지기 때문이다. 여유로운 자세의 젊고 이상주의적인 자매들부터 점점 더 확신에 차고 건장해지면서 성숙해 가는 모습까지 파노라마로 보인다. 흰머리가 나고 체형도 바뀌지만, 표정에는 오직 경험으로만 얻을 수 있는 강인한 힘과 연민의 정서가 고스란히 드러난다.

선배 간호사들에게 이 사진집을 보여주자 그들은 모든 사진에서 자기 모습을 보았다. 그중에서도 후반부 사진에서 자기를 더 많이 발견했다. 나는 그들에게 젊은 시절의 사진을 더 자세히 보게 해서 한때는 그들에게도 신입이던 시절이 있었다는 사실을 일깨워 주려 했다. 요즘 신입 간호사들처럼 겁먹고 미숙하던 시절 말이다. 선배들이 젊은 간호사들을 '길들여야 할' 초짜가 아니라 인간이자 전문가로 대접해 주려고 애쓰다 보면 스스로 공감에서 안전을 찾고 잘못된 괴롭힘 문화에서 어리석음을 볼 수 있을 터였다.

선배 간호사들에게 강의를 진행하면서 웃을 일도 있고, 눈물 흘릴 일도 있었다. 나는 '수평적 폭력'이라는 용어를 직접 언급하지 않고 새로운 기술에 관해 물었다. 그러자 분위기가 급격히 어두워졌다. 내가 왜들 표정이 그렇게 어둡냐고 묻자 그들의 답변에는 분노와 두려움과 불신이 어려 있었다. 선배 간호사들은 나날이 발전하는 기술에 뒤처지고, 아직 은퇴할 준비가 되지도 않았는데 젊은 간호사들이 기술을 이용해 치고 올라와서 그들을 밀어낼까 봐 두렵다고 했다. 나는 우선 예술품을 통해 그들이 출발점을 돌아보게 하는 식으로 더 깊이 탐색하면서 문제의 근원에 다다를 수 있었다. 그들은 예술품을 보면서 자기만의 안전지대에서 벗어나 자유롭게 비판하고,

위협적이지 않은 분위기에서 ① 그들이 모든 것을 아는 것은 아니고 ② 그들의 관점을 남들의 관점으로 보완할 수 있다는 점을 깨달았다. 나는 강의를 마치며 그들도 사실은 신입 간호사와 같은 처지라고 말했다. 양측 모두 배우고 가르칠 준비가 되어 있다는 점에서. 이 병원에서 수평적 폭력이 미친 피해를 복구하는 데 오랜 시간이 걸릴지도 모른다. 그러나 그들이 예술에서 공통의 기반을 찾아 치료를 시작할 수 있다면, 이미 한참 진척된 셈이다.

그 후 몇 년간 나는 미국 전역의 간호사들을 대상으로 유사한 강의를 여러 번 진행했다. 나는 강의를 준비하면서 매번 수간호사에게 특별히 다루고 싶은 문제가 있는지 묻는다. 거의 모든 병원에서 그런 문제가 있다고 답했는데, 늘 이름만 다를 뿐 수평적 폭력에 해당한다. 요즘은 신입 간호사와 선배 간호사를 한자리에 모아서 강의할 때도 많으며, 매번 내 강의가 문제를 해결하는 데 큰 도움이 되었다는 후기를 받는다. 문제가 모두 해결되지는 않았더라도. 나는 왜 매번 이런 후기가 돌아오는지에 관해 이렇게 생각한다. 첫째, 예술을 보면서 소감을 나눌 때는 안전한 중립지대에서 자신의 기분과 성격을 솔직하게 드러낼 수 있다. 그러면 서로 적대시하기보다는 새로운 관점에서 서로를 이해할 수 있다. 저마다 직장에서는 보여주지 못하던 통찰과 성품을 드러내기 때문이다. 둘째, 예술은 수수께끼와 문제를 제기하면서 관람객에게 신선한 수수께끼를 던져준다. 흔히 직장에서 겪는 문제는 오랜 시간에 걸쳐 감정이 얽혀서 쌓인 경우가 많다. 아니면 해결책이 없는 문제도 있다. 둘 중 어느 쪽이라도 마음에 여유가 없어서 문제를 해결할 가능성이 있든 없든 문제가 계속 남는다. 예술은 마음이 새롭게 연결되고 도약하게 하고, 개인적으로든 집

〈거울 앞의 소녀Girl before a Mirror〉, 파블로
피카소, 1932, 캔버스에 유채

〈여덟 가지 유명한 미인도: 거울을 든 여
인Eight Famous Views of Women: Woman
Holding a Mirror〉, 기타가와 우타마로,
1795~1796

단적으로든 새롭고 활기차고 신선하게 생각하기 위한 길을 터준다.

이런 접근법은 그 자체로도 가치 있지만, 이렇게 사고하는 습관
을 들여서 얻는 소득이 있다. 새롭고 중립적이며 무엇보다도 일상

〈거울 앞의 실레와 누드모델Schiele with Nude Model before the Mirror〉, 에곤 실레, 1910

〈복제 금지La reproduction interdite〉, 르네 마그리트, 1937

〈나르키소스Narcissus〉, 엘리자베스 콜롬바, 2008

의 습관과 스트레스에서 잠시 벗어나게 해주는 방법이라 마음에 유리한 듯하다. 강의 중에 자주 듣는 소리가 있다. 탄식이나 가쁜 호흡이나 감탄사다. 강단에서 지시봉을 들고 서서 들으면 고맙고 안심이 되는 소리다. 내게는 이 소리가 통찰의 소리로 들린다. 간혹 강의가 끝난 뒤 간호사(또는 경찰이나 FBI 요원이나 재난 전문가)가 찾아와서 강의 중에 갑자기 소리를 내서 미안하다고 할 때가 있다. "그런데 그것[내가 강의 중에 보여준 예술품]을 보여주셨을 때 갑자기 지난 몇 주 동안 고심하던 문제의 해결책이 퍼뜩 떠올랐어요." 가끔은 강의가 끝나고 몇 주가 지나서 이메일이나 편지를 받기도 한다. 예술이 각자의 마음속에 스며드는 시간이 다르기 때문이다. 이런 말이 있지 않은가. "인생은 짧고, 예술은 길다."

싫어하는 것에서 배워라

이제 문제 해결에 도움이 되는 간단한 연습부터 해보자. 그냥 예술을 보는 연습이다. 거울 앞 인물을 그린, 앞의 다섯 작품을 보라.

어떤 이미지가 가장 마음에 드는가?
그 이미지를 보지 못하는 사람에게 한 문장으로 묘사해 보자.

당신이 그 이미지에 끌린 이유는 그 이미지를 보고 당신이나 당신이 아는 누군가가 떠올라서일 수 있다. 그 사람의 표정이나 나이나 체형과 관련이 있을 수도 있다. 혹은 그냥 그 이미지의 표정과 색채가 마음에 들었을 수도 있다.

이제 가장 덜 마음에 드는 이미지, 미술관이라면 그냥 스쳐 지나갔을 법
한 이미지, 굳이 엽서를 사지 않을 이미지를 골라보라.

어떤 이미지가 가장 마음에 들지 않는가?

그 이미지를 보지 못하는 누군가에게 한 문장으로 설명해 보라.

왜 마음에 들지 않는지 진지하게 고민해 보라. 2분간(휴대전화 앱으로 시
간을 재는 것도 좋은 방법이다) 찬찬히 살펴보면서 그 이미지의 정확히 어
떤 면이 마음에 들지 않는지 생각해 보라.

그 이미지에서 마음에 들지 않는 점을 모두 적어보라.

무엇을 좋아하거나 싫어하는지, 그리고 무엇을 믿거나 믿지 않
는지는 각자의 개성과 경험에 따라 다르다. 피카소를 좋아하지 않는
사람도 많다.[14] 누군가는 피카소의 작품에서 아무런 영감을 얻지 못
해서일 수 있고(작가 러셀 스미스Russell Smith는 "피카소의 그림에서 아무
런 미학적 전율을" 느끼지 못한다고 고백했다), 또 누군가는 피카소의 여
성 혐오 성향을 참지 못해서일 수도 있다. 현대미술을 좋아하는 사
람도 있고, 초현실주의를 좋아하지 않는 사람도 있다. 학대 경험이
있거나 신체상身體像 문제를 겪은 사람은 누드를 꺼릴 수 있지만, 반
대로 이런 표현에 자석처럼 끌리는 사람도 있을 것이다. 중요한 것
은 스스로 어느 쪽인지, 무엇에 마음이 끌리는지, 특히 무엇을 좋아
하지 않는지 알아채는 것이다.

심리학자 칼 융Carl Jung은 무엇이 '거슬리는지' 알면 자기를 더
잘 이해할 수 있다고 믿었다. 외부의 무언가를 싫어한다면, 그 무언
가가 우리 내면의 싫어하는 대상을 은연중에 반영하기 때문이라는

것이다. '심리적 투사psychological projection'[15]라고 일컫는 이 성향은 자기방어의 한 형태다. 예를 들어 외부의 누군가를 이기적이라거나 신경질적이라고 판단해 버리면 우리 내면의 그런 성향에 직면하지 않을 수 있다.

융은 이런 부정적인 감정과 의견과 편향이 주로 우리 성격의 '그림자', 곧 무의식의 어둠 속에 산다고 말한다.[16] 우리 내면의 이런 자질을 억압하고 무시하고 회피할수록 외부의 타인에게 투사할 가능성이 크다. 그러나 융은 그 그림자 속에 "창조성과 통찰의 원천"이 숨어 있다고 믿는다.[17] 하나를 이해하면 다른 하나도 풀린다. 이것을 '개성화individuation'라고 하는데, 융은 "자기를 감싸던 거짓 페르소나를 벗기는 과정"이자 "원시적 이미지가 갖는 암시의 힘"이라고 설명했다.[18] 흔히 개성화는 건강한 정신에 필수 요소이고, 인간이 잠재력을 발휘할 때 불가결한 과정이라고 본다.

기술이 발전하면서 이제 모두가 각자의 반향실에만 갇혀서 개성화의 여지가 거의 사라졌다. 여기서 빠져나오려면 내가 무엇을 싫어하는지 돌아보고 이해하고자 하는 결정을 의식적으로 내려야 한다. 그러려면 낯익은 것만 보면서 살 수는 없다. 낯선 것을 찾아야 한다. 그렇게 성장하는 것이다.

안전지대에서 벗어나는 연습을 해보라. 평소라면 하지 않을 일이나 만나지 않을 사람을 적극적으로 찾아보라. 시간을 들여서 어떤 현상의 이면을 들여다보라. 당신이 끌리는 대상과 혐오하는 대상, 당신이 대변하는 대상과 참지 못하는 대상을 찾아내야 자기 모습을 더 정확히 그려볼 수 있다.

〈자화상Self-Portrait〉, 앨리스 닐, 1980, 캔버스에 유채

자화상

셀카 시대에 SNS에 올리는 사진이 항상 우리를 정확히 반영한 모습
은 아니다. 누구나 남에게 보여주고 싶은 이미지로 편집하게 마련이
다. 완벽하지 않은 이미지는 걸러진다. 이런 행동이 우리의 '브랜드'
를 만들어 가는 데는 좋을지 몰라도 스스로 성장하거나 자신을 이해
하거나 문제 해결 능력을 기르는 데는 도움이 되지 않는다. 자기를
진지하고 솔직하고 냉철하게 돌아보아야 한다. 모든 각도에서 보면

서 호감 가지 않는 면까지도 보아야 한다.

앨리스 닐Alice Neel은 미국의 유명한 초상화가다. 닐은 유명인 이미지를 공들여 구축해 온 앤디 워홀Andy Warhol을 설득해 예전에 암살당할 뻔했을 때 얻은 수술 흉터와 그 후 평생 착용하는 의료용 코르셋을 그대로 노출한 채 포즈를 취하게 했다. 또 평생 매력적인 여자로 살아온 닐 자신도 늙고 쇠약한 모습을 수용하며 모든 허영과 가식을 벗어던지고 여든 살의 자기 모습을 화폭에 담았다. 완전히 알몸인 채로.

〈자화상〉 속의 닐은 제왕처럼 꼿꼿이 앉아 비록 불룩하게 튀어나온 배 위로 늙어서 처진 가슴이 늘어져 있을지언정 반항하듯이 정면을 응시하며 관람자의 시선을 사로잡는다. 자기를 진실로 이해하려면 이처럼 움츠러들지 않고 자신을 솔직하게 분석해야 한다.

문제를 해결하려면 우선 자신의 강점과 약점을 파악해야 한다. 그래야 문제 해결에 도움이 되는 측면은 활용하고, 도움이 되지 않는 측면은 버릴 수 있다. 자신의 편견을 알아채고 직시해야 극복할 수 있다. 그러기 위해 예술을 통해 외부에서 우리 자신을 연구해 보자.

1부 서두의 첫 이미지를 기억하는가? 사람의 머리를 조각한 어두운색과 밝은색의 흉상 말이다.

다시 앞으로 돌아가지 말자. 그 이미지에서 무엇이 기억나는가?

그 이미지를 처음 보았을 때 무슨 생각이 들었는가?

그 이미지가 기억나지 않는다면 왜일까?

다시 25쪽의 사진으로 돌아가 1분 동안 가만히 살펴보라. 휴대

전화로 타이머를 설정하고, 사진을 보면서 무슨 생각이 드는지 살펴 보라. 무엇이 보이는지, 그 작품이 왜 만들어졌는지 질문해 보라. 다 보았으면 다시 돌아오라.

무엇을 보았는가?

보면서 무슨 생각이 들었는가?

두 사람을 보았는가, 한 사람을 보았는가?

조각상이 남자였는가, 여자였는가?

성별에 관해 생각했는가? 예술적인 면에서나 다른 측면에서나?

조각상으로 표현된 인물의 인종에 관해 생각했는가?

색깔을 보았는가? 검은색인가, 갈색인가, 흰색인가?

인종차별이나 정체성에 관해 생각했는가?

무슨 재료로 만들어졌는지, 혹은 어떻게 만들어졌는지 생각했는가?

누가 조각상을 만들었는지 아는가?

작가는 재닌 안토니라는 현대미술가다. 이 작품은 작가가 1993년 에 자기를 조각한 연작 흉상 14점 중 두 점이다. 둘 다 안토니 자신을 조각한 것이다. 다시 앞으로 돌아가 살펴보라.

안토니는 자화상과 고전적 흉상의 개념을 연구하고 싶었다고 한다. 흔히 박물관의 흉상 하면 사람의 머리와 어깨까지 표현하고 주로 대리석으로 조각하거나 청동으로 주조한, 유명하고 근엄한 백 인 남녀, 이를테면 로마 황제나 유럽의 정복자나 유명 문학가가 떠 오른다. 그러나 이런 형태의 예술은 다른 문화권에도 존재했다. 14세 기 네페르티티 여왕의 대리석 흉상과 16세기 나이지리아 베닌 왕국의 점토로 빚은 〈고위 관리의 두상Head of a Dignitary〉을 예로 들 수 있다. 안토니는 평범한 재료로 평범한 여자인 자기를 조각해서 흉상에 대한 서구의 고전적 개념을 뒤집고 싶었다.

안토니는 자기 두상의 세세한 부분, 그러니까 모공과 머리카락한 올까지 본떠서 틀을 만들었다. 다음으로 녹인 초콜릿 16킬로그램을 틀에 부었다. 그렇다, 초콜릿이다. 안토니는 자기를 본뜬 초콜릿 흉상을 혀로 핥아서 정교하게 조각했다. 이 과정을 일곱 번 반복했다. 다음으로 틀에 비누를 채웠다. 그리고 비누 흉상을 욕조로 가져가 천천히 닦아서 정교하게 조각했다. 이번에도 일곱 번 반복했다. 이렇게 완성된 흉상에는 진실하고 고유한 안토니가 담겨 있다.

안토니는 말한다. "나는 우리가 자신을 어떻게 묘사하는지 고민하다가 겉으로 드러난 나의 모습으로 나를 표현하는 데 다소 불편감을 느꼈다. (…) 이 작품은 나의 외면에 머물려는 시도에 관한 것이고, 나의 이미지와 관계가 있다."[19]

〈핥기와 거품내기〉라는 제목의 이 전시는 워싱턴 국립미술관에서 열렸다. 강렬하고 여러 감각이 관여한 이 작품은 작품이 보이기도 전에 냄새부터 난다. 안토니는 미술관에서 작품을 유리관에 넣어 보호하지 못하게 했다. 관람객에게 작가가 작품을 만들 때의 경험에 직접 빠져볼 기회를 주고 싶어서였다. 전시된 흉상 여러 개가 관람객에게 깨물린 적이 있어서 어떤 위험이 따르는지 잘 알았다.

안토니도 인정했다. "냄새를 맡고 깨물기까지는 그리 오래 걸리지 않아요. (…) 욕망에 관한 작품을 만들었으니 사람들이 욕망에 굴복한다면 재미난 일이죠."[20]

안토니처럼 진정으로 자신을 이해하려면 발견과 삭제의 과정을 거치며 '자기'를 해체해야 한다. 우리가 무엇으로 만들어졌고, 무슨 생각을 하는지에 대해 생각하면서 '왜?'라는 질문을 던져야 한다. 우리에게서 벗어나 우리가 어떻게 생겼고, 어떻게 행동하고, 남들에게 어떻게 보이는지 제대로 알면 복잡하고 현대적이고 다국적인 세계에서 불필요한 요소를 걸러내고 유용한 요소를 더 강화할 수 있다.

우선 우리 안의 편향부터 다루자. 앞의 사진 속 흉상을 누가 만들었다고 생각했는가? 여자가 만들었다고 생각했는가? 왜 그랬는가? 또는 왜 그러지 않았는가?

또 작가가 어느 인종이라고 생각하는가? 흑인인가, 백인인가? (언제든 앞으로 돌아가 사진을 다시 봐도 된다.) 왜 그렇게 생각하는가?

안토니가 바하마의 프리포트에서 태어났다는 정보가 주어진다면 어떤가? 이제 안토니가 어떤 인종이라고 생각하는가? 다시 말하지만, 언제든 앞의 사진으로 다시 돌아가도 된다.

재닛 안토니는 카리브해에서 태어나기는 했지만, 백인 부모에게서 태어난 백인 여성이다. 내가 이 사진을 보여주자 대다수 사람들이 안토니가 흑인이라고 확신했다. 그러면서 머리카락이나 코를 보면 알 수 있다거나, 머리를 기울인 모습이나 눈을 감은 모습을 보면 알 수 있다고 말한다. 이제 우리는 안토니의 인종을 알았다. 그러면 안토니는 왜 저런 재료를 선택했을까? 안토니의 흉상이 인종을 표현하므로 색깔 때문에 재료를 선택했을 거라고 답한 사람이 많았다. 심지어 누군가는 흑인이 주류인 사회에서 백인 소녀로 자라면서 겪은 갈등을 표현한 작품이라고까지 말한다.

사실 안토니는 자기를 모델로 흉상을 만들면서 인종은 염두에 두지 않았다고 한다. 초콜릿과 비누로 흉상을 만든 이유는 여성의 이상화된 상태를 표현하기 위해서였다. 욕망과 순결의 대상에 대비시킨 것이다. 안토니는 이렇게 말한다. "(사실상 내 모든 작품에서) 갈색과 흰색은 재료에서 나온다. (…) 사실 나는 나를 그렇게 어두운색으로도 밝은색으로도 생각하지 않는다. 그저 초콜릿의 나를 생각하고, 비누의 나를 생각할 뿐이다."[21]

〈핥기와 거품내기〉를 관람하는 사람은 모든 예술이 그렇듯 저마다 다른 관점에서 바라본다. 누군가는 인종 갈등을 보고, 누군가는 성 정체성을 보고, 또 누군가는 현대미술을 인정하든 않든 현대미술의 사례로 본다. 나를 더 잘 알려면 나의 개인적 관점을 알아챌 뿐 아니라 나의 경험이 내가 보고 믿는 것을 얼마나 걸러내는지도 알아야 한다.

1770년에 훗날 미국의 대통령이 되는 존 애덤스John Adams는 미국의 독립혁명에서 처음 살해된 식민지 주민으로 알려진 도망 노예이자 뱃사람이었던 보스턴의 흑인 청년 크리스퍼스 애턱스Crispus Attucks에게 총격을 가한 영국군 병사들을 변호하면서 "진실은 완강하다"고 말했다.[22] 애덤스의 목표는 남들보다 키가 15센티미터는 큰 "건장한" 애턱스가 총검을 들고 병사들을 밀치며 "그들의 머리통을 깨부수려 해서" 병사들이 겁을 먹었다는 사실을 입증하는 것이었다.[23] 병사들이 정당방위로 행동했고, 법은 변하지 않는 진실이라는 점을 보여주려 했다. 그러나 진실은 모든 창조물 중 가장 완강한 것, 바로 인간의 뇌에 의해 바뀔 수 있다.

우리의 뇌는 우리의 궁극적 이익을 위해 자주 정보를 분류하고 우선순위를 정한다. 그리고 항상 정확하게 처리하는 것은 아니다. 2018년에 정책 보고서 〈가짜 뉴스: 탈진실 시대의 국가 안보Fake News:

National Security in the Post-truth Era〉에서 연구자들은 인간의 뇌가 특히 기억에 관해서 "오류를 범하고 산만해지기 쉬운, 신뢰할 수 없는 기관이며, 뇌는 진실인지 거짓인지와 상관없이 정보를 기억한다"고 적었다.[24] 이 보고서에서는 오류를 범하는 인간의 성향이 현대의 기술 환경에서 "더 강화되고", 이런 성향이 항상 각자의 인지적 성향에 크게 영향을 받는다는 결론에 이르렀다.[25]

2020년 5월에 밀워키의 경찰관들이 조지 플로이드George Floyd를 살해한 사건에서 사실에 대한 의견 차이를 살펴보자. 경찰관을 옹호하는 측에서도 유사한 서사를 만들었다. 애턱스의 경우처럼 플로이드도 키와 체격이 그에게 불리하게 작용했다.[26] 애턱스 사건에서 영국군 병사 일곱 명 중 다섯 명이 무죄를 선고받고 두 명은 가벼운 과실치사를 선고받은 것처럼, 플로이드 사건에서도 이 사건에 연루된 경찰관 대다수는 의도하지 않은 이급 살인과 이급 과실치사에 대한 방조죄로 기소되었다. 희생자에 대한 의견도 극명하게 갈렸다. 애턱스처럼 플로이드를 사고뭉치로 보는 사람도 있었고, 순교자로 보는 사람도 있었다. 사실에 대한 의견도 분분했다. 플로이드가 사망했다는 사실은 거의 받아들여졌지만, 여전히 "가짜 죽음"이라는 소문도 돌았다.[27] 또 플로이드의 사망 원인에 의문을 품는 사람도 있다. 경찰의 과잉 진압으로 인한 사망인지, 심장 질환으로 인한 사망인지, 마약 중독에 따른 사망인지 의견이 분분했다.[28] 공식 부검 보고서도 논란의 여지를 남겼다. 법의학자는 평소 심장 질환을 앓고 있던 플로이드가 "경찰관에게 제압당하는 사이 심정지를 일으켰다"고 밝혔다.[29] 제압당한 '사이'라는 표현이 누군가에게는 '때문에'의 책임을 부정하는 표현으로 읽혔다.[30] 조지 플로이드 사건이 끔찍한 사건이라는 데는 모두가 동의하지만, 누구에게 끔찍한 사건이었는지에 대해서는 의견이 갈렸다. 불쌍한 사람은 죽은 남자인가, 경찰관인가.

잠시 이 두 사례를 생각해 보는 것도 도움이 될 것이다.

크리스퍼스 애틱스 사건을 읽으면서 어떤 생각이 들었는가? 애틱스가 공격적이었을 수 있다는 부분을 읽으면서 생각이 달라졌는가? 조지 플로이드는 어떤가? 조지 플로이드 사건에 관한 의견이 달라졌는가? 달라졌다면 어떤 측면 때문인가? 나에게 솔직해야 한다. 여기서는 나를 어떻게 판단하는지가 중요한 것이 아니다. 내가 어떻게 생각하고, 왜 그렇게 생각하는지 알아야 좋은 교사나 학생, 부모, 상사, 그리고 좋은 사람이 되기 위해 무엇을 변화시켜야 할지 깨닫고 바꿀 수 있다.

두 해 전 여름, 런던에 출장을 갔을 때였다. 회의에 참석하러 간 사이 호텔 방에 있던 보석이 모두 사라졌다. 호텔 총지배인이 내게 진심으로 사과하고, 바로 런던 경찰국에 신고해 수사가 진행되었다. 최고급 호텔의 직원들 사이에 3A호 투숙객이 절도를 당했다는 소문이 퍼졌다. 그 후 그 호텔에 머무는 동안 직원들은 나와 마주치면 시선을 피했다. 호텔 바에서 술을 마실 때, 바텐더가 호텔에서 일하는 '외부인'은 자기네만큼 철저히 조사받지 않았다고 개탄했다. 절도 사건은 끝내 해결되지 않았다. 나는 그 호텔에서 일하는 모두를 향한 나의 의심이 혐오스러웠다. 내 머릿속은 권리와 경제적 격차와 편견에 관한 문제로 가득 찼고, 그 일을 겪으면서 나의 판단력과 객관성의 결핍이 여실히 드러났다. 인간은 누구나 부정적이거나 차별적인 생각에 휩쓸리게 마련이지만, 내가 어떤 성향인지(이를테면 증거도 없이 직원들을 탓하는지, 특권 의식에 물든 자신을 탓하는지) 모른다. 무의식의 그림자 속에 감춰진 좋아하는 것과 싫어하는 것을 진지하게 탐색하지 않는다면 말이다. 그러려면 우리의 필터가 시야를 어떻게 가리는지 제대로 살펴야 한다.

좋아하는 것과 싫어하는 것의 이유를 알아보라

안토니의 작품에 관해 질문이 하나 더 있다. 이 작품이 마음에 드는가?

내 강의를 듣는 이 중 누군가는 안토니의 작품을 좋아하고, 또 누군가는 별로 좋아하지 않는다. 누군가는 이 작품을 기발한 비판을 담은 예술로 보지만, 누군가는 불필요한 예술 프로젝트로 보고, 또 누군가는 그냥 말없이 인상을 찌푸리며 논의조차 거부한다. 모두의 신체 언어를 보면 다들 이 작품을 기묘하다고 생각하는 것을 알 수 있다. 한번은 안토니의 흉상 사진을 보여주면서 작품이 마음에 들지 않으면 손을 들어보라고 하고 맨 앞줄의 젊은 여자에게 물었다.

"왜죠? 왜 마음에 들지 않을까요?"

"모르겠어요. 그냥 싫어요." 그 여자가 어깨를 으쓱했다.

좋아하는 것과 싫어하는 것은 각자의 천성과 양육으로 빚어진 사적 영역이므로 저마다 의견이 다르기 마련이다. 서로의 차이를 메우면서 성공적으로 살아가고 일하고 사람들과 잘 어울리려면, 자신의 신념과 편향을 파악할 뿐 아니라 스스로 왜 그렇게 생각하는지 알아야 한다. 그냥 알기만 하면 되는 것이 아니라 정확히 표현할 줄도 알아야 한다. 그러나 대개는 이런 과정을 건너뛰고 그냥 "모른다"

라고 말한다.

영양 및 건강 코치 리베카 클레먼츠Rebecca Clements는 고객들에게 "생각하고 말하고 행동하는 방식을 재구성"하는 법을 가르쳐서 건강해지도록 이끌어 준다.[31] 클레먼츠는 우선 "모른다"라고 말하는 태도를 반항으로 인식하게 해주려 한다.

클레먼츠는 "모른다는 말은 알려고 노력하지 않기 위한 구실이자 평계"라고 설명한다.[32] 클레먼츠는 고객들이 모든 문제에서 당장 답을 찾고 지름길로 가려고 하지 않기를 바란다. 이런 손쉬운 길은 각자의 잠재력을 방해하기 때문이다.

클레먼츠는 이렇게 말한다. "'모른다'라는 말이 입 밖에 나올 때 무슨 일이 벌어지는지 알아요? 뇌가 더 알려고 하지 않습니다. 인간은 본래 알아채고 적응하고 행동하고 반복하는 존재입니다. 무언가를 알아채도록 타고났는데 답을 찾으려고 애쓰지 않는다면, 삶을 변화시킬 중요한 순간을 스스로 가로막는 겁니다."[33]

따라서 이런 중요한 순간에 마음을 열어두려면, "모른다"라고 말할 때마다 깨닫고 당장 다른 말로 바꿔야 한다. 디즈니랜드의 신입 직원은 손님들에게 "모른다"라고 답하지 않고 대신 "제가 알아보겠습니다"라고 답한 뒤 실제로 알아보도록 교육받는다. 마찬가지로 미국 해군사관학교에서도 "모른다"라고 대답하지 못하도록 훈련한다. 사관후보생들은 첫해에 직접 의문문에는 다섯 가지 대답만 가능하다고 훈련받는다.[34] ① 예. ② 아닙니다. ③ 변명의 여지가 없습니다. ④ 예, 알았습니다. ⑤ 알아보겠습니다. 해군의 다섯 가지 기본 대답은 모든 상황(긍정과 부정, 책임 수용, 지시 사항 인지, 답을 찾아보겠다는 약속까지)에서 통한다.

클레먼츠는 추가로 몇 가지 대안을 제시한다.[35]

- 기꺼이 알아보겠습니다.
- 잠시 생각해 보겠습니다.
- 좋은 질문입니다!
- 당장은 떠오르지 않지만 시간을 주십시오.
- 다시 연락드리겠습니다.
- 잠시만요, 제가 결정하겠습니다.

그렇다고 절대로 "모른다"라고 답하지 말고 반드시 답을 알아내야 한다는 뜻은 아니다. 실제로 답을 알면서도 "모른다"라고 말할 때가 있다. 논의의 방향을 다른 데로 돌리거나 부정하고 싶을 때 이렇게 답한다. 해당 주제에 대한 불편한 속내를 감추기 위해 그냥 "모른다"라고 답하는 것이다.

이처럼 알고도 답하지 않을 때는, 그저 답하는 것이 부끄러워서라는 정도의 무해한 이유일 수도 있고, 사회나 가족의 규준이나 개인이 무의식중에 물려받은 집단의 규준과 같은 다소 해로운 이유일 수도 있다. 그중 어느 쪽이든 "모른다"라고 답하면서 자기 마음을 진지하게 들여다보지 않으면, 자기 본능을 존중하거나 상황을 진지하게 돌아볼 기회를 놓칠 수 있다. 그리고 통제력을 남에게 넘기게 된다. 클레먼츠는 다음과 같이 말한다. "무엇보다도 진지하게 고민하고, 호기심으로 알아보고, 스스로 판단하고 결정하는 습관을 들여야 합니다."[36]

나는 한 여자 참가자에게 〈핥기와 거품내기〉에 대한 반응을 제대로 분석하기 위해 더 깊이 들어가 보자고 했다. "당신이 이 작품을 어떻게 생각하는지, 그리고 이 작품이 왜 마음에 들지 않는지 이해하고 싶어요. 잠시 시간을 들여서 자신에게 왜 그런지 물어보세요."

그 참가자는 잠시 생각에 잠기더니 이렇게 답했다. "예술적 기교라고 할 게 없어 보여서요. 아니, 장난해요? 커다란 초콜릿 머리통을 혀로 핥고 비누 머리통을 목욕시켰다고요? 그게 예술이에요?"

"그게 왜 거슬릴까요?" 내가 물었다.

"그냥 웃기잖아요." 그녀가 답했다.

"왜 웃기다고 생각하세요? 모델이 문제일까요? 여자의 두상이라서?"

"아뇨. 솔직히 예쁘기는 해요. 재료가 문제인 거 같아요. 초콜릿이랑 비누가 진지한 예술의 재료로 보이지 않아서요."

"왜 그렇게 생각해요? 예술품을 만드는 데 써도 되는 재료와 쓰면 안 되는 재료가 따로 있나요?"

"아뇨."

"그럼 이런 평범한 재료로 만든 예술을 보는 데 익숙하지 않아서 그럴 수도 있겠네요?"

"아마도."

"혹시 작가도 초콜릿과 비누로 조각품을 만드는 것이 웃기다고 생각했을까요?"

"음, 아뇨, 아니겠죠."

"당신도 일하면서 남들이 웃기다고 생각할 만한 일을 하나요? 이를테면 조각가라면 파워포인트 작업을 어떻게 생각할까요?"

"그렇게 좋게 생각하진 않겠죠."

"그러면 '예술가는 사무실에서 파워포인트를 보는 것을 좋아하지 않는다, 사업가가 미술관에서 현대미술을 보는 것을 좋아하지 않는 것처럼'이라고 말해도 될까요?"

"네, 그런 것 같네요."

"그러면 더 깊이 들어가서 이 문장을 완성해 볼 수 있을까요? '내가 이 작품을 좋아하지 않는 이유는……'"

"내가 일상의 흔한 재료로 만든 예술품을 보는 데 익숙하지 않고, 현대미술을 별로 좋아하지 않기 때문이에요. 그래도 남들이 어떤 면을 좋아하는지는 알겠어요."

이 참가자는 단 몇 분 만에 "왜?"라는 질문 몇 개에 답하면서 무턱대고 "모른다"라고 답하지 않고 더 진지하게 고민하고 희망적이고 포용적으로 답할 수 있게 되었다.

물론 우리가 눈에 보이는 대상이나 남들의 행동을 항상 좋아하는 것은 아니다. 그래도 어떤 것을 왜 좋아하거나 싫어하는지, 어떤 것에 왜 동의하거나 동의하지 않는지를 명확히 설명할 수 있어야 한다. 일상에서 겪는 문제를 제대로 알아보려면 우리가 느끼는 감정에 관해, 그리고 왜 그렇게 느끼는지에 관해 솔직하게 표현할 수 있어야 한다. 그냥 "모른다"(혹은 "마음에 들지 않는다"나 "동의하지 않는다")라고만 말하면 대화가 끊겨서 누구에게도 도움이 되지 않는다. 그보다는 이유를 대면서 문장 끝에 마침표가 아니라 생략 부호(…)를 넣어 새로운 문장으로 이어지게 해야 한다.

FBI와의 문제 해결 과정

'지각의 기술'이 막 시작된 2004년에 다른 주의 FBI 지부 책임자에게서 연락이 왔다. 어디선가 내 강의에 관해 읽었는데, 강력범죄와 조직범죄를 다루는 요원들을 교육하고 싶다고 했다. 나는 마침 프릭 컬렉션에서 교육부를 담당하던 터라 오전 시간에 그들을 미술관으로 초대해서 예술품을 보여주고, 참가자들과 함께 점심을 먹으며 소감을 나눴다. 나는 FBI 요원을 만날 수 있어 들떴다. 며칠간 프릭컬렉션의 소장품 가운데 그들에게 도움이 될 만한 작품을 고르고, 도움이 될 만한 예술에 관해 질문을 준비했다. 강력범죄든 조직범죄든, 수사에서는 예리한 시각 능력과 패턴 인식 능력이 필요하다. 두 유형의 범죄와 범죄자 모두 일정한 패턴을 보이기 때문이다(물론 요원과 수사관도 마찬가지다). 나는 범죄자든 용의자든 피해자든 수사관이든, 개인마다 다르다고 배웠다. 그래서 내 강의에서는 참가자들에게 이런 고유성을 강조하고 싶었다. 우리의 인식은 기대로든 반응으로든 반사적 패턴에 빠져서는 안 된다.

강의 당일에 FBI 요원들이 일찍 도착했다. 나중에 알았지만 법 집행기관에서 일하는 사람들은 거의 지각하지 않는 듯했다. 다만 아쉽게도 프릭컬렉션의 교육부 책임자는 그렇지 못했다. 나는 늦어서 미안하다고 하고, 요원들을 2층 회의실로 안내했다. 일반 관람객은 출입할 수 없는 구역이었다. 이 미술관은 미국 도금시대Gilded Age(남북전쟁이 끝나고 불황이 시작되기 전까지, 대략 1870~1900년 – 옮긴이)의 저택 중 뉴욕에 남은 마지막 사유지다. 참가자들은 실내를 둘러보며 감탄했다. 나는 그들이 자리에 앉는 동안 화려한 저택에서 느긋하게 예술품을 감상하기 위해 모인 자리가 아니라 고도로 구조화된 프로그램을 위한 자리라고 설명했다. 그리고 이 강의는 수사할 때, 특히 증거를 평가할 때 비판적으로 질문하고 가정하는 습관을 들이는 데 유용한 프로그램이라고도 알렸다. 따라서 예술품을 분석하면서 마치 새로운 사건을 맡은 것처럼 바라보고 새로운 관점으로 다가가야 한다면서, 작품이 마음에 드는지 아닌지는 범죄 피해자가 마음에 드는지 아닌지만큼 무관한 사안이라고도 설명했다. 나는 우리가 볼 작품 중 어느 것이 그들에게서 '직감적 반응'을 끌어낼지, 그리고 그것이 어떤 반응일지 궁금했다. 나는 그들에게 본능적으로 일어나는 반응을 알아채는 것이 중요하다고 설명했다. 그리고 그런 반응에 의존할지는 사안에 따라 다르지만, 직감적 반응을 정확히 설명하고 그런 감정이 객관적 자료와 상관이 있는지 알아보아야 한다고 설명했다. 그러려면 노력이 필요하지만(본능적인 반응과 반대로), 중요한 과정일 수 있다. 우선 미술관 전시실로 가서 작품을 둘러보고, 그림과 조각을 포함하여 미리 선별한 작품에 관해 개별적으로나 팀 단위로 분석하는 시간을 가졌다. 헨리 클레이 프릭Henry Clay Frick은 언젠가 FBI 요원들이 자신의 소장품을 보면서 범죄 수사 능력을 키울 날이 올 줄은 꿈에도 몰랐을 것이다.

우리는 다시 회의실로 돌아왔고, 나는 슬라이드를 보여주면서 (범죄 현장 사진 몇 장과 함께 현대미술 작품 사진을 보여주었다) 관찰의 탄력성을 키우고 민첩성을 시험했다. 세 시간이 15분처럼 흘렀고, 우리는 밖으로 나가서 덜 호화로운 분위기의 식당에서 함께 점심을 먹었다. 그리고 햄버거와 감자튀김을 잔뜩 쌓아놓고 범죄 이야기와 예술계의 소문을 나눴다. 모두 마치고 지하철역까지 데려다 줄 때

FBI 책임자가 나를 한쪽으로 데려가 참가비에 관해 상의해야 할 것 같다고 말했다. 그 말에 나는 장광설을 늘어놓았다. 그들을 우리 미술관에 초대해서 얼마나 영광인지, 그들이 이런 특이한 프로그램에 스스럼없이 참여해 줘서 얼마나 고마운지, 이런 식의 협업이 계속 이어지기를 얼마나 바라는지. 그 책임자는 법집행기관에 소속된 요원 특유의 표정으로 나를 보았다. 어쩐지 불안했다. 죄를 지은 적이 없는데도! 손을 내밀어 악수를 청할 때 그의 손에는 지폐 뭉치가 쥐어져 있었다. 그리고 그가 기억에 남는 말을 했다. "우리는 오늘 받은 교육을 이용해 살인자를 잡을 겁니다. 이런 걸 공짜로 해주지 마세요. 진정으로 가치 있는 시간이니까요." 그리고는 지하철역으로 들어갔다. 그전에도 여러 번 프로그램을 진행했지만, 그날이 진정한 출발을 의미했다. 지금까지 작업한 나의 캔버스에 첫 자국이 찍힌 날. 그전에는 내 프로그램이 필요하지만 형편이 되지 않는 전문가들에게 가끔 재능 기부 형식으로 프로그램을 진행했지만, 그 요원의 조언이 머릿속을 맴돌며 나를 새로운 사업으로 이끌었다. '지각의 기술'은 수량화할 수 있는 가치를 지닌다. 실제 전문가들이 이 프로그램으로 현실적인 문제를 해결할 수 있다.

가정을 검토하라

신경학자이자 정신분석가인 지크문트 프로이트Sigmund Freud는 인간의 행동은 주로 무의식의 두 가지 동력인 두려움과 욕망에 이끌린다고 믿었다. 생각을 분석하고 마음을 성찰하려면 우선 자신에게 이렇게 물어야 한다. "내가 두려워하거나 욕망하는 무언가 때문에 이런 식으로 생각하고 느끼는가?"

25쪽과 26쪽의 안토니 흉상을 다시 보면서 당신의 본능적 반응이 두려움이나 욕망에서 나왔는지 생각해 보라. 혹시 안토니의 흉상이 마음에 든다면, 당신이 사랑하는 누군가가 떠올라서인가? 장난기가 많거나 강렬하거나 평화로운 작품이라는 측면에 공감해서인가? 아니면 초콜릿으로 조각상을 만들고, 그것으로 돈과 찬사까지 얻은 안토니를 보며 표현의 자유를 많이 허용하는 직업을 갖고 싶어서 이 작품에 매력을 느끼는가? 아니면 단순히 초콜릿이나 목욕을 좋아해서 이 작품이 마음에 드는가?

반대로 이 작품이 마음에 들지 않는다면 흉상의 얼굴에서 고통스러운 표정이 보여서인가? 아니면 얼굴의 이목구비가 뭉개져 익명성이나 상실의 공포가 건드려져서인가? 혹은 초콜릿을 보자 건강이 걱정되었거나, 비누를 보자 가난한 처지가 떠올라서인가? 몸으로 재료를 다루는 방식의 성적 요소가 불편해서인가? 아니면 그저 초콜릿 냄새와 비누 냄새가 한 공간에서 풍기는 것이 싫어서인가?

현재 관심 있는 다른 문제에도 같은 방식으로 접근해 보라. 이를테면 선거 결과나 새 내각을 구성하는 인사 정책이나 UN의 선언에 흥분되거나 불안한가? 흥분되거나 불안한 이유가 두려움이나 욕망에서 기인하는가?

내가 당신에게 안토니의 실험을 따라서 두 가지 재료로 자화상을 제작하라고 요청했다고 해보자. 내면 깊은 곳의 욕망을 표현하는 재료와 두려움을 표현하는 재료여야 한다.

내면 깊은 곳의 욕망을 표현하려고 할 때 어떤 재료가 바로 떠오르는가?
내면 깊은 곳의 두려움을 표현하려고 할 때 어떤 재료가 바로 떠오르는가?

앞으로 며칠간 당신의 두려움과 욕망에 관해 진지하게 생각해 보라. 이런 감정이 어디에서 시작되는가? 무엇이 이런 감정을 촉발하는가? 이런 감정은 당신이 세상을 보는 관점을 어떻게 물들이는가? 다시 위의 질문에 답해 보라. 이 질문을 오래도록 진지하게 고민할수록 자신의 성격을 진지하게 들여다보고, 자신에 관해 더 명확히 이해할 것이다.

마음을 바꿔라

안토니의 초콜릿과 비누 흉상은 재료의 성질 탓에 지난 20년에 걸쳐 변해왔고, 앞으로도 변할 것이다. 흉상 일부가 부서져 떨어졌고, 그중 여러 개는 겉면이 벗겨져 떨어졌다. 초콜릿 조각상에는 흰 꽃이 피어 색이 바랬다.

마찬가지로 우리가 그리는 자화상도 세월이 가면서 변할 것이고, 또 변해야 한다.

당신이 열 살일 때라면, 그 시절 당신의 욕망과 두려움을 가장 잘 표현하는 재료 두 가지로 무엇을 골랐을까?
당신이 오늘 고른 재료와 무엇이 다른가?

당신이 아흔다섯 살이라면, 어떤 재료를 선택할까?

안토니가 조각상을 제작하여 전시한 뒤 관람객에게 영향을 받아 변형해 온 결과가 현재 모습이다. 안토니의 흉상은 미술관에서 습도와 온도, 그리고 호기심으로 만지는 관람객의 손길과 심지어 깨물어 보는 행위로 인해 변형되었다. 미술관에서 작품을 만지거나 맛보고 싶어 하는 관람객들의 심리에는 규칙을 깨고 싶어 하는 욕구가 담겨 있다. 그리고 이런 행위는 개인의 경계에 관해 더 많은 것을 보여준다. 세월이 흐르는 사이에 안토니의 흉상 연작에서 코 세 개가 물어뜯겨 사라졌다.

우리도 주변 사람들에게 영향을 받고 변형된다. 다음의 자화상 연습을 통해 주변의 사람들(이웃이나 같은 교회 신도, 학교 친구, 직장 동료, 가족, 친구)이 당신에게 어떤 영향을 미쳤는지 생각해 보라. 긍정적인 영향은 무엇이고 부정적인 영향은 무엇인가?

당신과 가장 가까운 사람들이 당신에게 긍정적인 측면에서 어떤 영향을 미쳤는가?

당신과 가장 가까운 사람들이 당신에게 부정적인 측면에서 어떤 영향을 미쳤는가?

책을 많이 읽든, 여행을 많이 다니든, 교육을 많이 받았든, 누구도 주변 환경의 영향에서 자유로울 수 없다. 누구나 얼마간은 스스로 만든 거품 속에서 살아간다.

최근 콜게이트대학교의 한 학생에게서 내가 사람들을 피부색으로 묘사하면서 부정적 고정관념을 영속시키는 것 같다는 지적을 받았다. 나는 20년 동안 법집행기관에서 변호사로 일한 터라 내 강의의 참가자들에게 사실을 가능한 한 객관적으로 수집하고 전달하는 법을 가르치는 데 집중했다. 전작《우아한 관찰주의자 Visual Intelligence》에서는 구체적이고 기술적인 언어로 말하는 태도의 중요성을 다뤘다. 중요한 상황에서 정치적 올바름을 신경 쓰느라 중요한 사실을 놓칠 수 있다고 설명했다. 그리고 사람들의 피부색을 언급하는 이유는, 흑인이라고 하지 않고 '아프리카계 미국인'이라고 부르는 경우 그 사람의 조상이 실제로 아프리카에서 온 것이 아니라면 사실에 근거한 기술이라고 볼 수 없기 때문이라고도 설명했다. 예컨대 카리브해에서 온 사람에게 '아프리카계 미국인'은 잘못된 표현이다. 그래서 부정할 수 없는 사실에 기반한 형용사를 사용하여 '흑인 남성'이나 '백인 여성'으로 묘사해야 한다고 조언했다.

그러나 이 학생은 내게 시각 지능을 현명하게 사용하면 더 나은 결정을 내릴 수 있다고 일깨워 주었다.

나는 그날 강의를 하면서 공항에서 겪은 일화를 들려주었다. "항공권 판매원이 만석이라고 말하자 내 뒤에 있던 흑인 남자가……" 내가 이렇게 말하자 그 학생이 내 말을 끊고 질문했다.

"왜 그 사람을 흑인이라고 말하세요?"

"그분 피부색이 그래서 그렇게 말한 건데요." 그리고 나는 '흑인'이라는 말이 왜 모욕적인 언급이 아니라 사실 묘사인지 설명하려 했다.

"네, 그건 알겠어요. 그런데 이 이야기에서 그런 구체적인 묘사가 중요할까요?"

"그런 것 같지 않네요. 그래도 여러분이 머릿속에서 그분을 생생히 그려보기를 바라서 그랬어요."

"그 장면을 완벽하게 묘사하려고 한다면 왜 그 항공권 판매원의 피부색은 언급하지 않으세요?" 그 학생이 물었다.

나는 잠시 그 이유를 고민했다. 나는 항공권 판매원이 백인이라서 굳이 언급하지 않았고, 평소에도 내가 이 부분을 자주 빠트린다는 것을 깨달았다. 이 일로 나는 나의 무의식적 편향의 민낯을 보았다. 다른 사람들처럼 나도 유색인종이 아니라면 굳이 누군가의 피부색을 언급하지 않는다. 왜일까? 미국인의 대다수가 백인이던 시대의 낡고 게으른 관습이고, 그 시대는 이미 지나갔다. 2014년, 미국 공립학교에서 '소수 인종' 학생 수가 백인 학생 수를 넘어섰다.[37] 미국 인구조사국에서는 2015년에 유색인종 아기가 백인 아기보다 더 많이 태어났다고 추산했다.[38] 미국 정부는 중동계나 북아프리카계 후손을 피부색의 농도와 상관없이 '백인'으로 분류한다는 점에서 통계상 백인의 범위가 더 넓어진다.

"저는 피부색이 중요하지 않은 상황에서 사람들을 피부색으로 기술할 때 더 조심해야 한다고 생각합니다." 그 학생이 말했다. "이런 부분 때문에 우리 사회에서 유색인종으로 사는 것이 힘들어지니까요. 매 순간 지목당하는 느낌이 들거든요."

그 학생과 이런 대화를 나누지 않았다면 나 혼자서는 생각지도 못할 문제였다. 젊은 여자인 그 학생의 경험은 나의 경험과 다르다. 그 학생은 다른 주에서 성장했고 가족 구성도, 종교도, 졸업한 학교도 달랐다. 그 학생과 나는 둘 다 '백인'으로 묘사되지만(우리 중 어느 한쪽은 처음부터 백인이 아니었을 것 같지만), 같은 범주로 묶이길 원치 않을 만큼 다른 민족이었다.

이렇듯 피부색을 본질적 요소로 간주하는 문제는 2021년 초 워싱턴 국회의사당 점거 폭동의 여파로 민낯을 드러냈고, 범주화의 결과는 심각했다. 미네소타주의 딘 필립스Dean Phillips 하원의원은 국회의사당의 저지선이 뚫린 상황을 이렇게 회상했다. "동료 의원들에게 나를 따라 복도 건너편 공화당 쪽으로 넘어오라고 외쳤어요. 그쪽 사람들과 섞일 수 있게요." 하지만 그는 곧 유색인종 의원에게는 '섞이는' 것이 선택지가 아니라는 것을 깨달았다.[39] 제117대 의회에서는 (미국 역사상 인종이 가장 다양한 의회 구성이었는데도) 공화당의 90퍼센트 이상이 백인이었다. 백인우월주의 시위자들 앞에서 동료 의원들의 피부색이 그들의 운명을 비극으로 끌고 갈 수도 있었다.

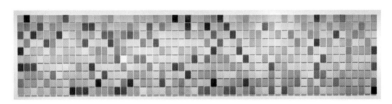

〈제유법Synecdoche〉, 바이런 킴, 2021

'섞이는' 것이 불가능한 의원은 흑인이나 유색인종만이 아니라 '백인이 아닌' 모두였다. 의미론적 구분으로 보이지만, 전혀 그렇지 않다. 오히려 워싱턴 국립미술관에 전시된 〈제유법提喩法〉이라는 제목의 바이런 킴Byron Kim의 그림 혹은 조각에서 강조한 측면에 더 가깝다. 나는 국회의사당 점거 폭동 이후 다시 가서 이 작품을 보았다. 8×10 크기의 판 400여 장으로 400여 가지 피부색을 표현한 이 작품

〈경기병대의 장교Officer of the Hussars〉, 케힌데 와일리, 2007, 캔버스에 유채

을 감상하면서 강렬한 시각적 충격을 받았고, 중요한 상황이 아니라면 누구도 임의로 피부색을 인종과 연결해서는 안 된다는 점을 깨달았다. 게다가 작품 옆 설명에는 피부색 판마다 이름이 붙어 있다는 점에서 더욱 정곡을 찌른다.

세상이 번개의 속도로 돌아가므로 아무리 교육을 많이 받고 의도가 좋아도 이만하면 충분히 배웠다거나 내적 검증을 충분히 마쳤다고 자신할 수는 없다. 우리와 세상, 사람들과 우리를 형성하고 형성해 나가는 경험을 끊임없이 돌아보아야만 문제 해결을 방해하는 내적 편향을 극복할 수 있다. 그러지 않으면 우리가 사는 공동체 안팎에서 제대로 영향력을 발휘하지 못할 것이다. 그러기 위해 간단한 질문 하나를 더 자주 던지면 된다. "왜?"

'왜?'는 왜 중요한가

피츠버그대학교의 연구자들은 문제 해결 능력을 알아보기 위해 대학생들의 학습 과정을 연구했다.[40] 물리학과 학생들이 뉴턴 분자 역학에 관한 교재에서 네 장章을 새로 공부하는 동안 학생들을 관찰했다. 그리고 앞서 수학과 중국어, 연기 과목으로 연구한 내용과 일치하는 결론에 이르렀다. 가장 효과적으로 학습한 학생은 적극적으로 계획하면서 자신에게 많이 설명하는 학생이라는 결론이었다.[41] 다시 말해, "왜?"라고 자주 물어보는 사람들이다.

"왜?"는 의사 결정이 필요한 과제의 복잡성을 줄여주는 유용한 방법이다.[42] 비즈니스 잡지 〈패스트컴퍼니Fast Company〉에서는 기업들에 "'왜?' 문화"를 조성하라고 조언한다. 이 조언은 정부나 가정, 그 밖의 모든 집단에도 해당한다.

스스로 "왜?"라고 묻는 연습을 하려면 69쪽의 말을 탄 남자의 그림을 보라. 꼼꼼히 살펴보고 세세한 부분까지 확인하라.

이 그림이 마음에 드는가?

왜 마음에 들고, 왜 마음에 들지 않는가?

긍정적인 느낌이 드는가, 부정적인 느낌이 드는가?

당신의 감정이 어떤 식으로든 두려움이나 욕망과 연관될 수 있는가?

이 그림이 당신이 오래전부터 갈망해 온 무언가나 당신이 보고 싶지 않은 무언가를 표현하는가?

이 그림의 제목은 〈경기병대의 장교〉이고, 앞서 오바마 대통령의 초상화를 그린 케힌데 와일리Kehinde Wiley의 작품이다. 와일리는 주로 흑인이 현대의 복장으로 화려한 배경 앞에서 역사의 한 장면처럼 포즈를 취한 모습을 그렸다.

폭스FOX의 〈엠파이어Empire〉라는 프로그램에 이 작품의 복제화가 나왔지만, 현재 원작은 디트로이트미술관에 걸려 있다. 실물 크기의 유화다. 3×3미터 크기의 작품이 전시실의 한쪽 벽면 전체를 덮는다. 강렬한 색채에 눈에 확 들어오는 그림이라 그냥 지나칠 수 없다. 디트로이트미술관에 가서 이 작품 옆에 서서 관람객의 반응을 관찰할 때마다 매번 흥미로운 광경을 목격한다. 사람들이 TV에서 본 이 그림을 알아보고, 거의 모두가 놀란다.

'그래, 이렇게 있어야지!'부터 '왜 이런 걸 여기다 걸어놨지?'까지 다양한 반응이 나온다. 이 작품을 좋아하는 사람은 긍정적인 초상화로 보지만, 좋아하지 않는 사람은 기이함을 언급한다. 양쪽 모두 미술관에서 흔히 보는 그림은 아니라는 데 동의한다.

이 작품을 좋아하지 않는 사람들의 소감 가운데 그나마 고상한 표현이 '불편하다'는 것이다. 구체적인 이유를 물으면 대답이 제각각이다. 흑인이 권력자의 자리에 있는 모습이 불편하다고 답하는 사람은 단 한 명도 없지만, 거의 모두가 작품의 주인공을 언급한다.

남자의 눈빛이 공격적이고 커다란 무기를 위협적으로 들고 있으며 복장이 아쉽다는 답변이 나왔다.

"바지가 늘어진 게 보기 흉해요." 어떤 여자 관람객의 말이다.

"왜죠?" 내가 물었다.

그 여자는 잠시 생각하고는 이렇게 말했다. "예의가 없잖아요."

"당신한테는 그렇죠. 그런데 저 남자는요? 그림 속의 저 남자도 바지가 무례하다고 생각할까요?"

"음, 아뇨."

"저 남자는 당신을 위해 옷을 입어야 할까요, 자신을 위해 입어야 할까요?"

"자기를 위해 입어야겠죠."

또 어떤 남자 관람객은 말을 탄 남자의 복장이 완전히 틀렸다고 말했다.

"왜죠?" 내가 물었다.

"그냥요. 너무 편하다고 할까요. 어울리지 않아 보여요."

나는 그에게 복장에 관해 자세히 설명해 달라고 했다.

"흰색 런닝셔츠를 입고 한 팔에 보라색 로브 같은 것을 걸쳤네요. 청바지를 입고 벨트를 했고, 바지가 흘러내릴 것 같은데 벨트는 왜 했는지 모르겠고요. 신발에 로고가 있는 건가? 그렇네요, 팀버랜드. 팀버랜드 부츠를 신었네요. 예술작품에 특정 브랜드의 로고가 들어가도 되는지 모르겠군요. 왼손에 시계를 찬 것 같네요. 목걸이도 했고. 뭐라고 씌어 있지? 아프리카? 우리가 뭔가를 기억해야 한다는 것처럼……"

"저 목걸이가 왜 거슬릴까요?" 내가 물었다.

"좀 과해 보여서 그런 것 같아요. 래퍼나 유명인들이 큼직한 보석이 박힌 목걸이를 하고, 목에 금줄을 두르고. 우스꽝스럽잖아요."

"우스꽝스럽다고 생각하는군요?"

"아닐 수도 있고요."

"당신은 왜 우스꽝스럽다고 생각할까요?" 내가 물었다.

"부를 과시하는 것 같아서요. 부자인 거 알았다고요."

"증권 중개인도 황당한가요? 아르마니 넥타이를 맨 사람들이요."

"아뇨."

"그 사람들은 왜 부를 과시하는 게 아닌가요? 수백 달러나 하는 넥타이를 매는데요?"

"그렇네요."

큼직한 금목걸이를 한 흑인 남자에 대한 비판적 시선을 처음 접하는 건 아니었다. "금목걸이를 한 사람은 머리가 나쁘다"라는 모욕적인 고정관념도 있다. 그래서 나는 그 남자 관람객에게 흑인 남자들이 왜 금목걸이를 한다고 생각하는지, 더 심오한 의미가 있는 것 같은지 물었다. 그는 그런 의미가 있는지 모른다고 했다. 그래서 나는 미스터 T라는 배우를 좋아하느냐고 물었다.

"그럼요, 멋진 사람이죠."

나는 그 관람객에게 본명이 로런스 터로드Lawrence Tureaud인 미스터 T가 금 장신구를 그렇게 많이 착용하는 이유를 말한 인터뷰를 들려주었다.[43] "저는 세 가지 이유에서 금을 착용합니다. 우선 예수님이 태어나셨을 때 동방박사 세 분이 동쪽에서 오면서 한 분은 유향을 가져오고, 한 분은 몰약을, 또 한 분은 금을 가져와서예요. 제가 금을

〈돌격하는 경기병The Charging Chasseur〉, 테오도르 제리코, 1812, 캔버스에 유채

착용하는 두 번째 이유는 여유가 있어서예요. 세 번째 이유는 금이 제 아프리카 혈통을 상징하기 때문입니다. 우리 조상이 아프리카에서 올 때 목과 손목과 발목에 쇠고랑을 찼잖아요. 저는 그 쇠고랑을 금으로 바꾼 겁니다."

본능적으로 거부감을 느끼는 대상을 깊이 파고들면, 다시 말해 거부감을 느끼는 이유를 캐물으면(왜 그것을 좋아하지 않는가? 그것은 왜 존재하는가? 그것은 왜 그런 식인가?) 자기 편견을 알아차리고, 해소하고, 다른 의미와 다른 사람들의 두려움과 욕망과 신념의 가치에 마음을 열게 된다.

한편 와일리의 작품이 과하게 "넘쳐서" 좋아하지 않는다고 말한 관람객도 있었다. "표범 가죽 안장도 그렇고, 성난 말은 뛰어오르는데 말을 탄 사람은 침착하네요. 그냥 과해요. 현실감이 없어요."

와일리는 시대를 넘나드는 작품으로 유명하다. 주로 현대의 흑인 남자를 거장의 작품, 말하자면 역사적으로 흑인이 배제된 문화에 배치한다. 그가 〈경기병대의 장교〉로 재탄생시킨 작품은 〈메두사호의 뗏목〉을 그린 테오도르 제리코가 1812년에 그린 거대한 크기의 작품으로 현재 루브르박물관에 걸려 있는 〈돌격하는 경기병〉이다. 잠시 이 그림을 감상하면서 세세한 부분을 살펴보라.

말을 탄 백인이 위로 솟구치는 말의 표범 가죽 안장 위에 같은 자세로 앉아 있다.

이 그림이 마음에 드는가? 왜 마음에 들고, 왜 마음에 들지 않는가? 그 이유가 와일리의 작품을 볼 때와 같은가, 다른가? 제리코의 작품에서 우스꽝스러움이나 과시가 보이는가? 이 작품이 와일리의 작품과 다르게 보이는가? 다르다면 왜이고, 다르지 않다면 또 왜 아닌가?

나는 미술사가로서 고전으로 인정받는 작품, 특히 전쟁을 묘사한 영웅적인 작품이 주로 백인 남자를 주인공으로 그리고 백인 남자 화가에 의해 그려진다는 점을 잘 안다. 다들 예술적으로는 훌륭한 작품이지만, 백인 남자만 고귀하고 낭만적으로 표현하여 고대 세계 그림의 한 단면을 보여준다. 사람들이 흑인 남자를 전면 중앙에 주인공으로 배치한 와일리의 작품을 보면서 불편해하는 이유는 그 작품이 새롭고, 신기하고, 평소 접하지 못한 이미지이기 때문일 것이

〈홀로페르네스의 머리를 든 유디트Judith with the Head of Holofernes〉, 크리스토파노 알로리, 1613, 캔버스에 유채

다. 지극히 자연스러운 반응이지만, 이런 질문도 떠오른다. 왜지? 이 질문을 파고들면 오늘날 인종차별에 항의하는 시위의 배경과 정서를 이해하는 데 도움이 될 것이다.

단순한 질문이지만, "왜?"라고 묻는 것이 늘 쉽거나 편한 것은 아니다. 나는 여러 사람에게서 와일리의 작품이 불편하다는 말을 들었다. 〈경기병대의 장교〉만이 아니라 논란이 더 많은 그의 다른 작품에 대해서도 마찬가지였다.

2012년에 와일리는 흑인 여자가 백인 여자의 머리를 자르는 모습을 그렸다. 오바마의 초상화가 공개되었을 때 언론에 재조명된 작품이다. 〈유디트와 홀로페르네스 Judith and Holofernes〉라는 제목의 두 가지 다른 작품에서, 긴 드레스를 입은 흑인 여자가 꽃을 배경으로 서서 오른손에는 칼을 들고 왼손에는 백인 여자의 잘린 머리의 머리카락을 잡고 있다. 와일리가 〈뉴요커 New Yorker〉와 한 인터뷰에서 두 작품이 "'흰둥이 죽이기' 연극"이라고 말한 사실이 밝혀지자 분노가 들끓었다.⁴⁴

나도 이 작품의 아름다움을 높이 평가할 수 있지만, 주제가 불편한 것은 사실이다. 나는 원작을 다시 찾아보면서 내가 불편해하는 이유를 생각해 보았다. 유디트가 유대인 도시를 침략해 파괴하는 적장의 목을 베는 성서의 이야기는 다양한 그림과 조각의 주제가 되었고, 르네상스와 바로크 시대 성화의 주제인 '여성 권력'의 중요한 사례로 자주 언급된다. 와일리가 영감을 얻은 작품은 1613년에 크리스토파노 알로리 Christofano Allori의 〈홀로페르네스의 머리를 든 유디트〉다.

알로리의 작품에서는 백인 여자가 오른손에는 칼을 들고 왼손에는 백인 남자의 머리카락을 움켜잡아 머리통을 들고 있다. 와일리는 백인 여자 옆에 있는 하녀를 없애고 그림의 초점이 곧장 유디트에게 향하게 했다. 와일리의 그림에도 알로리의 원작과 마찬가지로 칼이나 머리통에 피나 핏덩이가 묻어 있지 않다.

나는 폭력을 혐오하는 사람이지만, 원작을 볼 때는 불편한 적이 없다. 이 그림에서 위협이나 불편함을 느끼지 못했다. 굳이 유디트의 입장이 되고 싶지는 않지만, 유디트의 힘과 용기에 감탄한다.

그런데 왜 와일리의 그림 앞에서는 머뭇거릴까? 희생자가 백인 남자에서 백인 여자로 바뀌어서일까? 성서에서 크게 벗어나서일까?

이제 "왜?"라는 질문을 외부로 돌린다. 와일리는 왜 이렇게 그렸을까? 그는 〈경기병대의 장교〉를 왜 그렸느냐는 질문을 받고, "왜?"라는 물음으로 되물었다. "우리는 왜 계속 젊은 흑인 남자들의 삶을 과소평가할까요?"[45] 그는 유디트를 새롭게 창조해서 우리가 젊은 백인 여자들의 삶을 과소평가한다는 메시지를 전하려는 걸까?

나는 내 감정을 더 들여다보기 위해 나를 돌아보기 위한 가장 강력한 질문, "나도 그런가?"라는 질문을 던지며 다시 "왜?"라는 질문을 내면으로 돌린다. 나도 나만의 안전지대나 지근 거리에서 나와 닮지 않은 사람들의 삶을 과소평가하지는 않는가? 비록 고의는 아니지만 나 역시 그들을 다르게 대하지는 않는가?

계급이나 위엄이나 선함의 착각, 나의 지식과 중요성과 전반적인 자기 인식의 과장, 무의식중에 나와 비슷한 사람들을 찾으려는 성향까지, 우리의 이런 성향은 제약이 되기는 해도 오늘날 우리가 안고 사는 가장 치명적인 편견은 아니다. 그보다 편견이 없다고 자부하는 편견이 더 위험하다.

편견이 없다는 편견

여러 연구에서 사람들은 대체로 자기가 평균보다 편견이 덜하다고 믿는 것으로 나타났다.[46] 물론 통계적으로 사실일 수 없다. 연구자들은 이런 현상을 '편견 맹점bias blind spot'이라고 부른다.[47] 스스로 객관적이라고 생각할수록 차별할 가능성이 커진다는 점에서 특히 우려할 만한 현상이다. 자기는 이런 잘못된 편견을 가질 리가 없다고 확신해서 의식적으로 그쪽에 신경 쓰지 않으면, 자기도 모르게 유혹에 취약해질 수 있기 때문이다.

그도 그럴 것이 우리는 선한 사람이 되고 싶어서 우리의 좋은 자질을 과대평가하고, 악한 사람이 되고 싶지 않아서 우리의 나쁜 자질을 과소평가한다. 우리 자신에게라도 우리가 선하고 객관적이라는 것을 입증하려면 자연히 우리의 결점도 몇 가지 인정할 것이다. 그러나 시간 관리나 대중 연설처럼 문화적으로 허용되는 정도까지만 인정한다. 성차별, 인종이나 종교에 대한 편견과 같은 심각한 사회적 범죄에 주목하는 것을 본능적으로 꺼린다.

그러면 우리의 이런 성향을 어떻게 바로잡을 수 있을까? 남들에게 물어보아야 한다.

다만 가족이나 친구처럼 언제든 쉽게 물어볼 수 있는 대상에게 물어서는 안 된다. 이들은 은연중에 우리에게 기울어져 있기 때문이다. 사회심리학에서는 우리가 항상 선하거나 객관적인 것은 아니라는 진실을 밝혀내기 위해 가장 정확한 기준은 직장 동료라는 점을 밝혀냈다.

간단히 포드에 물어보라.

2006년에 포드자동차는 벼랑 끝에 매달려 있었다. 주가가 폭락하고 채무 상태로는 투자 부적격 등급을 받았으며, 127억 달러의 손실을 공시했다. 경영진 내분이 걷잡을 수 없이 커졌고, 내부자들은 기업 내부 회의를 비디오게임 '모탈 컴뱃Mortal Kombat'에 비유했다.

헨리 포드Henry Ford의 증손자 빌 포드Bill Ford는 회사의 분위기를 쇄신해야 하는 절박한 상황에서 새 CEO로 보잉 전 경영자 앨런 멀럴리Alan Mulally를 고용했다. 거침없이 주장을 펼치고 가차 없이 비용을 삭감하며 일자리를 감축하기로 유명한 오스트레일리아인 전 CEO 자크 나세르Jacques Nasser와 달리, 멀럴리는 조용하고 온화한 사람이었다.[48]

자동차 업계가 3년간 경기침체의 무게에 짓눌려 몰락하고 정부에 긴급 구제를 신청하던 상황에서 멀럴리는 포드를 세계에서 가장 수익성 높은 자동차 회사로 변모시켰다.

엔지니어 교육을 받은 멀럴리는 "데이터가 우리를 자유롭게 한다"라는 말을 자주 했다. 그러나 젊은 날의 그에게 리더십에 관해 어떤 조언을 하고 싶냐고 물어보면, 데이터 분석을 강조하지 않았다. 그 대신 남들이 우리를 어떻게 보는지 알아야 한다고 강조했다.

"각자가 자기 인식을 계속 확장해야 합니다. 우리가 남들에게 어떤 인상을 주는가? 사람들이 우리와 함께 일하는 것을 좋아하는가? 아니면 우리에게서 도망치고 싶어 하는가?"[49]

자화상을 완성하고 마지막 단계에 사람들에게 보여주며 반응을 살피는 것처럼, 자기를 진실로 인식하려면 용기를 내어 남들이 자기를 어떻게 보는지 알아보아야 한다. '동료들은 나의 정신이 유리처럼 약하다고 생각할까?' '부하 직원들은 내가 그들의 보스로 부적합하다고 생각할까?' 자기 인식에 관한 연구에서는 남들이 자기를 어떻게 보는지 모르면 불완전하지만, 자기를 어떻게 보는지 알면 이런 인식을 효과적으로 활용하여 더 발전하고 변화하면서 궁극적으로 '내'가 원하는 '나', 변화를 주도하고 무엇이든 정복할 수 있는 '내'가 될 수 있다는 것을 밝혀냈다.

멀럴리도 자기를 제대로 인식하지 못하면 다른 경영진과 직원들에게 자기를 먼저 알라고 요구할 수 없다고 판단했다. 포드자동차

로서는 다행스럽게도 멀럴리의 통찰력 덕분에 불황에서 살아남아 협업과 효율성의 모범으로 거듭날 수 있었다. 그는 가격이나 수익에만 주목하지 않고 사람이 먼저라고 생각했다. 《미국의 우상American Icon》의 저자 브라이스 G. 호프먼Bryce G. Hoffman은 멀럴리가 "포드자동차가 가장 소중히 간직해 온 망상을 깨트려" 문화를 바꾸었다고 말한다.[50] 멀럴리는 포드자동차와 임직원에게 그들이 무슨 일을 왜 하는지 진지하게 돌아보게 하고 제각각인 전략과 우선순위를 '하나의 포드'로 재구성했다.

마찬가지로 우리도 우리에 관해 알아낸 모든 정보를 통합하여 솔직하고 섬세하고 강렬한 자화상을 그려서 신문 1면을 장식할 위기에서도 살아남을 수 있다.

제러미 린Jeremy Lin처럼.

진술한 자기 인식으로 실패를 피해 간 농구 선수

제러미 린은 농구계에서 두 차례 희귀한 사례가 되었다. 호리호리한 아시아계 미국인 가드인 린은 뉴욕 닉스에 선발되고 처음 열세 경기 동안 NBA 역사상 같은 기간에 그 어떤 선수보다 많이 득점했다. 스물여섯 경기 연속 선전을 이어갔는데, 당시 뉴욕의 각종 신문에서는 그에게 '린새니티Linsanity(린Lin과 광기insanity의 합성어 - 옮긴이)'라는 별명을 붙여주었다. 이 기간에 닉스의 입장권 가격이 3배로 뛰었다. 그러다 차분히 가라앉으며 믿음직한 선수로 자리 잡아 9년간 대활약을 펼쳤고, 2019년에는 토론토 랩터스에서 아시아계 미국인으로서는 최초로 NBA 우승을 이끌며 대미를 장식했다. 그는 자신의 경기력이 역사적으로 얼마나 뛰어난 수준인지 알았다. 언론이 끊임없이 일깨워 주었으니까.

"저는 자꾸 피하려 했어요." 그가 기자들에게 한 말이다. "다들 제게 꼬리표를 달아주고 싶어 했거든요. '오, 쟤는 아시아인이야, 쟤는 아시아인이야, 쟤는 아시아인이야'라고요."[51]

린은 2010년에 프로로 데뷔한 후 인종차별 발언을 듣는 일부터 NBA 경기장에서 보안요원에게 제지당하는 일까지 온갖 편견에 맞서야 했다. 그러나 문제는 사람을 가려서 찾아오지 않는다. 2017년에 린은 헤어스타일을 바꾸고 예기치 못한 논란의 중심에 섰다. 그가 한 머리는 레게 머리였다.

당시 브루클린 네츠 소속이던 린은 그를 싫어하는 사람들로부터 최악의 '문화광'이라고 매도당했다.[52] 이들은 소수민족인 린이 그런 선택에 내포된 억압의 의미를 누구보다 잘 알았어야 했다고 비난했다. 미국 전역에서 스포츠 캐스터와 기자들이 린의 레게 머리를 두고 논쟁을 벌였다. 린은 평소 존경하던 영웅까지 비난 세례에 동참하자 큰 충격을 받았다.

브루클린 네츠에서 뛰었고 중국 프로 농구에서 뛰고 있던 아프리카계 미국인 케니언 마틴Kenyon Martin이 린에게 "흑인이 되고 싶어 한다"고 비난하고, 그런 "어리석은 행동"을 허용한 네츠를 꾸짖는 영상을 올린 것이다.

"이 빌어먹을 청년에게 그의 성이 린이라고 일깨워 줘야 하나?" 영상에서 마틴이 한 말이다.[53]

그러자 린의 팬들이 당장 마틴의 위선적인 행동을 지적하고 나섰다. 마틴의 팔뚝에 커다란 한자 문신이 새겨져 있었던 것이다. 설상가상으로 마틴이 전에 한자를 몰라 무슨 뜻인지는 모른다고 말한 영상이 있었다. 마틴은 '절대로 만족하지 않는다' 정도의 뜻으로 알고 있었지만, 상하이 출신 NBA 스타 야오밍이 그 한자는 '공격적이지 않다' 혹은 '우유부단하다'라는 뜻이라면서 이렇게 말했다. "케니언의 경기를 본 사람은 누구든 그가 알고 보면 그런 사람이 아니라는 것을 안다."[54]

세계가 린의 반격이 아니라 그가 다시 나타나기를 숨죽이며 기다리고 있는 가운데, 그는 놀라운 문제 해결 기술을 선보이며 상황이 더 나빠지기 전에 분위기를 반전시켰다.

린은 마틴이 올린 원본 영상에 이렇게 댓글을 달았다. "저기, 다 괜찮습니다. 제 헤어스타일을 꼭 좋아할 필요도 없고, 당신의 의견을 꼭 말해야 하는 것도 아닙니다. 솔직히 말하면, 의견을 말해줘서 고맙습니다. 저는 레게 머리를 하고 당신은 한자 문신을 새겨서 고맙습니다. 저는 존중의 뜻으로 보니까요. 그리고 저는 소수민족으로서 우리가 서로의 문화를 더 많이 존중하면 주류 사회에 더 큰 영향을 미칠 수 있다고 생각합니다. 당신이 네츠와 농구 골대를 위해 해주신 모든 노고에 감사드립니다. (…) 어릴 때 당신 포스터를 방에 붙여놨거든요."[55]

린은 난국을 품위 있게 헤쳐 나갔다. 오랜 시간 자기를 성찰했기 때문일 것이다. 〈플레이어스트리뷴Players' Tribune〉에 올린 "그래서…… 내 헤어스타일에 관하여"라는 제목의 글에서 린은 헤어스타일을 그렇게 자주, 그렇게 극적으로 바꾸게 된 사정을 자세히 적었다.[56] 그는 그가 폭발적으로 활약한 해('린새니티'가 데뷔한 해)에 쏟아진 전례 없는 언론의 관심과 압박감 때문에 마치 상자에 갇힌 기분이 들었다고 했다. 그래서 헤어스타일을 과감하게 바꿔가며 남들이 생각하는 그를 뛰어넘을 수 있다는 것을 그 자신에게 증명하고 싶었다고 했다. 레게 머리 이전에는 빡빡머리, 바가지 머리, 번개 머리, 꽁지머리, 땋은 머리, 양갈래 머리도 시도했다. 그에게 헤어스타일은 자유의 표현이었다. 작가 캐머런 울프Cameron Wolf는 이 말에 동의하며 다음과 같이 말했다. "제러미 린은 예술가이고, 그의 캔버스는 자기 정수리다."[57]

린은 레게 머리로 바꾸기 전에 먼저 아프리카계 미국인들에게 그 머리가 무례한 행동은 아닌지 상의한 일도 자세히 밝혔다.

결론에서 린은 자기 발견의 노력은 여전히 진행 중이고, 누구나 끊임없이 발전한다고 적었다. 최근의 헤어스타일이 잘못된 선택일 수 있고("언젠가 돌아보고 나 스스로 한심하고 부끄러울 수도 있다."[58]), 또 나중에 마틴이 그의 생각을 바꿀 수 있다고도 적었다. 그리고 린은 〈뉴욕포스트New York Post〉와 한 인터뷰에서 이렇게 말했다. "그가 일주일 사이에 생각을 바꿀 수도 있습니다. 내 팬들이 다 그에게 달려가지만 않는다면 말이죠."[59]

린은 평화를 유지하기 위해 완벽에 가까운 자기 인식 모형을 만들었다.

무엇을 좋아하고 무엇을 싫어하는지, 그리고 왜 그런지 알았다.

취약한 상태가 되는 것을 두려워하지 않았다.

자신의 두려움과 욕망을 알았다.

생각이 달라질 여지를 남겼다.

행동하기 전에 남들에게 의견을 물었다.

린처럼 끊임없이 자기를 연구하면 힘든 상황을 더 잘 헤쳐 나가
고, 까다로운 사람들을 더 편하게 상대할 수 있다. 자신의 편견과 행
동을 많이 알면 알수록 당장의 문제를 해결하고, 위기를 모면하고,
남들이 잠재력을 발휘하도록 이끌어 줄 수 있다.

그렇다고 꼭 초콜릿이나 비누로 조각상을 만들어야 한다는 뜻
이 아니라(굳이 원하지 않는다면!), 자기 생각과 믿음을 적극적으로 해
체하여 자기가 세상을 보는 방식에 영향을 미칠 법한 무의식적 편견
이나 논리적 오류를 발견해야 한다는 뜻이다.

지금까지 세상을 객관적으로 보지 못하게 막는 뿌연 렌즈를 깨
끗하게 닦는 법을 배웠으니, 이제 한 가지 더 바꿔보자. 타인의 입장
에 서 보는 것이다.

관점을 바꿔라

어부의 요새에서 본 부다페스트 전경, 헝가리

1873년에 헝가리의 세 도시 부다와 페스트와 오브다(옛 부다)가 수도 부다페스트로 통합되었다.' 오늘날 부다페스트를 '다뉴브의 여왕'이라고 부른다. 유럽에서 두 번째로 긴 다뉴브강은 부다페스트 중심부를 가로질러 고딕 양식 성당과 르네상스 양식 왕궁과 대학,

박물관, 지하 저장고, 음악당, 온천장 옆으로 흐른다. 아르누보 양식의 걸작 그레셤 궁전의 강철 대문에 비둘기가 빽빽이 앉아 있다. 터를 넓게 잡은 바로크 양식의 부다 왕궁에는 현재 헝가리 국립미술관과 부다페스트역사박물관이 있다. 그리고 동화에나 나올 것 같은 하얀 돌탑과 테라스와 계단이 길게 이어진 어부의 요새가 있다. 요새로 올라가면 어느 방향으로든 아름다운 건축물과 경탄할 만한 예술적·공학적 위업이 보이고, 그 너머로 자연의 장관이 펼쳐진다.

그러나 유네스코UNESCO 세계문화유산으로 선정된 눈부시게 아름다운 이 도시에서도 가장 감동적인 장면은 바로 다뉴브 강가의 작고 소박한 조각품이다.

선홍색 타일의 둥근 지붕이 덮고 깨끗한 대리석 전면에 정교한 조각이 새겨진, 96미터 높이의 거대한 건축물인 헝가리국회의사당이 있고, 이 건물의 남쪽으로 신발 60켤레가 다뉴브강을 향해 놓여 있다. 신발은 고루 섞여 있다. 남자 신발과 여자 신발이 아이들 신발과 한데 어우러진다. 고가의 하이힐이 투박한 작업화 옆에 나란히 놓여 있다.

새 신발이 아니다. 닳은 흔적이 있다. 흠집이 났고, 뒷굽도 닳았고, 신발 끈도 사라졌다. 가지런히 놓이지도 않았다. 신발은 마치 주인들이 황급히 떠나며 벗어놓고 간 것처럼 놓여 있다. 몇 켤레는 넘어져 있다. 그리고 모두 녹슬었다.

이 철제 신발들은 1944년에 다뉴브 강가에 줄줄이 늘어서서 히틀러 덕에 권력을 잡은 헝가리의 나치 동조 집단인 화살십자당 민병대에 처형당한 유대인 수천 명을 기리는 작품이다.[2]

토미 딕도 그중 한 사람이다.[3] 토미가 갓 열아홉 살이 되었을 때

〈다뉴브 강가의 신발들The Shoes on the Danube Bank〉, 2005

화살십자당 사람들이 그의 집으로 쳐들어왔다. 그들은 총으로 토미를 때리고 할례를 했는지 보여달라고 요구했다. 이런 굴욕적인 행동에서 멈추지 않고, 그의 손을 등 뒤로 묶고 춥고 어두운 밤에 다뉴브 강가로 끌고 갔다. 그곳에는 이미 유대인으로 의심받는, 어머니와 딸과 노인과 아이들 수백 명이 모여 있었다.

화살십자당 당원들은 녹색 담요를 펼쳐 놓고 사람들에게 귀중품을 꺼내 놓으라고 명령했다. 다섯 살배기 에바 마이젤스는 어머니가 결혼반지를 빼서 귀중품이 쌓여 있는 곳에 던지는 것을 보았다.⁴ 그리고 그 사람들은 신발도 벗어야 했다.

신발 끈은 총알을 아끼기 위해 희생자들을 묶는 데 쓰였다. 한 명이 총에 맞아 강에 빠지면 끈으로 연결된 다른 사람들도 물속으로 딸려 들어갔다. 당원 하나가 가방을 들고 따라다니며 신발을 주워 담았다. 배급하거나 팔기 위해서였다.

무고한 사람들이 남긴 이 신발에 주목한 사람들이 있었다.[5] 영화감독 잔 토가이Can Togay와 네 살 때 가족과 숨어서 간신히 죽음을 면한 조각가 줄러 파우어Gyula Pauer가 2005년 고향에서 열린 추모 행사를 위해 이 신발들에 주목했다. 두 사람은 당시의 공포를 단순하면서도 기발하게 포착했다. 〈다뉴브 강가의 신발들〉은 직접적이고도 실질적인 작품이다. 신발을 신고 안전한 상태로 그 앞에 서면 강제로 신발을 벗고 처형당한 사람들을 떠올리지 않을 수 없다. 작가 셰릴 실버 오차연Sheryl Silver Ochayon은 이렇게 적었다. "이 조각품이 그토록 강렬한 이유는 주인이 떠난 자리에 남은, 만질 수도 있고 형체도 있는 신발을 보면 자연히 이런 질문이 떠오르기 때문이다. 누구의 신발일까? 이 조각품에서 사라진 사람들은 누구일까?"[6]

신발 조각품을 제작한 토가이와 파우어 같은 예술가들은 남의 신발을 신어보고(남의 입장에 서보고), 관람자에게도 그렇게 해보게 하면서 우리의 집단의식을 건드린다. (문자 그대로든 상징 면에서든, 구성 면에서든 주제 면에서든) 관점을 선택하고 실행에 옮기는 것은 모든 예술가의 준비 단계에서 필수 요소다. 관점은 예술가가 작품을 사실적으로 보이게 만들기 위해서든 아니든, 작품에 적용하는 수단이 될 수 있다. 예컨대 2차원의 표면에 길을 그려서 좁은 지점으로 모이게 하면 우리의 눈이 2차원을 3차원으로 볼 수 있다. 관점은 아이디어를 어떻게 구조화할지, 아이디어가 어떻게 보이거나 경험되게 구현할지, 어떤 이야기를 전달할지, 이야기를 어떻게 구현할지에 관해 예술가가 내리는 결정을 뜻한다. 관점은 예술가가 계획을 세우고, 실행에 옮기고, 제대로 가는지 끊임없이 확인하는 기준을 의미하기도 한다.

예술가처럼 문제를 해결하려면 관점을 적극적으로 확인해야 한다. 관점을 자기에게서 벗어나는 수단이자 자신의 신체적·정서적 시점을 바꾸기 위한 전략으로 삼아야 한다.

HIG와의 문제 해결 과정

나는 다양한 직업군의 사람들이 '지각의 기술' 강의를 원하는 것을 알고 기뻤다. 그리고 의외의 분야에서 특이한 요청을 받는 데에도 점차 익숙해졌다. 그래도 CIA와 FBI, 국방부 관계자로 구성된 팀에서 '지각의 기술' 강의 의뢰가 들어왔을 때는 과연 내가 이렇게 고도로 훈련받은 전문가들에게 도움을 줄 수 있을지 의문이 들었다. 그들은 주요 구금자 심문 그룹High-Value Detainee Interrogation Group, HIG이었다. HIG는 미국의 안보를 위해 국내외에 모바일 팀을 배치하여 심문으로 정보를 수집하는 기관이다. 과연 이들이 예술품을 보는 과정과 적대적 정보원에게서 정보를 수집하는 작업을 연결하도록 도와줄 수 있을까? 결론부터 말하자면 이들에게 강의하면서 오히려 나의 창조적 사고력이 확장되었다.

사실 나는 그전에 몇 년 동안 대對테러 감시 작전을 수행하는 정보기관에서 강의한 경험이 있었다. 그러나 HIG에서 진행한 강의는 달랐다. HIG 요원들은 각국에서 미국과 동맹국을 표적으로 삼은 테러 활동에 관해 직간접적인 정보를 가진 구금자들을 심문하는 역할을 했다. 나는 이런 임무를 위해 그들에게 정확히 어떤 도구를 마련해 줄 수 있을지 고민했다. 우선 예술품을 분석하는 작업과 심문하는 과정을 연결해 보았다. 내 경험으로 보면 심문은 직접적이고 직선적이기까지 하다. C 지점으로 가고 싶다면 A 지점에서 출발해 B 지점을 거쳐 C 지점으로 가기 위한 정보가 필요하다("내가 안경을 어디에 놓았더라?" "이번 주말에 또 만날까요?" "크로크무슈에 뭐가 들어가지?"). 그러다 나는 추상미술을 떠올렸다. 추상화에는 직선적 연결은커녕 A도 B도 C도 없지만, 그림 전체가 그 자체로 역동적이므로 우선 추상화에서 출발하기로 했다. 그러다 진지하게 살펴볼수록 심문(나는 대화로 생각하고 싶다)은 대체로 직선적 과정이 아니라는 것을 알게 되었다. 질문을 던지고 의도했든 하지 않았든, 답변이 새롭고 다른 방향의 대화를 끌어낸다면 어떤가? 그 방향으로 따라가고 싶기도 하지만(정보를 더 수집하기 위해서든 아니면 그냥 실제 의도를 숨기기 위해서든), 아직 처음 질문의 답을 얻고 싶다면 어떤가? '만약……하면 어떤가?'라는 질문은 많다.

HIG의 한 사람이 내게 'festina lente'라는 라틴어를 알려주었다. '천천히 서둘러라' 혹은 '자기 속도로 서둘러라'라는 뜻이라고 했다. 모순으로 들리지만 문제 해결의 관점에서는 적절한 자세다. 주어진 과제를 수행하려고 서두를 때가 많다. 그러나 신중하고 진지하게 과제에 임하지 않으면 해결책을 찾지 못한다. 내게 강의를 의뢰한 팀은 HIG 내에서도 정보 수집과 심문의 과학과 실행을 개선하기 위한 전략을 연구하고 기록하는 역할을 맡은 연구팀이었다. 궁극적으로는 심문 기술을 개선하고 싶지만, 우선 시각 단서를 인식하는 능력을 길러서 그들의 목적을 위해 심문 상대와의 관계를 강화하고 싶어

했다.

나는 첫날 강의하면서 강의 마지막에 소감을 나누는 시간을 고대했다. 내 강의에서 어떤 부분이 그들에게 울림을 주고, 어떤 부분이 그들의 심문 과정에서 가장 도움이 될 것 같은지 들어보고 싶었다. 그리고 그들의 소감에 놀랐다. 내가 소개한 방법 중에서 그들이 상황을 예리하게 포착하고 서사를 바꾸는 데 도움이 될 만한 도구를 발견했다고 했다. 나는 상황 인식을 물리적 차원으로 생각했다. 말하자면 상황 인식이란 내가 어디에 있는지, 그곳에 어떻게 갔는지, 그곳에서 어떻게 빠져나올 수 있는지, 그곳에 없거나 나를 보지 못하는 누군가에게 내가 어디에 있는지를 어떻게 설명하는지의 문제라고 생각한다. 그러나 이 팀의 사람들은 심문 대상을 중심으로 상황을 인식했다. 심문 대상과의 관계가 어떤가? 관계가 올바른 방향으로 흘러갔는가? 심문자가 심문 대상에게 믿음직한 인상을 주었는가? 심문자가 심문 대상을 편하거나 불편하게 만들었는가? 나는 이런 소감을 듣고 상황 인식에 대한 정의를 물리적 차원 너머로 확장할 수 있다는 생각이 들었다.

HIG 요원들이 두 번째로 단련하고 싶다고 한 기술은 바로 서사를 바꾸는 능력이었다. 예술가가 늘 하는 일이다. 현대미술 작가 타이터스 카파Titus Kaphar는 기존 예술품을 변형하여 한 주제에서 다른 주제로 강조점을 옮겨서 관람객을 예상치 못한 대화로 초대한다. 제리코는 메두사호의 뗏목 사건에서 초점을 항해의 재난에서 정치적 실패로 옮겨 인종과 계급에 대한 기대를 날카롭게 재구성했다. 한편 HIG 요원들은 디에고 벨라스케스Diego Velázquez의 〈시녀들 Las meninas〉처럼 관점을 뒤집는 창조적 표현에서 가치를 발견했다. 스페인 펠리페 4세 궁전의 삶을 그린 이 초상화는 관람객을 화폭 안으로, 그 안의 복잡한 사회적 관계의 중심으로, 조용하면서도 팽팽한 긴장감이 감도는 궁전의 시간 속으로 끌어들인다. HIG 요원들은 또한 내가 강의에서 소개한 사진 한 장(아이 둘을 옆에 둔 어머니가 매장 바닥에 엎드린 모습을 위에서 내려다본 장면)을 보고 그들의 즉각적 가정과 다른 반전이 있는 데서 깊은 인상을 받았다. 이 사진은 총격 피해자를 찍은 사진처럼 보이지만, 사실 한 어머니의 빠른 판단력을 포착한 사진이다. 나이로비에서 알샤바브 총기 난사 사건이 발생한 날, 이 어머니는 웨스트게이트몰에 갇혀 있다가 나무 칸막이를 발견하고 아이들을 데리고 재빨리 숨어들어 가 두 아이를 팔로 감싸고 아이들의 귀에 나직이 노래를 불러주며 진정시켰다(그래서 범인에게 들키지 않을 수 있었다). 내가 강의에서 보여준 이미지들은 HIG 심문관들이 더 구체적이고 실질적인 정보를 캐내기 위한 새로운 전략을 세우도록 영감을 주었다.

관점을 찾아라

제리코는 〈메두사호의 뗏목〉을 그리면서 인물을 어떻게 표현할지를 의식 차원에서 선택했다. 사실 그는 마지막에 남은 생존자들을 인육 먹은 타락한 인간들로 손쉬우면서도 정당하게 묘사할 수 있었다. 그때 구조 작업을 했던 프랑스 병사 당글라 드 프라비엘d'Anglas de Praviel은 직접 목격한 이야기를 1818년에 책으로 출판하면서 뗏목에 있던 남자들을 이렇게 묘사했다. "갑판에 쓰러진 그들의 손과 입에서 불

〈엘리후 예일, 제2대 데번셔 공작 윌리엄 캐번디시, 제임스 캐번디시 경, 턴스털 씨, 노예 하인Elihu Yale; William Cavendish, the Second Duke of Devonshire; Lord James Cavendish; Mr. Tunstal; and an Enslaved Servant〉, 작가 미상, 1708, 캔버스에 유채

운한 희생자들의 피가 뚝뚝 떨어지고, 뗏목 돛대에는 사람의 살점이 널려 있고, 그들의 호주머니에는 먹다 만 고기 조각이 잔뜩 들어 있었다."[7] 그러나 제리코는 결국 메두사호의 생존자들을 희망과 인류애를 담아 그리기로 했다. 그림 속 아버지는 청년의 죽음을 애도하고, 근육질 사내들은 깃발을 흔들며 구조를 요청한다. 모두의 얼굴에 슬픔과 고통이 어려 있지만, 악의는 보이지 않는다. 제리코는 습작으로 남자가 사람 팔을 먹는 장면, 물에 빠져 죽은 남자의 머리를 클로즈업한 장면, 이 비극적인 항해의 초반에 선상 반란을 일으킨

군중의 모습도 그렸다. 미술사가들은 제리코가 결국 〈메두사호의 뗏목〉으로 탄생한 장면을 선택한 이유는 개인의 악의보다 보편적 고통을 보여주고, 프랑스의 노예제와 제국의 우매함을 지적하는 정치적 비판의 논점을 흐리지 않기 위해서라고 해석한다.[8]

마찬가지로 우리는 문제에 내재한 각기 다른 관점을 연구하면서 문제를 분석할 수 있다. 우선 관점과 그 관점의 영향을 알아채는 데 익숙해지자. 94쪽의 그림을 보라.

누가 주인공인가?

모두 몇 명이 등장하는가?

그림 속 인물을 몇 개의 집단으로 묶을 수 있는가?

서로 어떤 관계로 보이는가?

그림에 등장하는 인물들의 중요도를 어떻게 정하겠는가? 누가 가장 중요한 인물로 보이는가? 가장 덜 중요한 인물은 누구인가? 왜 그렇게 생각하는가?

어떤 세부 요소가 인물들의 지위의 높낮이를 보여주는가?

이 그림의 구성을 보면, 테이블에 둘러앉은 백인 남자 셋이 중요한 인물로 보인다. 세 남자가 크고 자세히 묘사되어 있다. 제대로 된 복장에 장신구까지 착용하고 크리스털 잔을 들고 있다. 테이블 왼쪽에 서 있는 남자는 복장이 수수하지만 세 남자와 가까이 있는 것으로 보아 역시나 중요한 인물이다. 배경에는 아이들로 보이는 무리가 놀거나 춤을 연습하고 있고, 어른 한 명이 가까이 있다. 뒤편의 이들은 크지도 않고 자세하지도 않으므로 중요한 요소가 아니라는 것을 알 수 있다. 테이블 오른쪽으로 가장자리의 전경에는 역시나 복장을 갖춰 입고 구체적으로 묘사된 흑인 소년 하인이 있다. 소년이 남자들을 바라보며 포도주 통을 나르는 것으로 보인다. 배경으로 밀려나지 않았기에 역시나 중요한 인물은 맞지만, 자세히 보면 소년의 목에 은색 개목걸이가 걸려 있고 자물쇠가 채워져 있다. 소년은 한 개인으로 등장한 것이 아니라 주인의 가치를 보여주는 존재다. 소년은 그저 주인의 부와 권력을 강조해 주는 존재일 뿐이다.

1700년대 초의 이 작품은 예일대학교의 후원자이자 대학교와 동명인 엘리후 예일Elihu Yale의 딸과 데번셔 공작의 형 제임스 캐번디시James Cavendish를 중매하는 자리를 기념하기 위해 제작되었다.[9] 제임스는 테이블 왼쪽에 붉은 코트를 입고 앉아 있고, 데번셔 공작은 오른쪽에 앉아 있다. 엘리후 예일은 가운데에 앉아 있고 다른 두 남자들보다 한참 키가 커 보인다. 비현실적으로 비스듬한 테이블을 보면 작가가 예일을 상석에 앉히기 위해 물리적 관점을 조작한 것일 수 있다. 옆에 서 있는 사람은 변호사 턴스털 씨다. 소년 하인처럼 변호사는 테이블 앞에 앉은 남자들이 중요한 인물이라는 것을 보여주는 동시에 예일의 딸이 캐번디시 집안으로 들어가면 얼마나 큰 재산이 그쪽으로 넘어가는지도 보여주는 존재다. 학자들은 노란 드레스를 입은 소녀를 예일의 딸 앤으로 추정한다. 자기 인생의 중요한 사건이 벌어지는 자리에서 배경으로 밀려난 데서 소녀의 처지를 짐작할 수 있다. 이 작품의 역사를 추적한 최신 연구에서는 앉아 있는 두 사람의 신원에 의구심을 표했다.[10] 이들을 제임스 캐번디시 경과 엘리후 예일이라고 보는 데 의문을 제기한 것이다. 그전에 제2 데번셔 공작인 윌리엄 캐번디시로 추정된 인물은 최근 예일의 딸이자 앤의 언니인 캐서린과 결혼한 더들리 노스Dudley North일 가능성이 크다고 밝혀졌다. 변호사 턴스털 씨 역시 엘리후의 사촌인 존 예일의 아들 데이비드 예일인 것으로 추정되었다.

관점을 알아채고 주목하면 거의 모든 상황을 더 잘 이해할 수 있다. 나아가 상황을 바꿀 수도 있다.

타이터스 카파는 순수미술 석사과정을 밟으러 예일대학교에 들어갔다가 눈에 잘 띄는 자리에 걸려 있던 엘리후 예일 그림을 보고 일종의 '도전 의식'을 느꼈다.[11] 그는 대학 측에 그 그림을 떼라고 요구하지 않고 무언가를 더했다. 그는 논란 많은 역사를 지우는 대신 역사에 답하려 했다. 같은 상황을 재현하면서 초점을 옮긴 것이다.

상황은 같아도 관점이 완전히 뒤집혔다. 이제는 흑인 소년이 그림의 중심으로 나오고, 소년에게 금박 액자를 씌워서 가치를 강조했다. 소년의 목에서 개목걸이가 사라지고, 이제 소년은 백인 남자들을 바라보지 않고 관람객을 정면으로 응시하며 이 작품에 관한 대화로 초대한다. 원작의 중심인물들도 완전히 없애지 않고 한쪽에 구겨 놓고, 원작에서 주변부로 밀려난 인물을 키워서 금박 액자를 씌우는 식으로 극명하게 관점을 변화시켜 우리의 생각을 자극했다.

카파는 이렇게 설명한다. "나는 이 역사적 작품이 공간이 허락되지 않은 소년의 삶을 그릴 방법을 찾고 싶었다. 소년의 욕망과 꿈, 가족, 생각, 희망을 그리고 싶었다. 원작자가 관람객에게 생각해 보기를 원한 적이 없는 주제다. 나는 새로운 논의를 위해 물리적 조치를 취했다. 이 작품에 관해 오랫동안 논의된 측면을 누르고 소년의 사연에 볼륨을 높였다."[12]

앞서 엘리후와 동료들의 그림을 보면서 오른쪽 끝 소년에게는 얼마나 관심을 주었는가? 이제 그 소년에게 얼마나 더 관심을 주겠는가? 관점은 서사를 바꾸는 데 도움이 되고, 서사를 바꾸면 전체 대화가 달라질 수 있다.

다각도의 관점 변화

다른 관점을 찾아보면 보일 것이다. 계속 찾아보라. 은연중에 간과하는 관점을 찾으려고 노력하면 더 많이 보인다.

타이터스 카파가 엘리후 예일의 그림을 자신만의 관점에서 〈당신에 관해서는 충분히 들었다Enough about You〉라는 제목의 작품으로 새롭게 구상한 시도가 강렬한 효과를 거두었고, 그는 이런 방식의 창작활동을 계속 이어갔다. 과일 테이블 앞에 부유한 백인 여자들이 둘러앉은 초상화를 변형하여 어린 흑인 하녀의 얼굴에 금박 액자를 씌웠다. 카파는 이런 식의 재현 작업을 멈추지 않고 현재도 오래전 작품을 새로운 각도로 강조할 방법을 찾고 있다. 자르고, 물감을 뿌리고, 더하고, 덜어내고, 관점을 뒤집는다. 토머스 제퍼슨Thomas Jefferson의 위풍당당한 초상화에서는 그의 형상을 오려서 그의 흑인 노예 정부였던 샐리 헤밍스Sally Hemings와 한 침대에 놓았다. 그리고 미국 자유의 아버지 조지 워싱턴George Washington의 입에 길게 자른 종잇조각을 덮었다. 녹슨 못으로 붙인 종잇조각은 워싱턴이 오나 저지라는 철도 노예를 찾으려고 신문에 낸 광고를 복제한 것이다. 카파는 그림의 얼굴을 타르로 뭉개거나, 인물을 모슬린으로 감싸거나, 미합중국 헌법 제정자들의 책상에 권투선수 무하마드 알리Muhammad Ali를 떨어뜨리기도 한다.

2017년에 밴쿠버의 TED 강연에서 카파는 그가 역사를 재구성하는 기법을 청중 앞에서 실시간으로 시연했다. 미시간에서 흑인 소년으로 성장한 그는 미술관에 가본 적이 없다가 전문대학에 들어가서 처음 가보았고, 대학에서는 명작 복제화를 그리며 그림을 배웠다. 그는 100쪽에 나오는 네덜란드 화가 프란스 할스Frans Hals의 〈풍경 속의 가족〉을 슬라이드로 보여주었다.

그림의 요소를 (사람이든 사물이든 색깔이든 형태든) 눈에 잘 띄는 순서로 나열한다면 맨 위 세 가지로 무엇을 올리겠는가?

다음으로 카파는 명작으로 꼽히는 이 작품을 직접 재현한 작품을 공개했다. 그러면서 그림이 왜 시각 언어인지 설명하고, 화폭 안 모든 요소는 저마다의 이유로 그 안에 들어 있다고도 설명했다. 남자의 실크 반바지와 여자의 금목걸이는 그들의 부를 보여주는 장치다. 배경과 포즈, 시선, 손에 든 물건, 옷깃의 레이스까지 모두 나름의 의미가 있다. "그러나 작품의 구성 때문에, 구성적 위계 때문에 다른 요소를 보기 어렵다."[13]

그러고는 넓은 붓으로 흰색 물감을 찍었다. 그리고 그림 속 남자가 키가 가장 큰 데는 나름의 의도가 있다고 설명했다. 이 그림 속 백인 남자 가장은 실제로는 키가 가장 크지 않았을 수도 있지만 화가가 관람객의 시선을 사로잡기 위해 일부러 크게 그렸고, 카파는 이 요소를 바꿨다. 그는 넓은 붓으로 남자에게 덧칠했다. 남자가 지워지자 초점이 여자에게로 갔다. 이어서 여자의 금목걸이를 덧칠해서 덜 반짝거리게 만들고 다시 레이스와 드레스를 칠하고 여자도 칠했다. 이런 식으로 계속 흰 물감으로 그림을 덧칠하며 개와 흑인 소

〈풍경 속의 가족Family Group in a Landscape〉, 프란스 할스, 1645~1648, 캔버스에 유채

년만 남겼다.

이 두 가지 중 앞에서 당신이 중요한 요소 목록에 넣은 것이 있는가? 개를 보기는 했는가? 그림을 다시 보고 개를 놓친 것을 확인하라.

카파는 만족스러운 이미지가 나올 때까지 계속 덧칠했다.

이제 이 그림에서 세 가지 주요 요소가 무엇이라고 말하겠는가? 당신의 목록이 바뀌었는가?

당신의 인생이나 조직, 직장, 학교에서 구조나 위계 때문에 감춰진 대상이나 사람은 누구인가? 그들의 관점도 찾아보라.

카파는 그의 작품이 과거를 덮거나 역사를 지우는 것이 아니라고 말한다. 문제에 답하는 것이지 지우는 것이 아니라는 뜻이다. 카파는 이 점을 보여주기 위해 흰색 물감에 아마인유를 넣어 다시 인물들의 얼굴을 칠했다. 그러면서 아마인유가 물감을 투명하게 만들어 잠시 후 얼굴들이 다시 나타날 거라고 설명했다. "이것은 소거의 과정이 아닙니다. 내가 보여드리려는 것은 시선을 조금, 잠시만 바꾸는 방법입니다."[14]

관점을 조금이라도 바꾸면 무엇이 드러날지, 더 나아가 일부 사람들에게 유용하던 시스템의 안정성에 어떤 영향을 미칠지 알 수 없으므로 결코 쉽지 않다. 카파는 17세기 미술에 등장하는 개에 관한 글이 노예 아이들에 관한 글보다 많고, 그늘 속에 있는 소년의 정체보다 가족의 옷깃에 쓰인 레이스의 제조사에 관해 알아내기가 훨씬 쉽다고 지적했다. 그러나 소년은 존재한다. 줄곧 존재했다. 소년은 누구인가? 어떻게 살아왔을까? 소년의 꿈과 희망은 무엇일까? 우리 사회가 굳이 알아보려고 애쓰지 않아서 놓친 것은 무엇인가? 마찬가지로 당신이 다른 관점을 탐색하지 않아서 당신의 회사나 기관이나 이웃이 놓친 것은 무엇인가?

카파는 우리가 쉽게 간과하는 관점은 대개 우리 사회에서 가장 취약한 사람들의 관점이라는 점을 일깨워 준다. 배와 마찬가지로, 사회든 회사든 학교든 가장 약한 고리의 힘에 좌우된다. 우리가 다른 관점을, 특히 뿌리 깊은 구조나 위계에 가려진 관점을 탐색한다면 위대한 예술가나 아이디어나 제품이나 해결책을 발견할 수 있을 것이다. 혹은 문제가 뿌리를 내리고 자라기 전에 미리 차단할 수 있을 것이다.

관점이 항상 명확한 것은 아니다

그러나 관점을 발견하는 일이 항상 쉬운 것은 아니다. 103쪽의 그림에서 한스 홀바인 2세Hans Holbein the Younger는 1500년대에 유행하던 왜상歪像, anamorphosis 기법을 썼다. 중심 주제가 왜곡되고 '감춰져' 관람객이 자신의 시점을 바꿔야만 보인다.

이 그림의 가운데 바닥의 왜곡된 부분을 보려면 이 책을 시계 방향으로 천천히 돌려서 거의 직각이 되게 놓거나, 책은 그대로 두고 당신이 책의 오른쪽으로 가서 거의 직각이 되게 자리를 잡아야 한다. 보이는가? 해골이 드러나는 관점을 발견할 때까지 계속 찾아보라.

기존의 역사적 초상화에 이런 섬뜩한 요소를 더하는 작업을 예술계에서는 '메멘토 모리memento mori'라고 한다. 종교적 의미에서 불가피한 죽음과 허무한 삶을 일깨워 주기 위한 기법이다. 이 라틴어를 문자 그대로 번역하면 '죽음을 기억하라'다.

화가 케리 제임스 마셜Kerry James Marshall은 미술관에 평범한 흑인의 삶을 그린 작품이 부족한 현실에 같은 왜상 기법으로 응답했다. "나는 미술관에 갈 때마다 백인들을 그린 작품에 압도당한다. 이런 백인 그림이 서양 세계에서 예술의 토대라는 데는 거의 누구나 동의하는 듯하다."[15]

그래서 마셜은 기울어진 균형을 바로잡기 위해 예술가들이 수세기에 걸쳐 일상 속 백인을 보여준 것처럼, 같은 방식으로 흑인들을 보여주는 대형 작품을 제작했다. 호숫가에서 신나게 뛰놀거나, 각자의 사업장에서 일하거나, 아니면 그냥 포즈를 취하는 모습을 담

〈장 드 댕트빌과 조르주 드 셀브('대사들')Jean de Dinteville and Georges de Selve("The Ambassadors")〉, 한스 홀바인 2세, 1533, 참나무에 유채, 런던 대사로 파견된 프랑스 귀족 댕트빌(왼쪽)과 그의 친구인 주교 드 셀브(오른쪽)

위 그림에 숨어 있는 두개골

〈미의 학교, 문화의 학교School of Beauty, School of Culture〉, 케리 제임스 마셜, 2012, 캔버스에 아크릴

았다. 〈미의 학교, 문화의 학교〉라는 작품에서는 왜상 기법으로 또 다른 유형의 기억할 무언가에 주목한다. 바로 이상적인 미의 편재성이다.

이 그림을 왼쪽으로 돌리면 하얀 피부에 금발인 디즈니 공주 같은 형상이 전면 중앙에 나타난다. 흑인 고객을 상대하고 흑인의 아름다움을 칭송해야 할 미용실 한복판에서도 우리 사회가 신체적으로 완벽한 모습으로 여기는 이미지의 망령이 등장한 것이다. 어른들은 그냥 모른 척하며 제 할 일을 하지만, 그 망령은 말없이 기분 나쁘게 그곳에 존재한다. 아이들은 그것을 알아보고 의아해한다. 멜빵바지 입은 꼬마가 몸을 숙이며 그것의 '뒤에' 무엇이 있는지 보려고 한다.

왜상 기법은 관람객이 작품을 보는 물리적 관점을 바꾸게 해서 자신의 시선을 의식하도록 유도하는 데 의의가 있다. 예술가들은 우리가 작품을 수동적으로 보기만 하는 것이 아니라 실제로 몸을 움직여 관점을 바꾸고 해석을 보완하게 한다. 이런 기법을 적용하려면 미리 계획하고 추가로 할 일도 많지만, 예술가는 이런 노고에 대한 보상을 받는다. 그가 의도한 메시지를 더 많은 사람에게 전달하고, 사람들이 그의 작품을 전체로 보게 만드는 효과를 거두는 것이다. 게다가 예술품에 대한 관람객의 경험 자체가 달라진다. 수동적으로 보기만 하다가 적극적으로 평가하기 시작한다.

우리도 예술의 이런 기법을 활용해 문제를 해결할 때 물리적·정서적·지적 차원에서 의식적으로 관점을 바꿔 도움을 받을 수 있다. 상황을 정면으로 응시하면서 낯익은 것만 알아채는 것이 아니라 다른 각도에서도 보려고 시도하는 것이다. 소설가들이 늘 하는 일이다. 소설가에게 이런 능력이 없다면, 등장인물은 모두 작가를 모델로 하고 이야기도 꽤 지루해질 것이다. 대상이나 예술품을 볼 때 오른쪽으로도 왼쪽으로도 보고, 뒤집어도 보고 비스듬히도 보아라. 처음에는 깊이 생각해야 하지만, 시간이 지나면 자동으로 이렇게 하면서 단순하고 직선적인 사고를 뛰어넘을 수 있다. 이언 스미스Ian Smith도 고등학교 3학년에 이렇게 했고 그 덕분에 대학에 진학할 수 있었다.

이언은 여느 고등학교 3학년 학생처럼 원하던 대학의 입학 논술 시험 주제를 읽고 심장이 내려앉는 것 같았다. 개괄적인 문제였지만 겁이 났다. "20세기의 어떤 사건을 바꾸겠습니까?"

이언은 모범생이긴 하지만, 글을 잘 쓰는 편은 아니었다. 스스로 그리 창조적이거나 예술적인 사람이라고 생각하지 않아서 시나 그림으로 답안을 작성하는 방법은 고려하지 않았다. 직접적이고 정중한 답안을 작성하고 싶었으나, 원하는 대학의 입시 경쟁률이 높아서 독창적인 답을 제출해야 했다. 그는 9·11 테러 직후 뉴욕에서 태어났지만, 그런 아이는 수없이 많았다. 그러면 어떤 사건을 바꾸고 싶을까? 좋은 일이라면 굳이 바꿀 필요가 없으므로 20세기에 일어난 비극적인 사건을 죽 훑었다. 대공황, 양차 세계대전, 홀로코스트, 베트남전쟁. 외가가 유대인 집안이므로 홀로코스트를 막는 것이 개인적으로 의미는 있었지만, 어떻게 막을 수 있을까? 히틀러를 죽이는 것이 당연한 답으로 보이지만 독창적이지도 않았고, 이언의 윤리관과 맞지도 않았다. 그 대신 이언은 의외의 입장에 서보았다. 아돌프 히틀러의 입장이 되어본 것이다. 그는 히틀러의 유년기부터 연구해서 히틀러를 그런 희대의 악인으로 만드는 데 기여한 요소를 찾아내려 했다. 그리고 그 나름의 답을 찾았다. 1908년의 빈으로 돌아가 빈의 예술학교가 열여덟 살의 히틀러를 합격시키게 만드는 방법이다.

히틀러의 자서전적 기록에 따르면, 그는 화가를 꿈꾸었다.[16] 십대 시절이던 1907년에 그는 빈의 예술학교에 지원했다가 낙방했다. 그러나 포기하지 않았다. 유명 화가들이 단골로 드나드는 몇몇 카페를 전전하며 스승이 되어줄 사람을 찾았다. 아무도 없었다. 히틀러는 엽서를 그리는 일로 돈벌이를 해보았다. 그러나 사업은 실패했다. 1908년에 다시 예술학교에 지원했지만, 짤막한 논평 하나 없이 다시 낙방했다. 좌절하고 인생의 방향도 잃고 숱한 밤을 다리 밑에서 보내야 할 정도로 가난했던 청년 히틀러는, 빈에서 무시당하고 실의에 빠진 채 당시 합스부르크 황제 프란츠 요제프Franz Joseph의 비호 아래 번창하던 유대인 사회를 혐오하는 반유대주의 정서를 흡수했다. 이언은 만약 히틀러가 예술학교에 입학해 열정을 창조적으로 풀어낼 방법을 배웠다면 복수나 절멸에 열정을 쏟아붓지 않았을 거라고 생각했다.

이언은 20세기 최악의 독재자에게 조금이라도 인간애를 드러내면 위험한 줄 알면서도, 히틀러를 향한 혐오를 잠시 접어두고 그의 눈으로 세상을 보려고 시도했다. 결과적으로 짓밟힌 사람들에 대한 공감이 커지고, 원하는 대학에도 들어갔다.

이렇듯 다른 관점을 고려하면 문제 해결에만 도움이 되는 것이 아니다. 사전에 문제를 피하는 데도 도움이 된다. 실제로 다른 각도로 보지 못해서 불필요한 문제가 생기는 예도 꽤 많다. 이를테면 버지니아미술관은 기금을 마련하기 위해 새로운 행사 기획안을 내면서, 그 행사에 초대받을 사람의 관점으로 보지 못해 결국 나쁜 평판을 듣고 대중의 심기를 건드렸다. 미술관이 바라던 것과 정반대의 결과가 나왔다.

유럽에서는 정부나 왕궁에서 미술관을 후원하지만, 미국의 미술관은 자본가가 수익을 올려서 운영한다. 따라서 미국에서 가장 유명한 문화 기관도 지급 능력을 유지하느라 늘 새로운 방안을 고심한다. 소더비경매회사의 보고에 따르면, 뉴욕 메트로폴리탄미술관도 자산 40억 달러를 보유하고도 유동성이 떨어져 현금은 고작 700만 달러만 보유한다.[17] 미술관들은 이처럼 영업 예산이 빠듯한 상황에서 창의적으로 운영하면서도 수익에 영향을 미칠 만한 논란을 일으키지 않아야 한다.

버지니아미술관은 관람객을 끌어모으고 수익을 올리기 위해 2019년에 에드워드 호퍼Edward Hopper 전시회를 열면서 독창적인 체험 기획을 고안했다. 호퍼는 20세기 미국의 유명한 화가로, 많은 호텔 방과 조용한 실내를 그린 작품으로 유명하다.[18] 버지니아미술관은

〈서부의 모텔Western Motel〉, 에드워드 호퍼, 1957, 캔버스에 유채

호퍼의 작품 65점을 다른 화가 35명의 작품과 함께 전시하여 식당이나 숙박업소와 함께 이런 장소를 자주 찾는 사람들을 묘사하는 방식을 탐구했다. 이 전시회는 작품 전시와 함께 강좌와 학술회의, 미술수업, 호퍼의 그림 속에서 하룻밤을 보낼 기회와 같은 독창적인 아이디어로 교육 프로그램을 구성했다. 버지니아미술관은 호퍼의 〈서부의 모텔〉이라는 작품 속 방을 실제 방으로 만들어 관람객이 직접 들어가 하룻밤을 머물 수 있게 했다.[19]

나도 직업상 1년에 190일을 길에서 보내야 해서 호텔에 자주 묵는다. 그리고 도로변의 여관부터 5성급 리조트 호텔까지, 민박집부터 수도원까지 온갖 장소에서 묵어본 터라 가끔 이상한 방에 머무는 경험을 상상한다. 나는 세세한 부분(침대 옆으로 발을 내리면 욕실등이 자동으로 켜지는 호텔)을 보면서 건축가와 설계자와 숙박업소 직원들이 선택한 다채롭고 섬세한 결과물에 감탄한다. 그래서 나는 호퍼의

〈버지니아미술관의 호퍼 호텔 체험Virginia Museum of Fine Arts Hopper Hotel Experience〉,
2019.10.26~2020.2.26

그림을 재현한 방에서 하룻밤을 묵는 아이디어에 열광했다. 내 미술
관 동료들은 자금을 마련하기 위한 얄팍하고 저급한 상술로 치부했
지만. 참, 나만 열광한 것은 아니었던지 이 체험은 뜻밖에도 순식간
에 매진되었다.

호퍼의 작품을 재현한 방에서 하룻밤을 보낼 기회를 얻지 못한
나는 그 대신 관련 사진과 기사를 꼼꼼히 챙겨 보았다. 우리 미술관
동료들의 부정적인 반응과 달리, 전시와 팝업 '호텔 방'은 거의 모두
에게 긍정적인 평가를 받았다. 거의. 이 체험으로 미술관에서 하룻
밤 잘 수 있게 되어 흥분한 운 좋은 사람 중에 저명한 미술평론가 세
프 로드니Seph Rodney도 있었다. 안타깝게도 로드니에게는 기분 좋은
체험이 아니었다. 그는 이 체험을 "공포영화 속 등장인물이 된 기분"
에 비유하고, "비명을 지르며 잠에서 깼다"고 적었다.[20]

로드니는 직접 표를 구한 것이 아니다. 버지니아미술관 홍보팀에서 초대받았다. 박사학위를 받고 랩킨 미술저널리즘상을 받은 로드니는 미술관 전문가이자 작가이자 파슨스디자인스쿨 교수다. 그리고 그는 흑인이다. 사생활이 보장되지 않고, 필요한 시설도 없고, 안전마저 보장되지 않은 안쪽 '방'에 집어 넣어진 흑인. 가짜 방문에 자물쇠가 달려 있어도 가운데 판이 뚫려 있어서 빛도 들어가고, 아무나 드나들 수 있었다. 방 앞에는 무장한 경비가 지키고 서 있었다. 그래서 로드니는 더 불안해했다. 한밤중에 흠칫 놀라 깨어서 방에 누가 들어왔다는 느낌에 겁을 냈다. 너무 겁이 나서 아무것도 할 수 없었다. 그는 이렇게 적었다. "당장 뛰쳐나가 경비가 제대로 지키고 있는지 확인하고 싶다. 하지만 아무도 지켜보지 않는 곳에서 흥분한 흑인이 방에서 뛰쳐나가다가 무장한 관계자를 만나는 장면이 떠올라 그냥 기다린다. (…) 이튿날 온종일 대체 누가 이런 걸 좋은 아이디어라고 제안했을지 생각한다."[21]

로드니는 구독자를 100만 명 이상 거느린 온라인 미술 저널 〈하이퍼앨러직Hyperallergic〉에 당시의 실망스러운 경험을 토로했다.[22] 버지니아미술관의 관계자가 잠재적 방문객, 특히 그들이 초대한 방문객의 관점에서 그 아이디어를 분석해 보았다면, 언론의 혹평을 면할 수 있었을 것이다. 흑인 남자 혼자서 안면도 없는 경비가 무장한 채 지키는 방에 들어가 있으면 어떤 기분일지 상상하는 데 대단한 성찰이 필요한 것은 아니다. 젊은 독신 여자는 어떨까? 문이 확실히 잠기지 않은 방에서 잔다고 생각하면 어떤 기분이 들까? 혹은 욕실이 가까이 있어야 하는 사람이라면 어떨까?

문제를 효과적으로 해결하려면 의식적으로 관점을 바꾸는 습관을 길러야 한다. 그러려면 관점을 개인적으로 받아들여야 한다.

관점을 개인적으로 받아들여라

〈다뉴브 강가의 신발들〉 옆에는 영어와 헝가리어, 히브리어의 세 가지 금속 안내판이 있고,[23] "1944~1945년에 다뉴브강에서 화살십자당 민병대에게 수장된 희생자들을 기리며"라고 적혀 있다. 내가 이 작품에 관해 여기까지만 말했다면, 신발 사진을 보여주었어도 열아홉 살의 토미 딕이 폭행당하고 추행당하며 다뉴브강으로 끌려간 사연을 들을 때와 같은 반응이 나오지 않았을 것이다. 희생자 한 명의 개인적이고 끔찍한 사연이 녹슨 철제 신발을 생생한 기념물로 만든다.

2021년 1월 6일에 조지프 바이든Joseph Biden이 미국의 제46대 대통령으로 선출되자 항의 시위가 거칠고 과격해졌다. 당시 의원들에게는 죽음의 공포가 지극히 개인적인 것이 되었다. 트럼프 지지자들

〈반대: 노예무역 폐지, 혹은 노예 주인되기Object: Abolition of the Slave Trade, or the Man the Master〉, 1789

111

이 국회의사당을 급습하자 상하원 의원들이 책상과 의자 아래와 벽장 속에 숨었고, 이들의 암살을 요구하는 목소리가 텅 빈 복도에서 불협화음으로 울리며 혼란을 일으켰다. 양당 의원들은 그동안에도 무법과 약탈과 총기에 관한 토론과 조치에 참여했지만(혹은 이런 데 무관심했지만), 이제는 폭도들이 실제로 그들이 일하는 '국민의 집'을 침범하는 장면을 보자 입법으로 변화를 시도할 마음가짐이 되었다. 의원들은 죽음의 위협을 직접 경험하자 당장 정부 최고위급에 책임을 요구했다. 당시의 시위가 워싱턴의 다른 곳에서 발생해 의원들의 신변을 직접 위협하지 않았다면, 그처럼 단호하고 열정적으로 책임을 요구했을까? 사적인 이해관계가 얽히는 것은 관점을 바꾸고 의식을 높이는 방법이다.

111쪽의 삽화를 자세히 보라.

어떤 느낌이 드는가? 당신이 어떤 인종이고, 어디에 살든 불쾌할 것이다. 한 집단이 다른 집단을 지배하고, 학대하고, 이용하는 장면을 보여주기 때문이다. 그러나 더 깊이 들어가 보자. 표면적인 분노와 구실을 걷어내자. 다시 보면서 더 까다로운 질문을 던져보자. 왜 그런 기분이 드는가? 인류의 한 사람이 아니라 한 개인으로서 말이다. 앞의 삽화가 당신에게 두려움이나 욕망을 불러일으키는가? 왜 그런가?

미국과 서유럽인에게 이 삽화는 역사적 현실을 반대로 보여준다. 실제로 대영박물관에 걸린 1789년의 이 판화는 영국의 노예무역 폐지를 반대하는 풍자화다.[24] 화가는 노예무역 폐지가 보복을 낳을 것으로 믿었다.

당신이 백인이라면 당신에게는 이렇게 뒤집힌 역할을 표현한 이미지가 예술에서 흔히 접하는 장면이 아닐 것이다. 당신이 유색인종이라면, 특히 미국의 흑인이라면, 도심 공원의 동상부터 돈에 새겨진 유명한 노예 주인까지 어디에서나 노예제의 흔적을 발견할 것이다. 역할이 뒤집힌 장면을 보면 나와 다른 남들이 어떻게 느끼는지와 마주한다. 이제 아래의 그림을 보고 다음 질문을 생각해 보라.

〈아이콘Icon〉, 캐런 잭, 2010

이 이미지를 보고 처음에 어떤 생각이 드는가?

긍정적인 감정인가, 부정적인 감정인가?

왜 그렇게 느끼는가?

이 이미지를 보고 불편한가? 그렇다면 구체적으로 무엇 때문에 불편한가?

이 이미지가 불편하든 아니든, 왜 그렇다고 생각하는가?

이 이미지가 당신에게 두려움이나 욕망을 끌어내는가? 왜 그런가?

당신 아버지가 이 이미지를 보면 어떤 감정이 들 것 같은가?

왜 그런가?

일곱 살 소년이라면 어떻게 느낄 것 같은가?

왜 그런가?

이 이미지가 무엇을 말하려 한다고 생각하는가?

여자들에게 이 이미지는 현실과 정반대의 문화를 의미한다.[25] 캐런 잭Karen Zack의 이 작품은 2011년 샌프란시스코 소마츠미술관 SOMArts Gallery에서 열린 "인간 오브제: 시선 뒤집기Man as Object: Reversing the Gaze"라는 제목의 전시에 출품되었는데, '노출의 정치학'을 고찰하는 전시회였다.

당신이 이성애자 남자라면, 흔히 접하는 이미지는 아닐 것이다. 당신이 여성이라면, 설령 일곱 살짜리 아이라도 광고판과 잡지 표지부터 트럭 뒤의 머드플랩에 붙어 있는 광고에 이르기까지 여성을 성적으로 대상화하는 이미지를 일상적으로 접한다. 당장 인터넷만 봐도 이런 이미지가 넘쳐난다.

나 역시 1970년대부터 트럭 뒷바퀴 위에 달린 머드플랩을 장식한 여자 전신 실루엣이 곧바로 떠오른다. 어린 시절 가족과 차를 타고 다닐 때 은빛으로 반짝이는, 기대 누운 여자가 트럭 뒷바퀴 위에서 연신 튕기는 모습을 보면서 그 여자를 걱정하곤 했다. '저 여자는 저기서 뭐 하는 거지?' 어린 나이에도 그 여자가 풍만한 몸매 때문에 거기에 붙어 있다는 것을 알았고, 그래서 겁이 나고 더 크고 싶지 않았다. 여자들의 삶에 만연한 이러한 두려움을 미투 운동이 한창이던 시기에 '#YesAllWomen'이라는 계정의 트윗에서 포착했다. "남자들

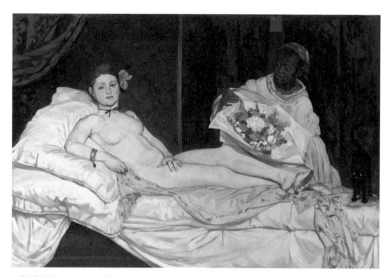

〈올랭피아Olympia〉, 에두아르 마네, 1863, 캔버스에 유채

이 감옥에 가서 두려워할 일을 여자들은 길을 다니면서도 느낀다."

　관점을 과감히 바꾸려고 시도하는 화가들도 찾을 수 있다. 비록 그들의 작품은 조롱당하고, 신랄하게 혹평받고, 최악의 경우 벼룩시장에 나갔지만. 에두아르 마네Édouard Manet의 1863년 작 〈올랭피아〉는 19세기 유럽 미술을 다루는 모든 수업에서 닻과 같은 작품이다. 나체로 비스듬히 기대 누운 여인의 무표정한 시선, 그 옆에서 흑인이 방금 떠났을 남자 '손님'의 꽃다발을 가져온다. 성적 표현이 짙고 인종 구분이 뚜렷한 이 작품에서 하녀는 어두운 배경과 거의 분간되지 않은 채 서성이고 있고, 백인 여인의 몸은 꽃다발과 웅크린 검은 고양이 사이에서 선명하게 도드라진다. 이 그림은 노골적인 나체로 충격을 주지만, 19세기 파리의 인종적·성적 고정관념을 명확히 포착하기도 했다.

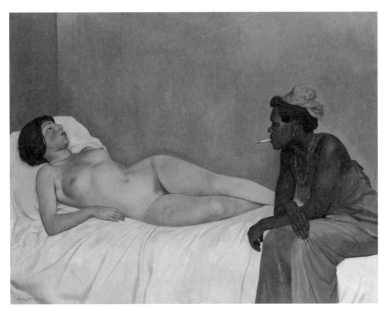

〈흰 여자와 검은 여자La Blanche et la Noire〉, 펠릭스 발로통, 1913, 캔버스에 유채

그로부터 50년이 지난 1913년에 스위스의 화가 펠릭스 발로통 Félix Vallotton이 마네의 이 상징적인 작품에 나오는 두 인물의 관점을 바꿔 몸의 위치를 평등하게 배치하고 백인 여자만이 아니라 두 여자 모두를 성적으로 강조했다. 〈흰 여자와 검은 여자〉에서도 나체의 백 인 여자가 비스듬히 누워 있기는 하지만 여자가 눈을 감고 있어서 남성적 시선이 사라진다. 그 대신 장신구를 한 흑인 여자가 담배를 피우며 백인 여자 옆에 앉아 온화한 눈길로 잠든 여자를 바라본다. 백인 여자의 과장된 볼 색깔과 흑인 여자의 불붙은 담배가 성교 후 자세임을 암시하고, 마네의 그림에서 표현된 주종 관계와 떠난 남자 의 존재는 완전히 지워진다. 발로통은 여성이나 흑인이 아니라 레즈 비언과 두 인종 간의 정사를 암시하면서 관람객의 상상력을 확장하

고, 그림 속의 성애를 완전히 새로운 관점으로 바라보게 한다.

자신의 경험에서 벗어나 생각하려면 다음의 질문에 답해 보라. 정답도 없고, 오답도 없다. 각 질문에 대해 당신이 생각하는 답을 적으면 된다.

남자가 가장 두려워하는 것은 무엇일까?

여자가 가장 두려워하는 것은 무엇일까?

유색인종이 가장 두려워하는 것은 무엇일까?

백인이 가장 두려워하는 것은 무엇일까?

아이가 가장 두려워하는 것은 무엇일까?

부모가 가장 두려워하는 것은 무엇일까?

이민자가 가장 두려워하는 것은 무엇일까?

성전환자가 가장 두려워하는 것은 무엇일까?

신입 직원이 가장 두려워하는 것은 무엇일까?

지도자가 가장 두려워하는 것은 무엇일까?

누구나 같은 두려움을 공유하지는 않는다. 각자의 두려움을 이해하기 위해 관점을 바꿔보면 의아한 행동도 이해할 수 있다. 최근 나는 뉴욕에서 나보다 키도 한참 크고 힘도 세 보이는 남자인 친구와 같이 버스를 탔다. 몇 정거장 지나서 정상이 아닌 듯 보이는 남자가 큰 소리로 앞뒤가 맞지 않는 말을 떠들면서 버스에 탔고, 나는 친구에게 내리자고 눈치를 주었다. 친구는 눈을 굴리며 내가 '너무 어린애처럼' 겁먹는다고 핀잔을 주었다. 그러다 그 남자가 나를 보며 음란하고 성적으로 위협적인 말을 했다. 나는 화가 나서 다음 정류

장에서 혼자 내렸다. 이튿날 친구가 전화해서 나의 두려움을 미처 헤아리지 못하고 내가 안전을 위해 원했던 행동을 따라주지 못했다면서 사과했다. 행동은 두려움의 표현이다. 따라서 남의 행동을 판단하기 전에 이런 맥락을 고려해서 거듭 심사숙고해야 한다.

당신의 인종이나 성별이 무엇이든, 일주일간 살면서 주변을 적극 둘러보며 당신과 다른 사람들을 관찰해 보자. 그들의 이미지가 순종적인지, 모멸적인지, 공격적인지 살펴보라. 만약 당신이 그들과 같은 상황이라면 어떤 기분일지 생각해 보라. 범죄자로 오해받을까, 성희롱을 당할까 항상 두려워하면서 살아야 한다면 어떤 기분일까? 이런 생활이 당신의 자존감과 태도, 직업, 건강에, 그리고 자녀에게 어떤 영향을 미칠까?

세상을 다른 관점으로 보고 표현하는 예술가들에게서 단서를 얻어보자. 그리고 이런 새로운 관점으로 이웃이나 친구나 동료들의 관점을 더 잘 통찰해서 문제를 함께 해결하려고 노력할 수 있다.

그러나 우리가 문제라면 어떨까?

당신에 대한 사람들의 관점을 바꿔라

나의 관점이 아니라 타인의 관점을 바꿔야 할 때도 있다. 남들에게 다른 관점을 심어주고 싶을 때든, 남들이 (어떤 문제를 사적으로 받아들여서) 나에게 불만을 품지 않게 하고자 할 때든, 예술가의 관점을 잘 활용하여 나를 보는 사람들의 관점을 변화시킬 수 있다. 화가 아르테미시아 젠틸레스키Artemisia Gentileschi가 그랬다.

16세기 이탈리아에서 태어난 젠틸레스키는 여자에게는 단순노동과 좋은 집안에 시집가는 것 외에는 인생에서 선택지가 거의 없던 시대에 어릴 때부터 그림에 뛰어난 재능을 보였다. 여자가 붓을 잡는 것은 귀족의 취미 정도로만 허용되었는데, 젠틸레스키는 귀족이 아니었다. 그래서 아버지는 딸을 작업실에서 끌어내 수녀원으로 보냈다. 여러 번. 그래도 소용이 없었다. 젠틸레스키는 그림에 대한 열정을 버릴 수 없었다. 그러다 젠틸레스키가 열두 살이 되었을 때 어머니가 세상을 떠나자 아버지도 단념하고 딸이 그림을 그리게 했다. 젠틸레스키는 열일곱 살에 첫 번째 대작을 그렸다. 아버지는 결국 딸의 재능이 "특출나서 현재로서는 따라올 자가 없다"고 자랑했다.[26] 그는 딸을 가르칠 대가를 불렀다. 그런데 그 대가라는 남자가 얼마 지나지 않아 젠틸레스키를 겁탈했다.

아버지는 그 남자가 딸의 정조를 빼앗았다고 고발했다. 당시에는 정조를 빼앗기면 결혼할 수 없다는 뜻이었다. 공개재판이 열리자 폭행의 외설스러운 대목이 거듭 거론되었고, 젠틸레스키의 명예가 실추되었다. 젠틸레스키는 증언대에 올라 심문과 고문을 받으며 진실을 말하는지 검증받아야 했다. 7개월의 고통스러운 재판 끝에 강간범은 유죄 선고를 받았다. 하지만 피해당한 소녀를 위해 정의가 실현된 것이 아니라 그 남자의 다른 부정한 측면이 드러나서였다(불륜을 저지르고, 아내를 죽이려고 음모를 꾸미고, 그를 고용한 사람들에게 도둑질을 해서였다). 강간범은 실형을 살지 않았고, 젠틸레스키의 명예는 심각하게 훼손되었다. 사람들은 여자가 감히 화가가 되려고 나대다가 강간을 자초했다고 떠들었다. 당시 화가는 남자만의 영역이었다. 잘난 척하며 뛰어난 화가가 되려다가 화를 자초했다는 것이다.

젠틸레스키는 강간이든 재판이든 소문이든 무엇도 그녀를 규정하게 놓아두지 않았다. 그 대신 (문자 그대로) 자신의 이미지를 스스로 만들어 나갔다. 불편한 시선과 차별을 받으면서도 작업실로 돌아가 여자들이 나오는 크고 극적인 초상화를 그렸다. 다른 그림에서는 볼 수 없는 권력자의 위치에 오른 여자들, 영웅적 서사 속 여자들이었다. 그리고 젠틸레스키는 여자들의 그림 속에 자신을 넣었다. 줄곧 자화상에 몰두했다. 그림 속 젠틸레스키는 성서의 여주인공 에스더가 되었다. 그리고 강간범과 놀랍도록 닮은 홀로페르네스의 목을 결연히 베는 유디트가 되기도 했다. 알렉산드리아의 성 카타리나가 되기도 했으며, 가장 용감한 인물인 화가로도 자화상에 등장했다.

젠틸레스키는 자신의 서사를 새롭게 구성했다. 그리고 당대의 가장 인기 있는 화가가 되었다. 여자로서 최초로 피렌체미술학교에 입학했다. 어느 미술 저널리스트는 이렇게 적었다. "젠틸레스키는 이렇게 영예로운 훈장을 단 덕에 남자의 허락 없이 그림과 물감과 재료를 사고, 혼자서도 돌아다니고, 계약서에 서명까지 할 수 있게 되었다. 한마디로 그림을 통해 자유를 얻었다."[27]

2015년부터 맨해튼 지방검사실에서는 경범죄로 들어온 사람들에게 미술을 통해 자유를 얻을 기회를 주었다. 기소하거나 징역형을 살리는 대신 브루클린미술관에서 '리셋 프로젝트Project Reset'라는 무료 교육과정을 이수하게 했다. 이 과정을 마치면 사건을 기각해주었다. 이 프로젝트는 결과를 초래하는 힘에 관한 예술품을 함께 보고, 토론하고, 스스로 작품을 만들어보는 수업으로 구성되었다.

이 수업에서 분석하는 작품 중 하나인 〈시선 바꾸기Shifting the Gaze〉는 타이터스 카파가 TED 강연에서 직접 시연한 작품이기도 하다.

〈그림에 대한 우화로서의 자화상(회화)
Self-Portrait as the Allegory of Painting (La
Pittura)〉, 아르테미시아 젠틸레스키,
1638~1639년경, 캔버스에 유채

〈홀로페르네스의 머리를 든 유디트와 하
녀Judith and Her Maidservant with the Head
of Holofernes〉, 아르테미시아 젠틸레스키,
1623~1626년경, 캔버스에 유채

화가 소피아 도슨Sophia Dawson 같은 강사가 이 수업에 참여해 참가자
들에게 카파의 작업 과정에 따라 직접 작품을 만들어보게 한다.[28] 그
렇게 "사람들이 나를 보는 시선을 바꾸고…… 지역사회나 이웃을 보
는 나의 눈을 바꾸는" 법을 익히도록 이끌어 준다.

'리셋 프로젝트'는 시민사회와 지역사회에 산적한 문제를 해결
하는 데도 도움이 된다. 법원혁신센터Center for Court Innovation의 연구에
따르면, 이 프로젝트를 통해 "상습 범행 감소와 사건 결과 향상, 참
가자의 긍정적 인식"이 유의미한 수준으로 나타났다.[29] 그리고 사건
해결 기간이 평균 8개월에서 2개월로 크게 감소했다. 수업에 참석하
는 동안 법원에 출석하지 않아도 되어 시간과 비용이 절약되고, 직
장이나 학교에 빠지지 않아도 되었다. 교육과정 완료율이 98퍼센트

에 이른다는 결과에서 비전통적·비징벌적 개입이 준법정신과 책임 의식을 길러주는 데 효과적일 수 있다는 점을 확인할 수 있다. 교육 과정 이수 기록이 법원에 남지 않으니, 참가자들은 실수를 만회하고 학업이나 취업 현장에서 불이익을 당할까 두려워하지 않을 수 있다. 참가자들은 범죄 이력이 남지 않는다는 점을 상당히 고맙게 여긴다. 이 교육과정은 또한 지역사회와 형법 기관 사이의 긍정적 관계도 강화한다. 거의 모든 참가자가 그들을 체포한 경관부터 변호사까지 그 사이의 모든 단계에서 받은 친절과 존중에 감사하기 때문이다. "절 여기 넣어준 경관님께 감사드립니다." 어느 참가자의 소감이다. 또 어떤 참가자는 "리셋 프로젝트"를 "기적"이라고 적었다. "이 프로젝트는 저를 변화시켰습니다. 이 프로젝트를 만들어주신 분은 저희에게 두 번째 기회를 주고, 필요한 후원을 해주었다는 점에서 천재라고 생각합니다." 누구나 "새로운 관점을 얻을" 필요가 있다. 미국 전역에서 이 교육과정을 시작해 달라는 요청이 쇄도했다.[30]

우연한 실수와 잘못된 결정, 범죄 행동, 심각한 외상은 모두 개인의 성장과 구원의 자극제가 될 수 있다. 그러나 이런 사건들을 바라보는 렌즈를 바꿔 치유하고 성장할 기회로 삼기란 매우 어렵다. 시간과 에너지와 성실성이 필요하다.

11월의 어느 비 오는 아침, 조지프 루치Joseph Luzzi는 만삭의 아내에게 입을 맞추며 그날 저녁에 집에서 다시 만날 것을 믿어 의심치 않았다. 그러나 몇 시간 뒤 그는 병원으로 달려갔다. 아내가 차 사고를 당한 것이다. 의사들은 결국 아내를 살려내지 못했지만, 딸 이저벨은 무사히 받았다. 루치는 한순간에 아내를 잃고 첫 아이의 아빠가 되었다. 4년간 지옥 같은 슬픔 속에서 살면서 결국 가족과 친구들의 사랑과 위대한 문학에서 구원을 얻었다. 단테 연구자인 루치는 자연히 인류 역사상 가장 위대한 책 중 하나인 단테의 《신곡La Divina Commedia》에 의지해 어두운 숲을 헤쳐 나왔다. 루치는 이제 유명 작가이자(그는 자신의 고난의 여정을 《어두운 숲속에서: 단테가 내게 슬픔과 치유와 사랑의 신비에 관해 가르쳐준 것In a Dark Wood: What Dante Taught Me about Grief, Healing, and the Mysteries of Love》이라는 책에 담았다) 세계적인 강연자이자 교육 및 상담 업체의 설립자가 되었다.[31] 그리고 재혼해서 네 자녀의 아버지가 되었다. 첫딸 이저벨이 있고, 바이올린 연주자 헬레나 베일리와 자녀 셋을 더 두었다.

사회학에서는 이렇게 비극을 딛고 승리로 이끄는 역량을 "외상후 성장posttraumatic growth"[32]이라고 부른다. 이 개념은 "인생에서 힘든 일을 겪은 후 나타나는 긍정적 심리 변화"로 정의된다. 삶의 이야기를 다시 쓰고 싶다면 루치의 방법을 시도해 보라. 다른 사람들을 보고 예술을 보는 방법 말이다.

문제에 대한 사람들의 관점을 바꿔라

앞서 보았듯이 인간의 이성은 사실에만 의존하지 않는다. 사람들은 자기가 확신하는 정보에 치우치고, 자신의 신념을 거스르는 정보는 거부한다. 자기만의 생각의 반향실에 갇힌 사람들에게 도움이 될 만한 방법이 있다. 예술가처럼 먼저 가슴에 호소하고, 다음으로 머리에 호소하는 방법이다.

나는 《우아한 관찰주의자》에서 프랑스의 사진작가 JR을 소개했다. 평범한 사람들의 사진을 거대하게 인화해서 건물 벽이나 드넓은 풍경에 넣는 방식의 대형 벽화로 유명한 예술가다. 〈뉴요커〉에서는 이렇게 소개한다. "JR은 주로 주민들의 인간성이나 개성이 일상적으로 무시되거나 정치적 수사에 포섭되는 장소에 매력을 느낀다. 튀니지, 이란, 팔레스타인, 리우데자네이루의 빈민가 같은 곳 말이다."[33]

"JR은 세상을 다른 관점으로 봅니다."[34] 그의 친구인 미국인 마법사 데이비드 블레인David Blaine의 말이다. 거리 예술이 법적 문제를 일으킬까 봐 이니셜로만 활동하는 JR을 따라다니는 한 기자는 이렇게 적었다. "JR은 우리에게 보이지 않는 것(사람들, 주로 가난하고 소외되고 잊힌 사람들)을 보이게 만드는 재주가 있다. JR의 작업은 생경한 각도나 지금까지 감춰진 구석을 찾아내 우리에게 보여주는 일이다."[35]

2017년에 JR은 미국과 멕시코 사이의 국경에서 일어나는 불법 이민을 둘러싼 무거운 논쟁에 뛰어들며 아기 사진을 이용해 대대적으로 선언했다.

JR은 멕시코의 국경 도시 테카테로 가서 주민들을 인터뷰했다. 그러다 어느 집에서 계속 요람의 울타리 너머로 내다보는 아기를 보았다. JR은 그 모습을 보고 요람 울타리와 교도소 철창과 국경 장벽이 서로 유사하다고 생각했다. 그는 아기 엄마에게 그의 계획을 설명하고, 아기 사진을 찍어도 되는지 물었다. 엄마는 동의하며 이렇게 말했다. "그들이 그 사진에서 우리 아기만 보지 않았으면 좋겠어요. 우리 모두를 봐주면 좋겠어요."[36]

JR은 아기 사진을 확대해 국경의 멕시코 쪽에 특수 비계를 설치하고 아기 사진을 붙여서 아기가 장벽 너머로 미국을 내다보게 했

멕시코 장벽의 미국 쪽 국경순찰대, 장벽 너머로 사진작가 JR의 설치미술이 보인다. 멕시코 쪽 캘리포니아주 테카테 근처

다. JR은 사진을 본 사람들이 아이를 생각해 주기를 바랐다고 말한다. "저 아이는 무슨 생각을 할까? 보통의 아이라면 무슨 생각을 할까? 한 살짜리 아이에게 정치적 비전이나 의견이 없다는 건 누구나 압니다. 아이는 장벽을 우리와 같은 눈으로 보지 않습니다."[37]

JR은 이 프로젝트의 현장 사진을 인스타그램에 올리며 짤막한 설명을 달았다. "미국-멕시코 장벽의 멕시코 쪽에서 작업 중."[38] 더도 덜도 아니었다. 보도자료도 내지 않았고, 정치적 의견을 적은 장문의 게시물도 없었다. 그저 키키토라는 아기의 사진뿐이었다.

반응이 즉각 일어나 JR의 인스타그램 계정에 수많은 댓글이 달렸다. 미국의 이민정책이나 트럼프를 언급한 댓글은 하나도 없었다.

'혐오 논쟁'도 일어나지 않았다. JR은 자신의 설치미술은 "정치적 논쟁이 아니라 인간의 대화를 끌어냈고, 사실 사랑의 메시지일 뿐"[39]이라고 말한다.

사랑은 또 하나의 무거운 주제인 에이즈 문제에 대한 사람들의 인식을 바꾸는 데도 중요한 촉매 역할을 했다. 캘리포니아대학교 데이비스 캠퍼스의 연구자들은 1990년대 초에 다수의 미국인이 에이즈 걸린 환자를 "두려워"하고 "혐오감"을 느끼며, 그들이 "그런 병에 걸릴 만해서 걸렸다"고 생각한다는 결과를 얻었다.[40] 이런 편견은 공중 보건에 방해만 될 뿐이다. 사람들이 편견 때문에 적극적으로 검사를 받지 않고, 적절히 치료하지 않고, 더 나아가 연구 기금을 마련하려 하지 않았기 때문이다.[41] TV 프로듀서 조너선 머리Jonathan Murray는 이런 낙인과 싸우기 위해 MTV의 히트작 〈리얼 월드The Real World〉의 세 번째 시즌에서 도박과도 같은 캐스팅으로 에이즈를 앓는 젊은 남자를 투입하기로 했다. 서로 모르는 일곱 명을 모아 한집에 살게 하고, 그들의 일상을 촬영하며 "무슨 일이 일어나는지 관찰하는" 작업이 머리에게는 그저 극을 만들기 위한 시도가 아니라 다양성을 추구하는 과정이기도 했다. 뉴욕 북부의 꽤 동질적인 동네에서 성장한 머리는 TV로 다양한 배경의 사람들을 보여주는 것이 이 프로그램의 "핵심"이라고 말한다. "적어도 젊은 사람들이라도 다양성에 대한 관점을 바꾸도록 도와주기" 위해서라는 것이다.[42]

머리가 찾아낸 젊은 남자는 쿠바 출신의 스물두 살 이민자 페드로 자모라Pedro Zamora였다. 똑똑하고 말투도 차분하고 세심하고 인물도 좋은 그는 TV 최초로 HIV 양성이라고 밝힌 동성애자가 되었다. 페드로는 당장 룸메이트들에게 호감을 샀다. 대부분 보수적인 분위기에서 살아 에이즈에 걸린 사람과 한집에서 살아보기는커녕 동성애자를 만난 적도 없는 사람들이었다. 페드로는 하루 24시간 자기 일상을 담아 TV로 방송하게 해서 미국의 마음을 얻었다. 그를 알기 전에 대다수 시청자가 에이즈 환자를 접한 경험은 그와 비슷한 또래의 다른 청년인 라이언 화이트Ryan White에 관한 언론 보도를 통해서였다. 라이언은 열세 살이었던 1984년에 에이즈 진단을 받고 학교에도 가지 못하고 심각한 따돌림에 시달렸다. 라이언은 수혈로 에이즈 바이러스에 감염된 사례였다.[43] 페드로는 안전하지 않은 성생활로 에이즈에 걸렸다고 솔직히 밝혔다.

시청자들은 넉 달간 카메라에 담긴 페드로의 일상을 보면서 꿈과 희망을 품은 청년이 웃고 아파하고 사랑하고 결혼까지 하는 모습을 지켜보았다. 비극적이게도, 페드로는 시즌 마지막 회차가 방송되고 몇 시간 만에 세상을 떠났다. 그러나 그의 영향은 전 세계로 퍼져 나갔다. 빌 클린턴Bill Clinton 대통령이 페드로의 이름을 딴 자선단체의 모금자로 나서며 그의 영향을 강조했다. "이제 미국에서는 누구도 에이즈를 앓는 사람을 모른다고 말할 수 없습니다."[44] 페드로의 룸메이트였던 주드 위니크는 페드로가 "사람들의 생각과 감정을 변화시켰다"고 말했다.[45]

어떤 사안에 대해 사람들이 마음을 열게 하면 결과가 완전히 달라질 수 있다. 유엔 HIV/AIDS 프로그램의 마이클 시디베Michael Sidibé 이사장은 이렇게 적었다. "에이즈가 이길 때는 오명과 수치심, 불신, 차별, 무관심이 함께 따라왔다. 에이즈가 질 때는 신뢰와 개방성, 개인과 공동체 사이의 대화, 가족의 지지, 인간의 연대, 새로운 길과 해결책을 찾기 위한 인간의 인내가 함께였다."[46]

예술가는 아름다움에 대한 자신만의 개념으로 벽을 허물어 사람들을 화합시킨다. 타이터스 카파는 사람들이 처음에는 "기법이나 색채나 형태나 구성에 끌려서" 그의 작품에 매료된다는 사실을 잘 알고 있다.[47] 그러나 그는 "미학적 아름다움"이 트로이의 목마가 되어 사람들이 "어려운 담론에 마음을 열게 해줄" 수 있다는 데 기뻐한다.[48]

마찬가지로 우리도 선명하고 평온하고 적극적으로 개입하고 겸허하게 반응하는 형태의 아름다움으로 우리의 대화와 소통을 채울 수 있다. 내가 아는 어느 젊은 여자는 이런 쪽으로 뛰어나다. 고등학교 토론 대회에서 우승한 적도 있는 이 여자는 열정적이고, 야심만만하고, 모든 사안에 대해 자기 의견이 확고하다. 그러나 의견을 낼 때는 항상 신중하다. 진지하게 경청하고, 논리적이면서도 온화하게 의견을 개진하며, 상대가 동의하지 않는다고 해서 대화를 중단하지 않는다. 그 대신 상대의 눈을 보며 한마디를 던진다. "흥미롭네요." 지극히 단순한 한마디다. 상대의 말에 동의하지 않거나 의견 차이를 인정한다는 뜻이다. 서로의 차이에 관심이 있다는 뜻이기도 하다. 그리고 상대의 말을 잘 들었고, 상대의 반응을 진지하게 생각한다고 알리는 표현이다. 그러면 사람들도 그녀와 그녀의 관점에 마음을 연다. 나는 디트로이트에서 비슷한 태도를 보이는 전기기사 감독관을 만난 적이 있다. 그는 대선 경합주의 노동조합 조합원들은 대체로 목소리가 크고 여러 사안에 대해 각기 다른 의견을 표출한다는 것을 잘 안다. 감독관인 그는 직장에서는 뜨거운 논쟁거리에 관해 의견을 말하고 싶지 않지만, 그렇다고 남들의 목소리까지 막고 싶지는 않았다. 그는 동의하지 않는 문제에 대해서는 이렇게 반응한다. "꽤 흥미로운 문제를 꺼냈군요. 생각할 거리가 많네요."

뉴욕대학교 스턴경영대학원의 베스 베키Beth Bechky 교수는 1년 동안 실리콘밸리 반도체 공장 생산직 직원들의 소통을 연구하면서 이질적인 사람들이 모인 집단이 어떻게 문제를 해결하는지 알아보았다.[49] 이 기업은 규모가 커서(직원 5000명에 연수익 10억 달러) 작은 사회의 전형적인 특징이 많이 나타났다. 여러 가지 작업에 필요한 기술이 전문화되면서 기업 내에 '직종별 공동체'가 생겼다. 그리고 공동체마다 거시적으로든 미시적으로든 각기 다른 관점으로 프로젝트나 문제와 마주했다. 엔지니어들과 기술자들은 각자 장비를 바라보는 방식이 달랐다. 생산 라인에서 조립하는 직원들은 경영진의 글로벌 관점을 공유하지 못했다.

베키는 각 집단의 입장을 더 잘 이해하기 위해 경험과 전문성과 교육 수준이 각기 다른 세 집단으로 들어갔다. 5개월간 기술자 작업장에서 일하면서 부품을 조립하는 일을 보조했다. 4개월간 깨끗한 작업장에서 기계를 만드는 조립 기술자 팀에서 일했다. 마지막으로 7개월간 설계 엔지니어를 따라다니면서 참여 관찰을 마무리했다. 각 집단에서 사람들과 어울려 일할 뿐 아니라 퇴근 후 사교 활동에도 참여했다.

베키는 연구 중에 온갖 오해와 의사소통 오류를 목격하고 기록했다. 그리고 문제를 가장 잘 극복한 사람은 다른 사람들과 공통점을 발견한 사람들이라는 결론을 얻었다. 대체로 이렇게 의미를 나누는 행위로 인해 이해의 수준이 달라졌다. 그리고 각자가 새로운 정보를 수용할 때만이 아니라 정보를 자신의 관행으로 통합할 때 변화가 일어났다. "각자의 업무에 대한 이해가 넓어지고, 세상을 새로운

관점으로 볼 수 있게 되었다."⁵⁰

1970년대 초, 이스라엘에는 세계 각지에서 온 사람들이 서로를 새로운 관점으로 바라보려고 시도하는 공동체 마을이 생겼다.⁵¹ '평화의 오아시스'라는 뜻으로 히브리어와 아랍어로 각각 '네베 샬롬/와핫 아스 살람'이라는 이름의 이 마을은 유대인 태생의 가톨릭 신부가 유대인의 이스라엘과 아랍인의 팔레스타인이 평화롭게 공존하기를 바라는 마음으로 세운 곳이다. 토론토에서 여행으로 이 마을에 온 어느 교수는 이곳의 목표는 동화同化가 아니라 "주민들이 평등하고 서로를 존중하면서 팔레스타인 역사 공동체의 복잡한 모자이크 안에서 각자의 독특한 문화와 언어와 정체성을 간직하는 식으로 사회문화적 기틀을 다지는 것"이라고 말했다.⁵² 원래 면적이 120에이커인 이 마을은 지위도 없고 공식 지원도 없이, 나무 한 그루 없는 황량한 '무인 지대'에 세워진 외딴 공동체였다. 반세기가 지난 현재는 여러 세대를 거쳐 민주적으로 선출된 사무국이 관리하는 잘사는 도시가 되었다.⁵³

네베 샬롬/와핫 아스 살람 마을 봉사 활동의 중심에는 평화학교가 있다. 타인의 관점을 이해하는 데 도움이 되는 프로그램에 참여하기 위해 매년 1000명 이상이 이 학교를 찾는다. 그중 '소통 언어로서의 예술'이라는 워크숍에서는 이스라엘인들과 팔레스타인인들이 함께 예술품을 보고 직접 창조한다. 참가자들은 음악과 무용과 스토리텔링과 함께 찰흙, 아라베스크, 모자이크, 서예를 비롯한 다양한 매체의 예술품을 창조하면서 서로 소통한다. 주최자인 다프나 카르테슈바르츠Dafna Karte-Schwartz와 디아나 샬루피리제크Diana Shalufi-Rizek는 처음 며칠은 "각자 자기만의 두려움과 비현실적인 기대를 떨쳐내고 집단 안에서 서로 감정을 나눌 만큼 편안해지기까지" 시간이 걸려서 매번 "어렵지만" 이내 모두가 "각자의 창조성과 내면의 아름다움을 발견하려고 노력합니다"라고 말한다.[54] (외부의 대화든 내면의 대화든) 대화가 창작의 일부로 자연스럽게 흐른다. 카르테슈바르츠와 샬루피리제크는 또 이렇게 말한다. "예술은 미학적 기능을 넘어 참가자들이 정치적 갈등을 초월하여 서로 소통하게 해줍니다. 날마다 참가자들이 주저와 의심과 두려움을 한 꺼풀씩 벗고 그사이 풀려난 에너지로 신뢰와 지지의 다리를 만드는 과정을 볼 수 있었죠."[55] 참가자의 소감("멋진 경험!" "이런 모임이 더 많았으면 좋겠어요."), 그리고 계속 연락해 온다는 점에서 이 마을의 성공이 엿보인다.[56]

공통의 기반이 있으면 관점이 아무리 달라도 서로의 차이를 이어준다. 어떤 문제를 해결하려고 뛰어들기 전에 공통의 정서를 찾아서 쌓아야 한다. 예술을 매개로 대화를 시작하라. 서로에게 예술을 보여주고, 함께 들여다보고 소감을 나눠라. 나의 '지각의 기술' 강의에서도 참가자들의 정치관과 세계관이 나와 정반대일 때가 많다. 그러나 나는 강의를 시작할 때 누구에게나 울림을 줄 만한 예술품을 소개한다. 예술에 관해 이야기를 나누는 단순한 행위로 대화가 시작되고, 공통의 경험과 타인의 관점의 아름다움에 서로의 마음이 열린다.

기밀 군부대의 강의 사례 II

코로나19 범유행이 시작될 무렵 이름을 밝힐 수 없는 정부 기관에서 다급히 내게 강의를 의뢰한 일은 내가 20년간 몰두해 온 작업이 정점에 이르렀음을 상징했다. 그동안 정보기관과 법집행기관, 의료기관, 금융기관, 학교, 대학, 그 밖의 다양한 집단에서 의뢰받아 강의를 진행해 왔다. 대체로 시각적 예리함을 단련하고, 각 직종에 맞는 관찰 능력을 길러주는 방향의 강의를 원했다. 그러나 이번 군부대의 의뢰는 평소 다른 집단에서 의뢰받을 때와 정반대였다. 보통은 담당자가 배경 정보를 필요 이상으로 퍼주어서 나로서는 곁가지의 무관한 정보를 걸러내고 그들이 진실로 원하는 것이 무엇인지 핵심을 찾는 데 주력해야 했다.

나는 우선 이번 담당자인 캐럴린에게 그 팀이 직면한 난관을 요약해 달라고 요청하고, 내가 과거에 비슷한 문제를 어떻게 다루었는지 설명했다. 그들이 문제를 조금 정리해 주면 나는 몇 가지 간단한 질문으로 그들의 요구에 맞게 강의 내용을 조정할 수 있었다. 그러나 이번 의뢰는 강도가 달랐다. 나는 최소한의 정보만으로 이 팀이 매우 정교한 팀이고 전문적인 훈련을 받았으며, 스트레스가 심한 상황에서 임무를 수행하는 데 중점을 둔다는 사실을 파악했다. 말하자면 그들은 시시각각 달라지는 위기 상황에서 실수를 저지르는 인간 본성의 한계에 일상적으로 직면해야 했다. 예술품을 활용하여 다양한 분야의 당면 과제를 해결할 방법을 모색하는 일은 늘 어렵지만, 이번에는 특히 더 어려웠다. 스트레스가 심한 조건에서 훌륭하게 임무를 수행하는 능력을 길러주려면 과연 어떤 예술품이 도움이 될까?

나는 캐럴린과의 두 번째 통화에서 단서를 하나 더 얻었다. 그 팀이 반복해서 부딪히는 문제에 관한 단서였다. 팀원들은 고도로 훈련받은 전문가들이라서 사실 그들이 데이터에 대한 잘못된 해석을 근거로 팀원들과 소통한다고는 조금도 생각하지 못한다는 점이다. 한마디로 그들은 자기가 실수할 수 있다고 스스로 생각하지 못했다. 자신감이 (지나치게) 넘치고 유능하고 경험도 많아서 그들이 잘못할 리가 없다고 (통계적으로 정당하게) 확신하는 것이다. 이처럼 성취도가 높은 사람들은 여러 번 실수를 겪고도 자기가 잘못된 가정에서 행동했을 거라고 생각하지 못한다.

내게는 이것이 결정적 단서였다. 나는 곧 그들이 이런 결정적 실수를 바로잡는 데 도움이 될 뿐 아니라 시각적 예리함과 모호한 정보에 대한 해석 능력을 키우는 데 도움이 되는 이미지를 선별하기 시작했다. 그리고 내 강의가 언젠가 그들이 임무를 수행하는 데 도움이 되기를 바랐지만, 실제로 도움이 되었는지는 지금도 알 수 없다. 그즈음 나는 케이블 TV에서 프랑스의 CIA 같은 기관에서 단편적인 정보를 토대로 신속하게 결정을 내리는 과정을 다루는 프로그램을 보았다. 그래서 이 프로그램에 나오는, 생사가 걸린 작전의 이름을 따서 나의 새 프로젝트 제목을 '사이클론'으로 정했다. 처음 의뢰 전화를 받고 정식 강의가 시작되기 전까지 시간 여유가 있어서 나는 빠르고 맹렬하게 움직여야 했다. 이번에는 내게도 실수가 용납되지 않았다. 그래서 평소보다 더 신중하게 문제를 정의해야 했다.

예술가도 우선 프로젝트의 규모와 한계부터 명확히 정해야 한다. 영국의 조각가 바버라 헵워스Barbara Hepworth는 이렇게 적었다. "나는 조각을 시작하기 전에 개념을 완벽히 잡아야 한다."[57] 문제를 해결할 때는 우선 문제를 규명하고, 그다음에 해결책을 찾기 위한 단계를 정해야 한다. 〈하버드비즈니스리뷰Harvard Business Review〉에 이런 글이 실렸다. "문제를 정의하는 과정이 좋은 해결책을 찾는 데 가장 중요하다."[58] 어쩌면 우리가 갖가지 문제를 해결하지 못하는 이유는 지나치게 오랜 시간 같은 용어와 전략에만 기댔기 때문일 수 있다. 어떤 문제는 이런 오래된 체계에서 발생했을 수도 있다. 그래서 다른 방향을 보아야 한다. 예술가를 보아야 한다.

내가 문제 해결에 관해 좋아하는 문구 중 하나는 핵무기가 발명된 뒤 세계가 어떻게 반응할지에 당연하게도 집착한 인물인 알베르트 아인슈타인Albert Einstein의 말이다. "문제를 일으킬 때와 같은 식으로 사고하면 문제를 해결할 수 없다."[59] 어쩌면 우리가 수많은 문제를 해결하지 못하는 이유는 똑같은 용어와 전략에 너무 오래 의존해서일 수 있다. 그러니 다른 방향을, 그러니까 예술가를 살펴볼 이유가 더 늘어난다.

프로젝트를 정의하라

1817년, 처음 메두사호 난파 사건에 몰두할 때 제리코는 위기에 몰린 상태였다. 2년간 이탈리아에서 그림을 그리다 돌아와 어린 정부에게 다시 빠져들었던 것인데, 정부 알렉산드리네 모데스테Alexandrine-Modeste는 하필 제리코의 삼촌이자 전 고용인이자 후원자였던 스물일곱 살 연상의 남자와 결혼한 상태였다. 무모한 두 연인은 제리코가 이탈리아에서 돌아오면서 다시 연애 행각을 벌였다. 뜨겁게 성교를 나누는 남녀를 그린 노골적이고 내밀한 이 시기의 스케치가 남아 있다. 놀랍지 않게도, 두 달 뒤 알렉산드리네가 임신했다.

그렇게 발생한 복잡한 문제로 두 사람의 관계는 완전히 끝난 듯했다. 알렉산드리네는 8월에 아들을 낳았고, 아이는 파리에서 '부모를 알 수 없는' 아이로 등록되어 이 삼각관계에 얽힌 사람들과 멀리 떨어진 노르망디로 보내졌다. 그즈음 제리코는 머리를 삭발하고 작업실에 틀어박혀 열정을 쏟아부을 대상을 바꿨다. 임신 소식이 들릴 즈음 마침 메두사호의 선장 쇼마레 자작의 재판이 열리면서 난파 사건에 세간의 이목이 집중되었다. 제리코 개인의 삶은 무너지고 있었지만, 그는 다시 낭만적 열정을 이 사건에 쏟아부었다.

제리코는 외딴곳에 작업실을 빌리고 지인들과 교류를 끊었다.

메두사호의 생존자들을 찾아다니며 인터뷰하고, 그들의 초상화를 스케치하고, 그중 몇 명과는 같이 지내기도 했다. 생존자들은 당시의 경험을 떨쳐내고 다시 사회로 돌아가려고 노력하는 중이었다. 제리코는 병원을 찾아가 죽어가는 사람들을 연구하고, 영안실에서 시신을 연구했다. 뷔종병원에서는 그에게 시신의 잘린 부위를 가져가게 해주었다. 그는 시신의 일부를 다각도로 그려보고 부패하는 과정도 표현했다. 메두사호의 목수가 난파선에서 살아남았다는 소식을 듣고는 그 목수에게 작업실 안에 뗏목을 똑같이 재현해 달라고 의뢰하고, 당시 전도유망한 젊은 화가였던 외젠 들라크루아Eugène Delacroix 같은 친구들을 모델로 세웠다. 그리고 실제로 뗏목을 바다에 띄워서 어떻게 떠 가는지도 연구했다. 제리코가 이렇게 연구에만 몰두한 이유는 개인적으로 비통한 처지였기 때문이었을지 몰라도, 결과적으로 세심한 계획과 독창적인 연구 덕분에 훌륭한 걸작이 탄생했다. 이렇게 떠들썩하고 끔찍한 사건은 심각한 여파를 남기며 파리를 사로잡았고, 그는 이 사건의 모든 측면을 조율하여 캔버스에 담아야 했다.

흔히 문제를 해결할 때 해결책을 빨리 찾고 싶은 마음에 수고스럽지만 중요한 단계를 빠트린다. 그러나 이런 조급함은 의식적이고 개인적인 차원의 결정이라기보다는 자동적이고 무의식적인 성향에서 나온다. 양육으로 학습되고 천성으로 장착된 습성이다.[1] 학교에서는 최대한 빨리 답을 찾도록 학습하고, 직장에서는 생산성을 증명하도록 단련된다. 그러면서 주로 질보다는 양이 중시된다. 우리의 뇌도 에너지를 낭비하지 않으려고 손쉽고 '충분히 괜찮은' 답을 받아들이도록 설정되어 있다.[2] 노벨 경제학상을 받은 허버트 사이먼

Herbert Simon은 이런 식의 타협을 '만족화satisficing'라고 지칭했는데, 이는 '만족스럽게'와 '충분히'가 적절하게 혼합된 상태가 아니다.

조급하게 서두르다 보면 무의식중에 최선의 결과가 아닌데도 빠르고 손쉬워 보이는 결과에 맞게 문제를 왜곡할 수 있다. 셜록 홈스는 《보헤미아의 스캔들A Scandal in Bohemia》의 서두에서 이런 성향에 관해 이렇게 말한다. "아직은 자료가 없어. 자료를 찾기 전에 가설부터 세우는 것은 중대한 실수야. 나도 모르게 사실에 맞게 가설을 세우는 것이 아니라 가설에 꿰맞춰서 사실을 왜곡하게 되거든."[3] 주의하지 않으면 결국 문제를 잘못 풀거나 시간과 자원과 의지를 허비할 수 있다. 아니면 누구도 만족하지 못할 어설픈 답을 내놓을 수 있다.

역시 노벨 경제학상 수상자로서 현대의 고전이자 장기 베스트셀러인 《생각에 관한 생각Thinking, Fast and Slow》을 쓴 대니얼 카너먼Daniel Kahneman은 이런 상태에 맞서기 위해 생각의 속도를 늦추고 더 신중하게 생각하는 법을 제시한다.[4] 이것은 2009년에 필 테리Phil Terry가 '슬로 아트 데이Slow Art Day'라는 세계적인 행사를 기획하면서 정한 목표이기도 하다. 테리는 아내를 따라 미술관에 '끌려다니다가' 어느 날 문득 이런 식의 외출이 즐겁지 않다고 생각했다. 예술품을 제대로 보지 못하고 급하게 돌아다니며 보이지 않는 명단에서 항목을 하나씩 지워 나가는 행위일 뿐이라는 생각이 들었다. 그는 이렇게 말한다. "사람들은 미술관에 가서 한꺼번에 가능한 많이 보려다가 지쳐 나가떨어져서 다시는 미술관을 찾지 않는다."[5]

이런 방법은 관람객에게도, 미술관에도 좋지 않다. 테리는 이 문제에 맞서기 위해 뉴욕 유대인문화유산박물관에 가서 꼬박 한 시간 동안 한 작품 앞에 머물렀다. 한스 호프만Hans Hofmann의 〈판타지아

Fantasia〉라는 작품이었다. 테리는 정신이 깨어나고 묘하게 기운이 샘솟는 경험을 했다. 그리고 이처럼 속도를 늦추고 제대로 감상하는 시간의 가치를 새삼 발견하고 그 가치를 함께 나누기 위해 '슬로 아트 데이'라는 행사를 기획했다.[6] 해마다 전 세계에서 열리는 이 행사는 미술관이 (요가와 오케스트라처럼) 평온한 경험을 선별해서 관람객들을 엄선된 소수의 작품 앞에 머물게 한다. 테리는 얄궂게도 이렇게 속도를 늦추는 경험이 결국에는 참가자들에게 '활력'을 준다는 것을 발견했다.[7]

문제 해결에 접근할 때도 마찬가지여야 한다. 필요한 정보를 모두 신중히 수집하고 고찰하고 나서 행동해야 한다. 그러려면 우선 문제를 정의해야 하는데, 그 중심에는 단순한 공식이 있다.

누가 + 언제 + 어디서 + 왜

문제는 대체로 복잡하고 난해하다. 방대한 정보(기업의 전체 회계연도든, 피고 측 사례든, 학기 중 학생의 행동이든)를 압축하기가 쉽지는 않다. 이제부터는 방대한 자료, 곧 그림을 통해 문제를 정의하는 데 필요한 기본 정보를 추려내는 연습을 해보자.

139쪽의 그림을 보고 다음과 같이 분류하자. ① 이 그림에 나오는 인물은 **누구**인가? ② 이 그림에서 묘사하는 행위는 **언제, 어디서** 일어났는가? ③ 갈등이 **왜** 일어났는가?

이 그림에는 세 인물이 등장한다. 두 사람은 남자이고, 한 사람은 여자다. 두 남자는 옷을 입고 있고, 여자는 옷을 벗고 있다. 여자

〈수산나와 노인들Susanna and the Elders〉, 아르테미시아 젠틸레스키, 1650년경, 캔버스에 유채

는 벽에 기대앉아 무릎 위에 수건을 덮고 있다. 두 남자는 벽 너머에서 몸을 내밀고 있다. 오른쪽 남자는 여자를 똑바로 바라보고, 바로 뒤 남자는 여자를 포위하듯 서 있다. 각자의 명확한 신체 언어를 알아채면 이 그림에서 갈등이 느껴지는 이유를 알 수 있다. 여자는 방어적인 자세로 보인다. 두 팔을 뻗어 남자들을 밀쳐내는 듯 보이고, 몸은 남자들에게서 멀어지고, 얼굴색이 붉고 불안하고 거의 화가 난 표정이다. 뒤에 선 남자는 이 일을 남에게 말하면 문제가 커질 수 있다는 듯 여자에게 조용히 하라는 시늉을 한다. 부적절한 상황임을

드러내는 요소로는 여자는 옷을 벗고 앉아 있고 남자들은 옷을 입은 채 뒤에 서 있다는 점을 꼽을 수 있다. 남자들이 혼자 있는 여자를 갑자기 놀라게 한 거라면 여자의 취약성과 안전에 대한 위협이 주요 갈등 상황인 것으로 볼 수 있다.

이 그림의 주제가 '수산나와 노인들'이라는 성서의 이야기인 것을 아는 사람도 있을 것이다. 이 작품은 앞서 이야기했던 아르테미시아 젠틸레스키가 1610년에 처음 그린 그림이다(139쪽 그림은 1650년경에 그린 작품 - 옮긴이). 구약성서 〈다니엘서〉를 보면, 유대인 하녀 수산나가 집 밖 정원에서 혼자 목욕했다. 두 노인이 수산나를 보고 겁탈하려고 작당하고, 뒤에서 몰래 다가와 놀라게 했다. 두 노인은 수산나가 그들을 신고하면 그녀가 목욕 중이었던 것이 아니라 사실은 불륜을 저지르는 것을 보았다고 증언하겠다며 협박했다. 수산나는 굴하지 않고 도움을 요청했다. 그리고 그녀는 체포되었다. 법정에서 두 남자의 증언에 일관성이 없고 수산나의 결백이 확인되어 그녀는 무죄를 입증받았다. 관람객은 이 그림에서 성서 이야기의 구체적인 상황을 모두 확인하지 않아도 된다. 시간을 들여 누가, 언제, 어디서를 찾아보면 이런 식의 갈등 관계를 더 깊이 들여다볼 수 있다.

1922년에 화가 펠릭스 발로통은 젠틸레스키의 작품에서 묘사한 문제의 해결책을 그림으로 제안했다. 미술사에서 수산나와 두 노인은 각각 탐욕과 권력, 진실과 미덕의 승리를 표현하기 위한 주제로 자주 등장한다. 타이터스 카파가 기존 작품에서 새로운 예술품을 창작하여 관점을 완전히 바꾸려는 시도를 했다면, 발로통은 이처럼 세월이 흘러도 변치 않는 주제를 더욱 섬세하게 다루었다. 발로통은 '누가'는 그대로 두고 '언제'와 '어디서'를 바꾸고 갈등을 전환하여

〈정숙한 수산나La chaste Suzanne〉, 펠릭스 발로통, 1922, 캔버스에 유채

권력관계를 역전시키고 그의 마음속으로나 관람객을 위해서나 문제를 변형했다. 같은 주제를 다룬, 〈정숙한 수산나〉라는 기발한 제목을 단 발로통의 작품을 보자.

'누가'는 똑같이 세 사람으로 여자 하나와 남자 둘이지만, 여자가 옷을 다 입고 있고 눈을 가늘게 뜨고 화려한 보석이 장식된 반짝이는 모자를 쓰고 있다. 발로통은 관람객에게 수산나의 알몸과 음탕한 남자들을 보여주는 대신 인물들을 목 위로만 보여준다. 여기서는 두 남자가 수산나에게 몸을 기울인다. 수산나가 대화를 주도하고 두 남자는 듣는 입장이다. 두 남자의 붉어진 귀는 열심히 듣고 있다는 (혹은 여인의 말에 당황했다는) 뜻이고, 반짝이는 정수리는 그들의 나이를 짐작하게 한다. 완벽한 역할 뒤집기다. 수산나의 표정은 상황을 통제한다는 것을 보여주고, 긴 의자가 남자들을 감싼 구도와 의자의 색은 수산나가 주도한 만남이지 남자들이 주도한 만남이 아니라는 인상을 강화한다.

어떤 갈등 상황에서든 누가, 언제, 어디서, 왜를 추적하려면 큰 그림을 보고 자잘한 세부 요소와 신체 언어, 표정의 뉘앙스를 관찰해야 한다. 색과 관점과 상황을 실질적으로든 상징적으로든 알아채면 겉으로 드러난 모습 이면에서 벌어지는 상황을 알아차려 궁극적으로 문제를 해결하는 데 유용한 '자료'가 나온다.

'왜 갈등이 생기는가?'가 이 공식의 핵심이지만, 올바르게 기틀을 잡지 않으면 길을 잃을 수 있다. 문제를 제대로 정의하지 않고 성급히 해결책을 찾아 헤매지 않으려면, 가장 중요한 질문으로 '왜? 왜 이 문제가 발생했는가?'부터 물어서는 안 된다. 그 대신 이렇게 물어야 한다.

왜 이 문제를 해결하고 싶은가?

동기를 알면 문제에 대한 새로운 관점이 생기고, 결과적으로 해결책을 찾을 새로운 가능성도 열린다. '왜?'라는 질문을 자신에게 돌리면, '누가'나 '어디서'나 '언제'에 관한 질문보다 훨씬 난해하다. 그래도 반드시 고민해야 할 중요한 질문이다. 이 질문 덕에 미시간의 한 사립고등학교가 폐교를 면했다.

2001년부터 감소하기 시작한 출생률이 2017년에는 최저점을 찍으면서 미시간주 전역에서 재학생 수가 감소했다. 학생 수가 줄자

각 학교는 예산을 유지하기 어려워졌다.[8]

미시간주 오처드호의 가톨릭 남자고등학교인 세인트메리고등학교도 다른 많은 학교처럼 재학생 수 감소 문제에 직면했다.[9] 학교는 등록금으로 운영되므로 학생 수가 감소하면 영업수익도 줄어든다. 이 학교는 감소 추세인 학생 수를 기준으로 예측해보고는 아무 조치도 취하지 않으면 135년 역사의 학교가 2018년에 폐교한 인근의 레이디우드고등학교처럼 문을 닫을 수 있다는 결론에 이르렀다.[10] 이 학교의 문제에서 누가, 어디서, 언제를 정의하는 과정은 비교적 단순했다.

세인트메리고등학교의 지원자 수를 늘리지 못하면 폐교당할 위험에 처한다.

다음으로 이사회에서는 왜 이 문제를 해결하고 싶은지 자문했다. "세인트메리를 구하기 위해"가 공통된 반응이었다.

얼핏 당연한 말처럼 들리지만, 문제를 해결하고 싶다는 동기를 확인하면 선택의 폭이 넓어져 더 창조적인 해결책을 발견할 수 있다. 이사회가 "학생 수를 늘리는" 쪽으로 판단했다면 경쟁하는 다른 남자 고등학교에서 예비 학생을 빼돌리는 식으로 신입생 모집에만 열중했을 것이다. 또 이사회가 "수익을 늘리는" 쪽으로 판단했다면 등록금을 대폭 인상했을 것이다. 그러나 학교를 살리는 것이 주요 목표이므로 학생 기반을 넓히는 방안에 새롭게 접근했다. 이사회에서 근본적인 '왜?'를 이해하지 못했다면 궁극적인 해결책에 이르지 못했을 것이다. 결국에는 이 학교 역사상 최초로 여학생들을 입학시키는 방안에 이르렀다. 남학생만 다니는 학교라는 전통보다 취약해진 학교의 유산을 지키려는 욕구가 더 중요했다.

더 깊이 파고들어라

이 책의 앞에서는 자신의 편견을 찾아내고 타인에 대한 관점을 변화시킬 방법을 알아보았다. 다양하고 넓은 렌즈로 정보를 들여다보면, 해결책을 찾기 위한 더 탄탄한 기반이 생기고 나아가 이미 찾아낸 해결책이 지속 가능해진다.

시드니대학교 정치학과의 존 킨John Keane 교수는 현재를 탈脫진실의 시대라고 부른다.[11] 전례 없는 '언론 타락'으로 인해 사실fact에 '대안'이나 '선택적'이라는 꼬리표가 붙는 시대라는 뜻이다. 이제 우리는 기자와 블로거, 논설위원, 홍보업체, 정치인, 싱크탱크, 사기꾼, 패러디 뉴스 사이트, 포토샵으로 편집한 자료, 매시업mashup(여러 가지 자료에서 요소들을 따와 새로운 노래·비디오·컴퓨터 파일 등을 만든 것 – 옮긴이), 밈, 트롤 플랫폼, 디지털 로봇이 수집하고 배포하는 정보를 처리해야 한다. 이런 무분별한 정보에 압도당하고 실망할 때가 많다. 그래서 결국 우리가 읽고 보는 정보의 진실성도 믿을 수 없게 되었다.

잉글랜드 프리미어리그 팀 맨체스터시티의 미드필더인 자메이카 출신 래힘 스털링Raheem Sterling이 2018년 인스타그램에 다리에 새로 새긴 문신 사진을 올리자 당장 뜨거운 논란이 일어나 영국 언론의 1면을 장식했다. 스털링의 문신은 방송국부터 대영제국 훈장을 받은 사람들에게까지 "역겹고" "절대로 용납할 수 없는 것"으로 여겨졌다. 아기 엄마인 루시 코프는 스털링에게 문신을 가리라고 요구하면서 언론과의 인터뷰에서 "스털링이 거부한다면 잉글랜드 대표팀에서 빼야 한다"고 주장하기도 했다.[12]

스털링의 새 문신은 M16 돌격소총이었다.

비영리단체 '총기 반대 어머니 모임' 창설자인 코프는 이렇게 말했다. "스털링은 부끄러운 줄 알고 고개를 숙여야 합니다. 절대로 용납할 수 없는 일이에요. 타의 모범이 되어야 할 사람이 총기를 미화하는 쪽을 선택하다니요."[13]

그러나 스털링의 문신이 총기를 미화했다고 성급히 판단하기 전에 그에게 "왜?"냐고 물었어야 했다. 왜 그런 문신을 새겼을까? 스털링은 하루가 지나서 세상에 답변을 내놓았다. 총 문신은 자기에게 "더 깊은 의미"가 있다면서 그는 이렇게 말했다. "제가 두 살 때 아버지가 총에 맞아 돌아가셨습니다. 저는 평생 총에 손을 대지 않겠다고 맹세했고요."

어떤 사안에 대한 정보를 수집할 때는 더 깊이 파고들어 사실과 허구를 분리하고, 편견을 걷어내고, 배경의 사연을 알아야 한다. 흔히 완전한 이야기를 놓치는 이유는 열심히, 충분히, 오래 보지 않아서이기도 하고 다른 여러 이유로 완전한 이야기가 가려져서일 수도 있다. 혹은 이면의 이야기가 이기고 싶어 하거나, 권력자가 권력을 잃고 싶지 않아 하거나, 완전한 이야기는 자극적이지 않아서일 수도 있다.

나 역시 어떤 이야기의 반쪽만 듣고 주장을 강하게 펼친 적이 있다. 2017년 늦여름에 나는 어느 국회의원과 아침 식사를 하면서 백악관이 전 정부에서 도입한 공원 플라스틱 물통 금지법을 철폐하기로 한 방침에 대해 성토했다. 내가 본 언론의 헤드라인에서는 이 결정이 환경에 치명적인 피해를 줄 거라고 주장했다.[14] 〈가디언 Guardian〉에서는 "국립공원에서 플라스틱 생수 판매를 허용한 트럼프의 결정을 규탄한다"고 선언했다. 〈워싱턴포스트Washington Post〉에서는 다음과 같이 주장했다. "국립공원은 오염을 완화하기 위해 플라스틱 생수통을 규제했다. 트럼프는 이 사실을 망각하고 로비 세력의 편에 섰다."[15] 나는 이런 기사와 함께 국립공원공단에서 발표한 〈일회용 플라스틱 생수통 재활용과 감소 프로그램 평가 보고서〉를 비롯한 몇 가지 자료를 읽고 새 정부의 새로운 방침에서 현재 상황을 보완할 만한 측면을 발견하지 못했다.

그러나 그 국회의원은 내게 이렇게 말했다. "선생님이 듣지 못한 부분도 있습니다. 정부에서 수백만 달러를 들여 국립공원에 급수 시설을 만들었지만, 유지비가 많이 들고 무엇보다도 사람들이 이용하지 않습니다. 게다가 플라스틱 생수통만 금지하고 음료수통은 금지하지 않은 조치는 이해할 수 없습니다. 어느 쪽 매출이 급증했을까요?"

사실 사람들은 이미 일회용 생수에 의존한다. 따라서 일회용 생수통 규제 조치에 미처 대비하지 못한 사람들이 국립공원에 가면 차선책으로 무엇을 선택할까? 일회용 음료수다. 음료수 소비량이 증가하면 미국인의 건강에도 좋지 않을 뿐 아니라, 음료수통은 탄산을 보존하기 위해 더 무거우므로 미국의 공원 환경에도 좋지 않다.[16] 이 문제에는 물론 더 미묘한 측면이 있다. 그러나 상당히 심각한 이면을 보지 못한 탓에 내 주장은 기습적 일격에 무너졌다.

언론을 탓하고 싶지는 않다. 언론은 늘 장사가 목적이다. 언론의 사명은 정보를 전달하는 것이지만, 현실에서는 사람들의 관심을 끌어 수익을 올릴 만한 표제를 뽑지 못하면 밥줄이 끊길 수 있다. 따라서 우리는 낚시성 기사 너머의 진실을 찾기 위해 질문을 던져

구정 대공세 초반인 1968년 2월 1일에 사이공 거리에서 남베트남 경찰청장 응우옌 곡 로안이 범죄 용의자인 베트콩 간부 응우옌 반 렘의 머리에 총을 발포한다

야 한다.

세상이 시각적 이미지를 중심으로 이야기를 전달하는 추세이다 보니 진실을 알아보는 것이 더 어려워졌다. 오래전부터 기자들은 사진 한 장이 천 마디 말의 가치를 지닌다고 다소 과장해서 선전했지만, 사실 사진으로도 진실을 온전히 담지 못할 때가 있다.

1968년 2월 1일에 AP통신의 사진기자 에디 애덤스Eddie Adams는 사이공에 있었다.[17] 거리는 아수라장이었다. 당시 베트남은 휴전 중이었지만, 이틀 전 구정에 북베트남군이 남베트남의 100여 개 도시에 총공세를 가하여 세상을 놀라게 했다. 애덤스로서는 카메라에 담을 장면이 넘쳐났다. 그러다 생생한 총격 장면 하나에 셔터를 눌렀고, 그 사진은 그에게 퓰리처상을 안겨주었다.

그리고 그를 평생 따라다닐 꼬리표가 되었다. 체크무늬 셔츠를 입은 청년이 군복을 입은 나이 든 남자가 쏜 총알에 관자놀이를 관통당하며 움찔하는 사진은 전 세계에서 반향을 일으키며 무분별한 전쟁의 참상을 보여주는 상징이 되었다. 학자들에 따르면 이 사진은 당시 미국의 여론이 베트남전 참전에 반대하는 쪽으로 돌아서게 하는 데 일조했다.[18]

얼마 후 총격을 가한 사람은 미국의 동맹인 남베트남의 장교이자 경찰청장으로 밝혀졌다. 결국 미국은 즉결 공개 처형을 지지한 셈이었다. 청년이 무고한 민간인일 수도 있었다. 실제로도 당시에는 사진 속 청년이 불쌍한 행인으로 알려졌다. 하필 그때 지나가던 평범한 사람이라는 뜻이었다.

그러나 이런 가정은 틀렸다. 훗날 애덤스는 이렇게 밝혔다.

"사진이 다 말해주지는 않습니다. 이유도 말해주지 않습니다."[19]

사실 사진 속 청년은 보기보다 어리지 않았다. 서른여섯 살이었다. 게다가 무고한 행인도 아니었다. 베트콩 분대장으로, 민간인을 공격하려고 일부러 평상복으로 위장한 사람이었다. 그는 민간인 서른 명을 대량 살상하고 현장에서 체포되었다. 남베트남의 중령 부부와 여든 살 노모, 자녀 여섯 명의 목을 벤 직후였다. 그는 승합차에서 끌려 나왔고, 마침 그 앞에 있던 애덤스는 경찰청장이 그 남자를 심문하려는 줄 알았다. 애덤스는 그 남자가 경찰청장 앞으로 끌려가는 장면을 열두 장 정도 찍었다. 그러나 편집자들은 이 사진을 골랐고, 이 사진조차 원본 그대로가 아니었다. 극적 효과를 위해 잘려 나가고, 배경의 헌병대는 지워졌다.

애덤스 역시 총격을 가한 사람이 "무자비하고 냉담한 살인자"라고 생각했지만, 그와 함께 전국을 돌아다니면서 생각이 바뀌었다.[20] 그는 남베트남군의 소장이자 경찰청장이었고, 구정 대공습 중에 병력을 집결하고 사이공을 방어하는 데 중요한 역할을 했다. 베트콩에게 살해당한 중령은 그의 친구였다. 애덤스는 결국 이 경찰청장은 그가 찍은 사진으로 부당하게 비난받는 "현대 베트남과 시대의 산물"이라고 생각했다.[21] 둘은 친구가 되었고, 애덤스는 의회에 나가 그의 편에서 증언했다. 그렇다고 애덤스가 그날의 살인을 용납했다는 뜻은 아니다. 그보다는 그 자신도 그날 사건의 당사자라고 믿었다.

애덤스는 훗날 이렇게 적었다.

"그 사진 속 두 사람이 죽었다. 장군은 베트콩을 죽였고, 나는 카메라로 장군을 죽였다."[22]

그러면 이런 자극적인 이미지를 어떻게 극복할 수 있을까? 우선 이미지에 대해 질문을 던져야 한다. 배경의 사연을 물어야 한다. 누가, 무엇을, 언제, 어디서에 관한 정보를 알아내야 한다. 그리고 스스로 이유를 묻는 것도 잊지 말아야 한다. 어떤 것을 왜 믿는가? 왜 믿지 않는가? 왜 이런 느낌이 들까?

래힘 스틸링의 문신을 보고 왜 그렇게 느끼는가? 국립공원의 일회용 생수통 금지에 대해 왜 그렇게 느끼는가? 베트남전 사진에 대해 왜 그렇게 느끼는가?

문제를 효과적으로 해결하려면 우리 자신과 남들에게 불편한 질문을 던질 수 있어야 한다. 마음에 들지 않는 측면이라고 해서 외면하거나 피할 수는 없다.

불편한 측면을 확인하라

다음 두 이미지를 보고 둘 사이의 유사점과 차이점을 세 가지씩 적어보자.

수십 가지로 답할 수 있다. 두 이미지 모두 삶과 죽음을 담았고, 양쪽 모두 빛의 반사를 보여준다. 한쪽은 그림이고, 다른 한쪽은 영화 스틸 사진이다. 한쪽은 오래된 이미지이고, 다른 한쪽은 현재의 이미지다. 무슨 답이든 상관없다. 분석은커녕 관찰하기도 쉽지 않은 이미지에서 공통점과 차이점을 모두 찾아낼 만큼 탄력성을 발휘할 수 있다는 것이 중요하다.

왼쪽 이미지는 아버지 얀 브뤼헐Jan Brueghel the Elder의 1606~1607

〈나무 그릇에 담긴 꽃Flowers in a Wooden Vessel〉, 아버지 얀 브뤼헐, 1606~1607, 나무에 유채

〈연이은 천둥Running Thunder〉, 스티브 매퀸, 2007, 16밀리미터 컬러 필름 연속 순환

년 작 〈나무 그릇에 담긴 꽃〉이다. 이 작품은 꽃의 일생에서 모든 단계의 꽃을 담았다. 죽은 꽃과 살아 있는 꽃, 꽃송이가 아직 피지 않은 꽃이 담겨 있다. 오른쪽의 죽은 말 이미지는 2014년 아카데미 작품상 수상작 〈노예 12년12 Years of a Slave〉의 감독 스티브 매퀸Steve McQueen이 2007년에 기획한 영상 전시 〈연이은 천둥〉의 한 장면이다.

사실 두 이미지 모두 예쁜 그림도, 예쁜 이야기도 아니지만 문제가 되지 않는다. 문제를 해결하려면 두 이미지에 담긴 요소처럼 불편한 주제(죽음, 부패, 노화, 동물 사체, 죽음의 운명)를 다룰 수 있어야 한다. 과거에 직면했거나 현재 직면한 문제가 유쾌하지 않을 수 있다. 어떻게 해야 불편한 요소를 더 잘 찾아낼 수 있을까? 예술가와 운동선수를 비롯한 몇몇 분야의 사람들이 더 잘하는 것에 답이 있다. 바로 연습이다. 다시 해보자. 152쪽의 두 이미지를 보고 유사점과 차이점을 세 가지씩 열거해 보라.

왼쪽 사진은 미국의 사진작가 베러니스 애벗Berenice Abbott이 작가 제임스 조이스James Joyce가 안대를 쓴 모습을 찍은 사진이다.[23] 애벗은 1920년대에 파리의 이방인들을 찍은 사진으로 유명하다.[24] 오른쪽 사진은 주로 혼자인 피사체를 찍는 미국의 사진가 앨릭 소스Alec Soth의 작품이다.

이제 더 깊이 들어가 보자. 두 사진을 제대로 살펴보라. 두 사진의 배경에 얽힌 정보를 토대로 유사점과 차이점을 세 가지씩 더 찾아보라. 불편하고 어려울 수도 있지만, 뇌가 확장될 것이다. 그리고 이 분석이 이내 단순하고 자연스러운 활동이 될 것이다. 연습을 마치면 다시 돌아오라.

이번에는 더 많이 찾아냈는가? 친밀감이나 구도가 다른가? 한

〈제임스 조이스James Joyce〉, 베러 니스 애벗, 1926, 사진

〈매리, 밀워키, WIMary, Milwaukee, WI〉, 앨릭 소스, 2014, 사진

사람은 눈을 마주치고, 다른 사람은 눈을 감고 위를 쳐다보는 모습이 다른가? 두 피사체 사이의 물리적 유사점은 어떤가? 두 피사체가 서로 어떻게 대조를 이루는가? 이를테면 차분히 수용하는 모습과 활기차게 웃음을 터트리는 모습을 보았는가?

아무것도 적지 않으면 정답도 오답도 없다. 누구도 모든 것을 다 보지 못하고, 모든 사람이 각기 다르게 볼 수도 있다. 그래서 저마다의 관점에서 명백하든 아니든 눈에 보이는 대로 기록하는 과정이 중요하다.

명백한 것을 명시하라

나는 그림을 사랑하지만 강의에서는 다양한 매체를 활용하기 위해 사진, 가능하면 현재의 사진을 넣으려고 노력한다. 최근 런던에서

〈땅콩버터와 젤리를 든 조시 밴스(일명 크래시)Josh Vance
(aka Crash) with Peanut Butter & Jelly〉, 테네시주 조엘턴, 앨
릭 소스, 2004, 사진

진행한 강의에서는 내 눈길을 사로잡는 새로운 슬라이드 한 장을 넣
었다.

　우선 참가자들에게 무엇이 보이는지 말해달라고 하자 한 남자
가 손을 들었다. 그는 근사한 영국식 억양으로 말했다. "젊은 남자가
머리를 다 밀고 검은색과 흰색 견장이 붙은 위장복을 입고 있으니
군대에 있는 것 같습니다. 조그만 의자 같은 데 앉아 카메라를 똑바
로 응시하고 있네요. 뭔가를 먹으려는 것 같긴 한데, 무릎에 놓인 저
게 뭔지는 모르겠네요!"

　나는 그 남자가 말하는 그것을 바로 알아보았다.[25] 젊은 남자

(2004년에 테네시에서 현대 전쟁을 재현하여 열린 행사의 참가자)가 땅콩버터와 젤리가 든 샌드위치를 만들고 있었다. 그러나 영국인이나 땅콩버터와 젤리를 넣은 샌드위치를 먹지 않는 다른 나라 사람들은 알아보기 어려웠다. 사실 내게는 '땅콩버터와 젤리'가 어린 시절에 푸근한 위안을 주던 일상의 음식이지만, 영국인들은 그것이 무엇인지 모르고 설령 안다고 해도 역겹다고 생각할 것이다.

샌드위치 속에 넣는 재료가 생사가 걸린 중요한 선택으로 보이지 않을 수 있지만, 사실 땅콩버터 알레르기가 있는 사람에게는 생사가 걸린 문제다. 누군가에게는 치명적인 결과를 초래할 수 있으므로 명백해 보이는 정보라고 해서 간과해서는 안 된다.

국제 자선단체 세이브더칠드런Save the Children에서 강의를 마친 뒤였다. 그 프로그램의 책임자가 내게 1990년대 말 모잠비크에서 활동했을 때 이야기를 들려주었다. 미국에서 온 어느 인도주의 활동가가 세이브더칠드런 사무소에 가서 그곳의 모든 활동가와 인사를 나누고, 각 마을에 구호품을 전달하러 나섰다. 현지 사무소 사람들은 부근의 어느 길에 내전 당시 매설된 대인지뢰가 있어서 위험한지 알았다. 그리고 구호품을 전달하러 간 활동가도 당연히 알 거라고 생각했다. 하지만 그는 몰랐다. 그는 하필 지뢰가 매설된 길로 가다가 사망했다. 내가 안다고 해서 남들도 당연히 알 거라고 넘겨짚어서는 안 된다. 남들은 모를 수 있다. 더욱이 같은 대상이라도 각자의 고유한 관점으로 지각하므로 누구도 정보를 같은 식으로 처리하지 않는다.

항공기술회사의 부사장 하이디 월시Heidi Walsh는 내게 군용 드론 이미지 처리 프로그램을 어떻게 사용하는지 알려주었다. 월시의 팀에서는 최고 수준의 사실성과 해상도를 위해 드론으로 찍은 이미지

23가지를 프린트했다. 그리고 최적의 관점을 확보하기 위해 군 요원 23명을 불러 각자가 최고의 이미지를 고르게 했다. 같은 이미지를 고른 경우는 드물었다. 따라서 누구도 같은 방식으로 보지 않을 뿐 아니라 가장 좋거나 가치 있거나 효과적인 것에 관한 생각도 크게 다른 듯하다. 똑같은 정보를 접한다고 해도, 남들도 나처럼 관찰하고 판단할 거라고 전제할 수는 없다.

정보기관에서 일하는 내 동료는 한 단계 더 나아갔다. 똑같은 데이터나 정보, 이미지를 보더라도 각자가 주목하기로 선택하는 대상이 다르다는 것이다. 똑같이 사무실 창문 앞에서 사진을 찍더라도 한 사람은 창문 바로 앞 고드름에 초점을 맞추고, 다른 사람은 고드름을 지나쳐 배경의 나무에 초점을 맞춘다. 따라서 남들이 무엇을 보는지도 알아야 하고, 어떻게 보는지도 알아야 한다.

〈관점Perspectives〉, 콜턴 실, 뉴햄프셔주 피터버러

모두에게 같은 정보가 주어져도 모두가 같은 방식으로 정보를 처리하지는 않는다. 따라서 처음 직감에 너무 높은 가치를 두어서도 안 되지만, 아무도 어떤 해석에 동의하지 않는다고 해서 그 해석을 버려서도 안 된다. 정보를 수집하면서 양극단의 관점과 일탈적 데이

터를 기꺼이 수용하면, 당면 문제에 관해 가장 포괄적인 관점이 생길 것이다.

아무도 보지 않는 것을 보라

명백한 것을 알아채고 나면, 이제 정반대의 측면을 찾아보라. 간과한 측면 말이다. 결정적인 정보는 '감춰져' 있을 때가 많아서 간과하기 쉽다. 변두리를 보라. 밑면을 보라. 보이지 않는 부분을 찾아내라.

다음 이미지는 2017년에 테이트브리튼미술관의 전시 작품 사진이다. 오브제 100개가 있다. 재료가 뭐라고 생각하는가?

〈무제(100개의 공간)Untitled(One Hundred Spaces)〉, 레이철 화이트리드, 1995, 화이트리드 전시회 중 테이트브리튼미술관 듀빈 갤러리에 전시된 설치 작품 사진

오브제의 색과 반투명성 때문에 재료가 '젤로(과일 맛과 빛깔, 향을 낸 젤리의 상표명 – 옮긴이)'일 거라는 답이 가장 많이 나왔는데, 이것은 땅콩버터와 젤리처럼 나를 곧장 유년기로 데려다주는 추측이다. 사실 오브제는 고체 레진으로 만들어졌다.

이 작품의 제목은 〈무제(100개의 공간)〉이고, 레이철 화이트리드 Rachel Whiteread가 1995년에 제작한 작품이다.[26] 화이트리드는 조각가이자 여자로서는 최초로 영국 미술계에서 가장 권위 있는 예술 상인 터너상Turner Prize을 받은 화가다. 이 작품은 보이지 않는 공간에 주목하게 만든다. 화이트리드는 이 작품을 위해 100가지의 다른 의자 밑에 빈 공간을 만들었다.

예술가는 정해진 틀을 벗어난 것을 볼 줄 아는 능력이 뛰어나다. 예술가가 주로 그런 곳에 살기 때문일 것이다. 미국의 예술가 진신Jean Shin은 버려진 물건으로 조각 작품을 만드는 작업 방식으로 이름을 알렸다. 2003년에는 뉴욕의 공원에 설치미술을 제작하고 그 아래에서 사진을 찍었다. 어떤 작품일 것 같은가?

이 설치미술은 나무와 나무 사이에 걸려서 그늘을 드리우고 땅에 움직이는 그림자를 만들었다. 〈반그림자〉라는 제목의 이 작품은 뉴욕 곳곳의 휴지통에서 찾은 우산으로 제작되었다.[27] 진 신은 남들이 더는 비를 막지 못한다고 여기는 물건에서 아름다움과 햇빛을 막는 기능을 발견했다.

뉴욕의 건축가 어맨더 샥터Amanda Schachter와 알렉산더 레비 Alexander Levi도 버려진 우산 400개를 모았다. 그들은 쇠 우산살과 2리터짜리 음료수병 128개에 LED 전구를 달아서 지름 7.3미터의 구체를 만들어 할렘강에 띄웠다.[28] 밤에 빛을 내면서 뉴욕의 수로에서 떠

〈반그림자Penumbra〉, 진 신, 2003

다니는 쓰레기에 관심을 끌기 위해 제작한 작품이다.

　평소 의자 아래 공간에 관해, 그 공간의 모양이나 부피나 용도에 관해 생각해 본 적이 있는가? 물론 살면서 의자 아래 공간을 보거나 발을 놓거나 가방을 넣는 데 쓸 일이 숱하게 많았을 것이다. 그러나 그 공간의 다른 용도를 생각해 본 적이 있는가?

　고장 난 우산이나 빈 음료수병을 보거나 버린 적이 얼마나 많은가? 이런 물건을 달리 어떻게 활용할지 잠시나마 고민해 본 적이 몇 번이나 있는가? 남들이 보지 못하는 면을 보라. 모두가 놓치는 면을 찾아보라.

　나는《우아한 관찰주의자》에서 한 장을 할애하여 평범해 보이

〈추수 돔 2.0Harvest Dome 2.0〉, 어맨더 샥터와 알렉산더 레비, 2013

는 장면에 숨은 정보를 찾아보는 노력의 중요성을 설명했다. 사실 이런 노력은 감시와 안전을 위해서도 유용한 방법이지만 문제를 해결하는 데도 중요하다. 《우아한 관찰주의자》가 출간되고 어느 강력계 형사에게서 편지를 받았다. 그 책의 단순한 조언이 사건을 해결하는 데 큰 도움이 되었다는 내용이었다.

　어느 날 그 형사는 비슷한 범죄가 자주 터지는 동네의 살인 사건 현장에 호출되었다. 매춘부의 시신이 카펫으로 둘둘 말린 채로 발견된 사건이었다. 불행하게도 뉴욕에서는 성 노동자 살인 사건이 심심치 않게 일어난다. 사망률만 기준으로 보면 매춘은 미국에서 가장 위험한 직업 중 하나로, 벌목이나 석유 굴착이나 알래스카 어선에서 일하는 것보다도 더 위험하다.[29] 성 노동자들은 한 달에 평균 한 번꼴로 폭행당한다. 여러 이유에서(이를테면 관할 경찰서 데이터베이스에서 사라졌다거나 성매매 여성이 의도적으로 음지에서 살기로 선택했다거나 하는 이유로) 미해결 살인 사건이 많다. A&E 텔레비전 네트워크의 2016년 다큐멘터리 〈살인 계절The Killing Season〉에서는 이런 현상을 추적하여, 검시관들이 신원 미상의 시신들을 FBI에 신고하지 않아서 시신에 이름을 돌려줄 마지막 기회마저 잃는 현실을 보여주었다.[30]

이것은 심각하고 뿌리 깊게 만연한 시스템이기는 하지만 해결이 가능한 문제의 완벽한 사례다. 문제를 해결하려면 법집행기관 안팎에서 일하는 사람들이 자신의 편견을 알아채고, 극복하려고 노력하고, 성매매 여성을 남들과 똑같이 중요하게 대해야 한다. 나는 나의 플랫폼(이 책과 강의)을 이용하여 가정 폭력과 살인, 노숙자 생활, 중독을 줄이는 데 헌신하는 사람들을 훈련하는 전문가들을 찾고 싶다. 이 문제는 우리 사회 전반의 문제이므로 피해자만이 아니라 더 큰 선을 위해 반드시 바로잡아야 한다.

2020년 11월에 여러 도시의 지도자들이 '경찰 예산 삭감' 운동에 부응하여 예산 1억 5000만 달러를 삭감하는 사이에 로스앤젤레스 경찰이 성폭행 전담 부서를 해체하는 방안을 발표했다.[31] 이 부서는 영화제작자 하비 와인스타인Harvey Weinstein을 수사한 곳이기도 하다. 이 분야에서 일하는 사람만 지방정부와 법집행기관 지도부를 향해 어떤 시민도, 성 노동자도, 성폭행 피해자도, 그야말로 어느 누구도 배제해서는 안 된다고 요구할 수 있는 것은 아니다. 이런 식의 결정이 알려지면 누구든 목소리를 내야 한다. 각자가, 모두가 목소리를 내야 한다. 내게 편지를 보낸 그 형사처럼.

이 형사는 그동안 일하면서 많은 일을 겪었다. 그러다 《우아한 관찰주의자》를 읽고 내 강의도 듣고, 더 잘 보고 더 많이 보려고 노력했다. 그가 범죄 현장에 가보니 경관들이 기존의 끔찍한 사건들을 토대로 몇 가지 가정을 이미 내려놓은 뒤였다. 범인이 성폭행을 시도하려다 살인을 저지르고 시신을 카펫에 싸서 브루클린의 외딴 습지로 갖다 버렸다는 것이다. 이런 가정의 통계적 의미는 그리 유쾌하지 않았다. 한마디로 그들 앞에 있는 시신이 매춘부라는 뜻이었다. 그들의 가정이 옳다면(그리고 정황이 명백히 그런 결론을 가리킨다면), 범죄 신고나 실종 신고가 접수되었을 가능성이 거의 없었다. 이것은 이런 유형의 사건을 해결하기 어렵게 만드는 비극적인 현실 중 하나다. 우선 시신의 지문을 채취하여 일치하는 지문이 있는지 확인해야 했다. 매춘부의 약 99퍼센트가 지문 검사를 받으므로 일치하는 사람이 나올 가능성이 크기는 하지만 며칠이 걸릴 수 있다.

그 형사는 시신을 다시 확인하면서 현장에 처음 온 사람들이 피해자의 신원을 더 빨리 확인하는 데 도움이 될 만한 세부 정보를 놓치지 않았는지 확인하기로 했다. 그래서 시신을 만 카펫을 펼쳐서 시신의 손톱 매니큐어가 발톱의 페디큐어와 일치하는지 확인했다. 그는 매춘부들이 얼마나 열악한 환경에서 일하는지 알았고, 그들이 외모의 어느 부분에 공을 들이는지도 알았다. 매춘부들은 특히 겨울에는 매니큐어와 페디큐어를 맞추는 데 시간과 돈을 낭비하지 않는다. 그렇다고 시신이 매춘부가 아니라고 입증된 것은 아니다. 지문 검사 결과를 기다리는 사이 새로운 단서를 찾아 나섰다.

최근에 희생자와 인상착의가 일치하는 여자의 실종 신고가 들어왔는지 확인하자 일치하는 사람이 나왔다. 밤에 친구들과 놀러 나갔다가 납치된 대학원생이었다. 그 여자와 마지막으로 소통한 상대

(그들이 술 마시러 들어간 바의 가드)가 알려지면서 그 가드는 1급 살인으로 유죄판결을 받았다. 그 형사는 사건을 해결함으로써 그 지역에서 살인이 발생했다는 소식에 두려움에 떨고 있을 매춘부들에게 현재로서는 그들을 노리는 살인자가 없다고 알린 셈이었다. 살인자가 설친다는 소식으로 인한 스트레스가 더해지지 않아도 매춘부들은 이미 위험에 처해 있었다.

그 형사는 '지각의 기술'의 효과가 없었더라도 범인을 체포하고 유죄판결을 받게 하는 데 도움이 된 사소한 단서를 간단히 포착할 수 있었을 것이다. 다년간의 경험으로 그의 눈이 이미 숙달되었을 테니까. 그러나 무슨 이유에서인지 그는 희생자를 세심히 관찰하고 결정적 정보를 다시 살펴보고 싶은 마음이 예술을 보는 체험을 하던 중에 일어났다고 보았다. 그뿐 아니라 둘 사이의 연관성을 확신하고 차분히 앉아서 내게 편지까지 썼다. 나로서는 무척 고마운 순간이다. 변호사 일을 그만두고 예술에만 전념하기로 한 내 결정이 옳았다는 생각이 든 순간이기 때문이다.

멕시코 화가 호르헤 멘데즈 블레이크Jorge Méndez Blake는 2019년에 뉴욕 제임스코핸갤러리에 십여 미터 길이의 벽돌벽을 설치하여 작은 물건 하나가 얼마나 큰 효과를 낼 수 있는지를 시각적으로 표현했다.[32] 그는 회반죽이나 시멘트를 쓰지 않고 벽돌 위에 벽돌을 쌓는 식으로 균형을 잡았다. 그러나 완벽한 대칭을 깨트리는 요소가 있었다. 벽돌벽의 정중앙 바닥에 프란츠 카프카Franz Kafka의 미완성 소설 《아메리카》 페이퍼백 한 권을 놓은 것이다. 책 주위의 벽돌벽이 조화를 이루지 않는 것은 아니지만, 뒤로 물러나서 보면 물건 하나가 더해져 전체 구조를 방해하는 듯 보인다. 아무리 미미하다고

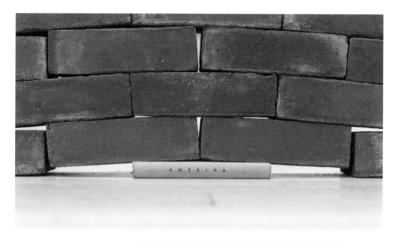

〈아메리카Amerika〉, 호르헤 멘데즈 블레이크, 2019, 벽돌, 프란츠 카프카의《아메리카》

해도 영향을 미치지 못하는 것은 없다. 어떤 정보가 사소해서 논의할 가치가 없다고 생각해서도 안 된다. 가능한 정보를 모두 동원해야 한다.

　몇 달 전 사촌 낸시와 같이 저녁을 먹을 때 낸시가 걱정스러운 표정으로 내 손을 잡았다. "에이미, 너 손가락이 파래!" 나는 꽤 힘든 암 치료를 받아서 몸의 이상 증세를 가볍게 넘기지 못한다. 다행히 철저한 검사 끝에 손가락이 파란 건 새로 산 청바지 물이 들어서라는 사실을 알았다. 나는 사촌이 사소한 부분을 놓치지 않고 알려줘서 고마웠다. 다행히 이번에는 이 정보가 심각한 결과로 이어지지 않았지만, 자칫 그럴 수도 있었다.

2020년 여름 플로리다주 탬파의 한 시청자가 WFLA-TV를 시청하다가 빅토리아 프라이스Victoria Price 기자에게서 사소한 이상을 발견하고 이메일을 보내지 않았더라면 스물여덟 살의 프라이스는 전혀 다른 결과를 맞이했을 수도 있다. 그 시청자는 이메일에 이렇게 적었다.

"방금 당신이 진행한 뉴스를 봤어요. 목 부위의 혹이 마음에 걸려서요. 갑상선 검사를 받아보세요. 제 목도 그랬거든요. 저는 암 진단을 받았어요."[33]

프라이스는 자기 목에 혹이 있는지도 몰랐다가 이메일을 받고 병원에 가보았고, 결국 악성 종양 진단을 받았다. 암이 이미 림프샘으로 전이되어 그 부위까지 제거해야 했다. 그 시청자가 알아보고 알려주지 않았다면, 암이 더 많이 전이되었을지 몰랐다. "그때 내게 이메일을 보내주신 그분께 평생 감사드립니다." 프라이스가 SNS에 올린 글이다.

프라이스는 수술을 잘 받고 〈투데이Today〉에서 근황을 전하면서 사실은 그 시청자의 조언을 그냥 흘려들을 뻔했다고 말했다.[34] "그 이메일을 그냥 무시하려고 했어요. '난 아무것도 안 보이는데'라고 생각했거든요." 그러나 프라이스의 남자친구가 시청자의 조언을 들어보자고 했다.

프라이스의 지극히 인간적인 반응은 남들이 알아채지 못할 것을 알아채는 문제에 관한 또 하나의 교훈을 준다. 자기 말만 하지 말고 남이 말할 때는 들어라! 어떤 문제에 관한 정보를 수집할 때 비슷한 문제를 겪어본 다른 사람들도 보아야 한다.

선배들을 찾아보고 스스로 조사하라

우리의 문제는 각자의 처지에서 생긴다. 다만 먼저 겪은 사람들의 문제와 적어도 어느 정도는 비슷할 가능성이 크다. 이런 정보를 토대로 방법을 찾아보면 시간과 에너지를 절약할 수 있다. 바퀴를 새로 발명하는 대신 각자의 필요에 맞게 바퀴를 제작하는 것이다.

과학이든 기업의 공급 관리든, 모든 분야는 결국 이전의 작업에 의존한다. 예술도 예외가 아니다. 〈웨스트 사이드 스토리West Side Story〉부터 《해리 포터Harry Potter》에 이르기까지 책이든 영화든 모두 셰익스피어의 이야기를 기반으로 만들어지지만, 셰익스피어 역시 다른 데서 플롯을 빌려왔다. 《햄릿Hamlet》은 스칸디나비아의 옛 우화에서 왔다. 《맥베스Macbeth》에서는 숲이 성으로 진군하지 않는 한 패하지 않을 거라는 유령의 예언을 들은 잉글랜드의 침략자들이 예언을 따르기 위해 나무를 잘라서 들고 진군한다. 존 로널드 톨킨John Ronald Tolkien은 친구에게 이런 "허접한" 결정에 "씁쓸한 실망감과 역겨움"이 든다면서, 그래서 그는 《반지의 제왕The Lord of the Rings》에서 엔트족이라고 실제로 뿌리가 뽑혀 전투에 나서는 살아 있는 나무 종족을 창조했다고 말했다.[35] 이전의 것을 토대로 쌓아가면 더 나은 결과물이 나오는 데 도움이 될 수 있다.

일본의 목판화가 스즈키 하루노부鈴木春信가 1765년에 목판화에 총천연색을 입히면서 새로운 혁신을 일으켰다.[36] 그전에는 흑백이나 몇 가지 색으로만 세상이 표현되었으므로 판화로 찍어낸 뒤에 손으로 직접 색을 입혀야 했다. 스즈키의 혁신으로 미술 작품이 대량 생산되어 일본 전역으로 퍼져 나가며 가격이 낮아졌고, 그래서 더 많은 사람이 미술 작품을 즐길 수 있었다. 그로부터 1세기 후 일본이 서양에 문호를 열 무렵 유럽의 화가들은 복잡하고 선명한 색상을 그렇게 간단히 복제하는 기술에 탄복했다. 인상파 화가들은 단순한 색과 굵은 선을 큼직한 획으로 그리는 기법부터 깊이의 착각을 없애고 수평선을 제거하는 기법까지 일본 미술의 여러 기법을 받아들이기 시작했다. 빈센트 반 고흐Vincent Van Gogh가 특히 감동하여 동생 테오에게 말했다. "내 모든 작품은 얼마간 일본 미술에 기반을 둔다."[37] 고흐는 판화 수백 점을 수집하여 작업실에 걸어두었고, 그중 〈풍경 속의 게이샤Geishas in a Landscape〉라는 작품은 자화상의 배경에 그려 넣기도 했다.

남들은 아무도 나의 직업, 결혼생활의 고충, 가족이나 일자리나 공동체를 잃어버리는 고통을 온전히 공감할 수 없다. 그러나 남들은 비슷한 난관에 어떻게 대처하는지 알아보면 도움이 된다. 문제 해결책의 영감을 얻을 수 있고, 나아가 어떻게 하면 안 되는지에 관한 교훈으로 삼을 수도 있다.

일례로 2019년에 켄터키주 코빙턴가톨릭고등학교의 남학생들이 워싱턴 D.C.를 방문했을 당시의 상황을 머리기사로 다루면서 오류를 범한 언론의 행태에 반면교사로 삼을 점이 있다.

주요 잡지에서는 2019년 1월 18일 금요일의 사건을 이런 식으로 요약했다.[38] "MAGA 모자를 쓴 백인 청소년들이 링컨기념관 계단에서 나이 든 북미 원주민에게 몰려가 '미국을 다시 위대하게Make America Great Again, MAGA'라는 구호를 외치며 위협하고 인종주의적 증오 발언으로 조롱했다. 도널드 트럼프의 미국에서 날마다(어쩌면 매시간) 벌어지는 일이다." 〈뉴욕타임스〉에서는 이 사건을 다룬 첫 번째 기사의 제목을 이렇게 달았다. "'미국을 다시 위대하게' 모자를 쓴 소년들이 북미 원주민 행진에 떼 지어 몰려가 노인을 공격하다." 정치평론가이자 버몬트주의 전 주지사인 하워드 딘Howard Dean은 이렇게 적었다. "코빙턴가톨릭고등학교가 내게는 증오 공장으로 보인다."[39] 배우 얼리사 밀라노Alyssa Milano는 이렇게 적었다. "이것이 트럼프의 미국이다. 이걸 보고 눈물이 났다. 우리는 청소년들에게 무엇을 가르치고 있는가? 이래도 되는가? 어떻게 이래도 괜찮은가?" 이어서 이렇게 적었다. "붉은 MAGA 모자는 새로운 백인 거주 구역이다. 백인 소년들이 남들에게 공감하지 못한다면 인류는 계속 자신을 파괴할 것이다."[40]

이렇게 들불처럼 번지는 불길의 중심에 열여섯 살 학생이 있었다. "미국을 더 위대하게"라고 수놓은 붉은 모자를 쓴 이 백인 소년이 나이 든 북미 원주민과 마주한 장면이 영상에 잡혔다. 주위에서 비웃고 야유하는 와중에 소년은 가만히 서서 아무 말도 하지 않고 쉿, 쉿, 하면서 친구들을 조용히 시키기만 한다. 그는 나이 든 남자에게 미소를 짓는다. 누군가는 그걸 보고 히죽거린다고 말한다. 소년의 이름은 SNS에서 삽시간에 퍼져 나갔고, 주요 매체에도 반복해서 나왔다. 그에게는 "우쭐함", "개탄스러움", "백인 가부장제의 단면"이라는 꼬리표가 따라붙었다.[41] 어느 유명한 기자는 이렇게 물었다. "이보다 더 주먹을 부르는 얼굴을 본 적이 있습니까?" 소년과 가족은 현장에 있던 다른 학교 친구들과 함께 신체와 직업에 대한 위협뿐 아니라 살해 위협까지 받았다.[42]

가톨릭 교구에서 코빙턴가톨릭고등학교에 대한 제삼자 감사를 시작하자 이 사건에 관한 영상이 더 나왔고, 사건의 서사가 완전히 뒤집혔다. 알고 보니 나이 든 북미 원주민이 그날의 정황과 자신의 이력을 상당 부분 날조했다. 상황이 험악해진 이유는 당시 근처에 있던 검은히브리이스라엘인들Black Hebrew Israelites이라는 단체가 가톨릭고등학교 학생들과 북미 원주민 모두를 위협한 탓이었다. 사실 학생들은 북미 원주민을 옹호하고 검은히브리이스라엘인들의 증오와 편견에 맞서던 중이었다.[43] 〈애틀랜틱Atlantic〉지의 작가이자 가톨릭 신자인 케이틀린 플래너건Caitlin Flanagan은 코빙턴가톨릭고등학교 학생들과 검은히브리이스라엘인들 사이에 오간 대화가 담긴 모든 영상을 한자리에 앉아 한 장면도 놓치지 않고 끝까지 다 보았다.[44] 이처럼 꼼꼼히 살펴본 덕에 진실을 알게 되었다. "전체 대화를 통틀어 학생들은 나이 든 원주민에게 딱 한 번 무례하게 굴었다. 그 원주민이 게이와 레즈비언에 관해 불쾌한 말을 해서 야유를 보낸 것이었다." 그리고 학생들은 교사 혹은 인솔자에게 학교의 영가를 불러서 시위하는 어른들의 혐오 발언을 덮어도 되는지 허락을 구했다. 분쟁의 한복판에 서 있던 소년에게 상대가 다가온 것이지 그 반대가 아니었다. 소년은 "긴장이 고조된 상황을 가라앉히기" 위해 "움직이지 않고 침착함"을 유지하려고 했다고 말했다.[45] 그리고 미소를 지으며 말없이 기도하고 있었다고 했다. 그런데 그날 빨간 모자는 왜 썼을까? 링컨기념관에서 그냥 기념품으로 산 거라고 했다.

사실 이 학교의 학생들은 언론에서 떠드는 것처럼 부유한 백인 가정의 자제들도 아니었다. 미국에서 다섯 번째로 가난한 주인 켄터키주의 소도시에서 온 학생들이었다.[46] 켄터키주는 빈곤율 25퍼센트에 평균 가구 소득이 3만 8346달러로, 빈곤율은 전국 평균인 12퍼센트보다 한참 높고 가구 평균 소득은 전국 평균인 6만 3179달러보다 한참 낮았다. 그러면 코빙턴 학생들을 공개적으로 매도한 사람들을 비롯해 일각에서는 애초에 왜 이 소년들이 남에게 공감하고 예의 바르고 책임감 있는 사람일 수 있다는 가능성을 보려 하지 않았을까? 원래부터 좋지 않게 보던 사람들에게서 최악의 일면을 발견하기 쉽기 때문이다. 그래서 편견에 치우쳐 중요한 정보를 놓치기 쉽다. 하지만 결국에는 처음의 문제가 더 심해질 뿐이다.

밀라노는 강경한 태도를 고수했다.[47] "미안하지만 미안하지 않다. 그 빨간 모자를 당당히 쓰는 사람은 모두 백인우월주의와 여성혐오 이데올로기에 동질감을 느끼는 사람들이다. 그 모자를 당당히 쓰는 사람은 모두 우리가 지난 몇 년간 보아온 혐오와 폭력을 암묵적으로 용인하는 사람들이다."

'모두'와 '항상'의 덫에 걸리면 편견에 치우쳐 사실을 파악하려 하지 않는다. 이런 표현을 쓸 때마다 알아채고, 정확히 누구이고 얼마나 자주인지 구체적으로 표현하는 습관을 들여야 한다. 좋아하는 것은 '너무 많이' 찾아보거나 '너무 자주' 찾아볼 수 있지만, 여기서 더 깊이 들어가야 한다. 이상 현상이나 예외 사례를 찾아야 한다.

이 사안에 대해 어느 쪽에 서 있었든, 코빙턴가톨릭고등학교 학생들의 워싱턴 사건을 자세히 되돌아보는 것이 불편할 수 있다. 흔히 피하고 싶은 유형의 문제다. 그러나 제대로 직면하고 되짚어보면서 다음에 또 같은 상황이 벌어지지 않도록 노력해야 한다. 여기서 진정한 교훈은 이전 사례에서 배우려는 자세에서 나온다. 밀라노를 비롯한 많은 유명인이나 정치인, 언론사는 코빙턴의 학생들 여덟 명에게서 여러 혐의 중 특히 명예훼손과 중상모략으로 8억 달러 규모의 소송에 걸렸다.[48] CNN과 〈워싱턴포스트〉는 미공개 금액으로 합의를 보았지만, 플래너건은 "이들의 신뢰에 간 손상이 오래갈 것"이라고 일갈했다.[49] 플래너건은 언론이 보도 윤리를 지켰다면 이런 소송은 피할 수 있었을 거라고 말했다.[50] "기사를 뒷받침할 보도가 없고, 기사의 대상이 일반 시민이며 더욱이 미성년자라면 애초에 기사를 내지 말았어야 했다."

그러나 공신력 있는 언론사조차 온 나라의 이목을 끌며 퍼져 나가는 소문과 인기를 끄는 영상을 무시하기가 갈수록 어려워진다. 누구나 뜨거운 화제에 관한 정보를 얻고 싶어 하고, 이런 중압감은 신중한(누군가는 따분하다고 할) 탐사 보도의 철저한 분석과 충돌한다. 언론사에서 일해야만 이런 사례에서 교훈을 얻을 수 있는 것이 아니다. 누구나 소송을 피해야 하고, 미성년자와의 문제를 어떻게 다루는지에 관심을 가져야 한다. 누구나 무고한 개인이나 집단의 명성에 흠집을 낼 수 있는 결론으로 넘어가서는 안 된다. 문제에 관한 정보를 수집할 때는 속도를 늦춰야 한다. 시간을 갖고 남들은 비슷한 상황에서 어떻게 대처했고, 문제를 어떻게 해결했는지 물어야 한다. 그들에게 도움이 된 정책이나 전례가 있는가? 깜짝 놀랄 답이나 꼭 필요한 영감(과 지원)을 얻을 수도 있다. 적절한 전례를 찾을 수만 있다면 사실 혼자 헤쳐 나가는 것이 아니다.

모든 것을 한 번 더 확인하라

화가들이 여러 번 덧칠하고 작가들이 앞으로 돌아가 다시 수정하듯이, 다음 단계로 넘어가기 전에 모든 것을 고려했는지 확인해야 한다. 상류층을 위한 백화점의 화장품 매장 판매원인 린지는 고객에게 필요한 정보를 다 안다고 자만하는 바람에 수수료를 놓쳤다. 어떤 여자 손님이 다가오자 린지는 매상을 올리려고 열심히 응대했다. "손님의 눈가 주름에 딱 맞는 제품이 있어요!" 친절한 제안일지는 몰라도 제대로 모르고 한 말이었다. "나는 핸드크림을 사러 왔는데요." 그 손님이 기분이 상한 듯 대꾸했다. 그러고는 아무것도 사지 않고 계산대를 떠났다. 린지는 고객의 문제를 모두 예측하고 해결하려 했지만, 상황을 잘못 판단했다. 다른 사람의 문제가 무엇인지 넘겨짚지 말아야 한다. 그냥 자세히 물어보라. 그리고 모두에게 물어보아야 한다.

르네상스필라델피아다운타운호텔은 옛 도심에 있는 객실 152개의 유서 깊은 호텔을 개조하고 싶어서 수상 경력이 있는 인테리어 디자인 회사 캠피언플랫Campion Platt에 의뢰해 "의외의 디자인 요소"를 살려달라고 요청했다.[51] 이 호텔은 2018년에 대대적인 개조 계획을 발표하면서 "기발하게 불경한 예술적 디자인"을 추구하겠다고 밝혔다. 미국 헌법 제정자들을 표현한 팝아트 초상화, 손님들에게 독립선언문을 해독하도록 유도하는 벽지, 벤저민 프랭클린Benjamin Franklin의 안경을 닮은 난간, 이 지역의 화가 댄 머피Dan Murphy가 벽에 30미터 너비로 그린 그라피티도 있다.

이 호텔과 여러 인테리어 디자인 회사가 화려한 결과물을 내기 위해 지역의 장인과 건설 현장 소장부터 부동산 업자, 디자이너, 주요 고객에 이르기까지 다양한 사람들과 상의했다. 그러나 이들이 놓친 사람들이 있었다. 바로 호텔 안팎을 반짝반짝 빛나게 해주는 핵심 인력인 청소 직원들이다.

이번 호텔 개조 공사에서는 다양한 자재를 혼합하기로 하고 "모래와 반짝이는 마감재를 혼합"해서 사용했다. 모던하고 반짝거리는 욕실에 은은하게 빛을 발하는 검은색의 특이한 패브릭 벽지를 쓴 데서 의도가 엿보였다. 결과는 마음을 빼앗길 정도로 아름다웠다. 그런데 (샤워기와 변기와 싱크대 주위에 붙어 있는) 패브릭 벽지에 온갖 먼지가 다 달라붙었다. 양치질하다가 치약이 튄 허연 자국까지. 물론 고가의 벽지이고 투숙객의 손길만 닿지 않으면 아름답고 세련되기는 했다. 다만 절연 자재처럼 만질 수가 없었다. 닦을 수도 없었다. 투숙객이 들어오기 시작하고 단 몇 주 만에 벽이 얼룩으로 뒤덮였고 청소 직원들이 얼룩을 지우려 해봤지만 "너덜너덜해지기만" 해서 투숙객이나 리뷰어들에게는 청소의 효과가 보이지도 않았다.[52] 인테리어 업체가 호텔의 모든 이용자에게, 그러니까 그 방에 투숙하는 사람이나 그 방을 빌려주는 사람만이 아니라 그 방을 유지하는 사람들에게도 의견을 들었다면 이런 실수를 피할 수 있었을 것이다.

나는 정보를 모두 섭렵하기 전에는 섣불리 결론을 내지 않는 태도의 중요성을 직접 (여러 번!) 보고 배웠다. 크라이슬러미술관에서 특수작전부대를 상대로 강의를 마치고 버지니아주 노퍽의 어느 아늑한 B&B bed & breakfast에 투숙한 적이 있다. 이튿날 아침 일어나 보니 주인이 따뜻한 조식을 준비하는 사이에 손님들이 알아서 가져와 먹을 수 있도록 사이드보드에 간단한 뷔페가 차려져 있었다. 옆 식탁의 나이 든 여자 손님이 주인에게 "커피에 크림을 넣고 설탕은 빼주세요. 과일도 부탁해요"라고 말했다. 나는 그 여자가 뷔페에 놓이는 음식을 굳이 따로 달라고 해서 내심 놀랐지만, 주인은 그 여자의 요청을 들어주었다. 여자는 주인에게 계속 이것저것 달라고 하다가 급기야 "냅킨을 하나 더" 달라고 주문하기까지 했다. 더는 참기 힘들었다. '직접 가져가세요. 요리하느라 바쁜 거 안 보여요?'라는 말이 목구멍까지 올라왔다.

그러나 나는 평소 단련해 와서 상황을 최종적으로 관찰하고 판단하기 전에는 아무 말도 꺼내지 않았다. 그러다 식탁 끝으로 눈길이 갔다. 철제 목발 두 개가 벽에 기대어 있었다. 그 여자는 걷지 못했다. 나중에 보니 그 여자는 이 B&B의 장기 투숙객이었고, 주인은 평소 그 손님의 조식 뷔페를 거들어주었다. 사실 그녀는 미국국립보건원의 의사로 평생 아프리카에서 당뇨병을 연구하고 치료하는 데 헌신한 사람이었다. 그날 이런 사정도 모르고 내가 한마디를 내뱉었다면 나와 그녀는 물론이고, 그 자리에 있던 모두가 불편해졌을 것이다.

"두 번 재고, 한 번에 잘라라"라는 속담은 단지 건축가와 공예가와 의상 디자이너에게만 해당하는 말이 아니다. 최고의 요리사는 레시피를 두 번 정독하면서 재료를 낭비하지 않고 맛있는 요리를 만들기 위해 필요한 재료가 다 갖춰졌는지 확인하고, 전날 밤에 미리 준비한 레시피로 파티가 시작되기 30분 전에 요리를 시작하라고 강조한다. 문제 해결도 마찬가지다. 성급하게 해결책을 찾으려 하면 문제를 정확히 평가하지 못해서 결국 엉뚱한 해법에 이를 수 있다. 상황을 제대로 분석하고 다음 단계로 넘어가야 한다. 새로운 관점으로도 보아야 한다. 뒤도 보고, 옆도 보고, 밑도 보아야 한다. 문제를 정의하고 더 깊이 파고든 다음 자료를 수집하고 자원을 동원하여 준비 작업에 착수해야 한다. 불편한 부분을 파악하고, 당연한 것을 말하고, 남들이 놓쳤을 부분을 발견해야 한다.

일단 이 과정을 마쳤으면(두 번에 걸쳐!) 예술가의 작업 과정에서 다음 단계로 넘어갈 수 있다. 바로 밑그림을 그리는 단계다.

밑그림
단계

Draft

예술 창작과 마찬가지로, 문제 해결은 우리가 수집한 재료(혹은 정보)로 일관된 서사를 만드는 과정이다. 예술가는 거친 원재료만으로 시작해서 이내 재료를 조합하여 의미를 전달할 수 있다. 무질서에서 질서를 찾아가는 과정이다. 그리고 이 단계에서 밑그림을 그리기 시작한다.

예술 분야마다 밑그림 단계가 필요하다(영화감독은 스토리보드를 짜고, 작가는 초안을 잡고, 화가는 스케치하고, 디자이너는 모슬린 본을 뜬다). 모든 예술가는 이렇듯 대략적인 밑그림에서 시작한다. 밑그림을 다듬어 작품을 완성하는데, 이렇게 밑그림을 다듬는 반복적인 과정이 모든 작품에서 성공적 표현의 핵심이 된다. 이제부터 예술가의 창작 과정처럼 문제를 구성 요소로 나눠 해법을 찾아가는 방법을 알아본다.

초점의 아름다움

어떤 자료를 수집하든, 자료를 구성하고 우선순위를 정하는 방법은 개인의 기호와 당면 문제에 따라 다르다. 그러나 예술가가 정보를 보는 방식, 특히 초점을 두는 방식에는 배울 점이 많다. 예술가에게는 이런 능력(초점을 바꾸려는 의지)이 예술적 기교보다 더 유용할 수 있다. 바로 댄 스콧Dan Scott이라는 예술가가 바라보는 방식이다.

오스트레일리아의 원주민 스콧은 어릴 때 그림을 그렸다. 그는 작품에 메시지를 숨기는 데는 관심이 없었고, 그저 그가 사는 나라의 아름다움을 화폭에 담고

〈통찰력La clairvoyance〉, 르네 마그리트, 1936

싫었다. 그는 미술을 공부하고 싶었지만, 기회가 닿지 않아 그림을 그만두고 회계사가 되었다. 세월이 흘러 미술을 향한 열정이 되살아났지만, 어린 시절의 재능이 사라진 걸 깨달았다. 그는 다시 시작해 보기로 하고 인터넷에서 정보를 수집해 영상 수백 편을 보았다. 예술을 창작하는 방법만이 아니라 분석하는 방법도 연구했다. 회계사가 되는 과정에서 받은 훈련이 예술 창작에 영향을 미친 결과일 수도 있다. 그러나 그의 논리는 단순했다. "거장의 작품에서 무슨 일이 일어나는지 이해하지 못하면 어떻게 그런 작품을 그리는 방법을 알 수 있겠는가?"[1]

　스콧은 정보가 널려 있어도 유용한 정보는 많지 않다는 것을 알았다. 그래서 '드로 페인트 아카데미Draw Paint Academy'라는 블로그를 개설하고 그에게 도움이 된 정보에 집중했다. 그는 간단히 이렇게 말한다. "나는 세계 최고의 화가는 못 되어도 가장 도움이 되는 화가가 되려고 노력한다."

　스콧은 우선 화가라면 그림을 어떻게 다르게 볼지 표현했다. 미국의 인상파

〈바다The Sea〉, 차일드 하삼, 1892, 댄 스콧, 초점, 2018

화가 차일드 하삼Childe Hassam의 1892년 작 〈바다〉에서 시작했는데, 이 작품의 선과 형태를 그리며 그가 이 작품을 어떻게 보는지 보여주었다. 위의 그림을 보라. 무엇이 보이는가?

대부분 물가에서 여자가 흔들의자에 앉아 있는 모습이 보인다고 말할 것이다. 더 자세히 말하면 깃이 높이 올라온 긴 드레스를 입고 꽃을 든 여인이 그늘이 드리운 차양 아래에서 꽃과 풀과 나무에 둘러싸여 있다고 말할 것이다. 정확한 묘사처럼 들린다. 그러나 그것이 이 그림을 보는 유일한 방법은 아니다. 스콧에게 무엇이 보이는지 물으면 다음과 같이 열거할 것이다.

식물과 꽃의 둥근 형태
의자의 딱딱한 형태
그림을 둘러보게 만드는 바닥의 도발적인 선

드레스의 형태감을 표현하는 선

나무와 덩굴 느낌을 주는 다채로운 색과 선

구름과 바다의 반복된 짧은 선

　스콧은 예술품을 시각 요소로 분류한다. 우리가 어떤 문제에 관해 수집한 정보를 분석할 때도 같은 방식으로 접근할 수 있다. 나 역시 변호사로 일하다 예술로 돌아가려는 사람으로서 미술사 강의를 많이 들었지만, 스콧의 설명은 그 특유의 단순성으로 가치를 발한다는 생각이 들었다. 그는 스스로 단순한 질문을 던지며 예술을 분석하는 작업의 핵심에 초점을 맞췄다. 첫 번째 질문은 문제를 분석하는 데 특히 유용하다.

주요 초점은 무엇인가?

스콧의 소박한 접근법은 그의 진솔한 사고를 반영한다.[2] "화가가 작품의 어느 영역을 봐주기를 바라는지 생각하자. 화가가 어느 영역을 강조하고, 어느 영역을 모호하게 남겼는가? 작품의 어디로 눈길이 가는가? 그다음으로 한 발 더 나아가 화가가 이 영역들을 어떤 식으로 강조하는지 분석하라."

　스콧은 클로드 모네Claude Monet의 1871년 작 〈웨스트민스터 다리 밑 템스강〉을 이런 식으로 분석하면서, 그의 눈길이 주로 세 가지 주요 초점 사이를 오가는 것을 자각했다. 부두와 수면 위의 배들과 배경의 탑이다.

　당신이 수집한 모든 정보에도 같은 질문을 던져보자. 무엇에 관심이 가는가? 무엇에 계속 눈길이 돌아가는가?

　일종의 우선순위다. 다만, 사실을 토대로 한 관점이 아니라 본능에서 나온 관점이다. 당신이 수집한 정보에는 크고 명백한 부분도 있지만 작고 자잘한 부분이 계속 신경 쓰일 수도 있다. 이런 부분에 주목해야 한다. 그리고 이제 이유를 물어보라.

　당신이 모네의 그림에서 초점을 맞춘 정보는 낯익어서 눈에 띈 것일까? 아니면 당신이 런던에 가본 적이 없어서 특정 요소가 눈에 들어온 것일까? 당신의 지각 필터는 당신이 정보를 보고 평가하는 방식에 어떻게 영향을 미치는가? 욕망이

〈웨스트민스터 다리 밑 템스강 The Thames below Westminster〉, 클로드 모네, 1871, 댄스콧, 초점, 2018

나 두려움이 당신의 반응에 영향을 미치는가? 가장 밝은 부분에 눈길이 가는가, 아니면 여백이나 거의 알아보기 힘든 요소나 모르는 요소에 눈길이 가는가?

농담 연구

예술가가 작품의 근본 요소를 분석하기 위해 농담濃淡 연구를 활용할 수 있다. 농담은 원래 빛과 어둠의 조화를 의미하는 동양 미술의 개념이다. 농담은 짙거나 진하다는 뜻의 농濃과 옅거나 묽다는 뜻의 담淡이 결합된 말이다.[3] 음양陰陽과 같은 맥락이다. 동양 미술에서 농담은 작품 구성의 힘과 균형이 빛과 어둠의 조화로운 관계를 통해 드러난다는 개념에서 나왔다.

　　농담은 예술가가 색과 세부 요소를 제거하고 그림의 근본 요소에 집중하게 해준다. 농담 연구를 시작하려면, 문자 그대로 그림에서 가장 밝은 부분과 가장 어두운 부분만 남겨야 한다. 컴퓨터 프로그램으로 대상을 흑백으로 변환할 수도 있지만, 그러면 섬세함이 떨어질 수 있다. 명암이 50퍼센트보다 어두우면 검은색이 되고, 50퍼센트보다 밝으면 흰색이 된다. 그러면 농담이 선명하게 생기기는 하지만 형태가 조화롭지 않다. 가장 고상한 변환은 예술가의 마음속에서 일어난다. 농담 연구는 해석의 여지가 많다.

음과 양

스콧은 일리야 예피모비치 레핀Il'ya Efimovich Repin의 1878년 작 〈꽃을 든 소녀, 화가의 딸〉로 농담 연구를 보여준다.

농담을 통해 그림을 보는 방법이 문제 해결에는 어떤 도움이 될까? 농담 개념은 데이터를 이진법 형식으로 나눈다. 사실 우리가 접하는 정보가 버거울 정도로 많을 때가 있다. 정보에 압도되지 않으려면 한정된 시간에 점차 감소하는 자원을 최대로 활용해야 한다. 농담 개념에서는 정반대 요소로 나누는 단순한 방법을 제안한다. 풍경화가 미첼 알발라Mitchell Albala는 농담에 관한 글을 많이 쓰고, 그 내용을 모아 구도構圖에 관한 강의를 진행하면서 이렇게 말한다.

"예술가가 처음 농담을 접하면 대개 대비가 큰 명암 연구, 곧 빛과 그림자 형태의 지도로 이해한다. 물론 어느 정도는 맞지만 농담의 진정한 힘은 그림에서 구도의 두 가지 기본 요소인 형태와 패턴을 규정하는 데 있다. (…) 우리가 인간의 형태를 관찰할 때 사실 골격을 보지는 않지만, 골격 구조의 균형과 완결성이 겉모습에서 선명하게 드러난다. 마찬가지로 농담의 근본 설계가 강하고 균형이 잡혀 있으면 여기서 나온 작품도 강하고 균형이 잡혀 있다."[4]

정보를 걸러내는 농담 연구는 액자 속 그림 너머의 현실적인 문제를 해결하는 데도 적용될 수 있다. 일례로 환대 산업의 가장 큰 골칫거리를 보자. 2019년에 여행 종합 사이트 트립어드바이저TripAdvisor에는 고객 리뷰가 8억 5900만 개

〈꽃을 든 소녀, 화가의 딸Girl with Flowers, Daughter of the Artist〉, 일리야 예피모비치 레핀, 1878

일리야 예피모비치 레핀의 〈꽃을 든 소녀, 화가의 딸〉의 농담 연구, 댄 스콧, 2018

이상 올라왔다.[5] 호텔업 종사자는 트립어드바이저의 리뷰뿐 아니라 다른 여러 여행 사이트의 수많은 리뷰가 사업을 일으킬 수도 있고, 무너뜨릴 수도 있다는 점을 잘 안다. 어느 업계에서든 평판 관리를 최우선에 두지만 요즘은 손님들이 온라인으로 알아보고 예약하는 추세이므로 특히 여행업과 관광업에서는 평판 관리가 일순위다. 트립어드바이저 이용자의 98퍼센트가 이 사이트에 올라온 리뷰가 "실제 경험을 토대로 작성되어서 정확하다"고 생각한다.[6] 여행자의 90퍼센트는 온라인 리뷰에 "더럽다"라는 표현이 올라오면 그 호텔을 예약하지 않는다.[7] 부정적인 리뷰가 한 개만 올라와도 해당 업체는 고객 30명을 잃을 수 있다.[8]

더 나아가 고객 만족도가 수익 증대로 직결된다.[9] 익스피디아Expedia 경영진에 따르면 리뷰 점수가 1점 올라가면 호텔의 하루 평균 이용률이 9퍼센트 올라가고, 별점 4점과 5점이 붙은 장소는 별점이 낮은 장소보다 예약 전환율이 2배 이상 상승한다.[10]

따라서 숙박 업체는 온라인 리뷰의 방대한 양과 진실성에 압도당하기보다 농담 연구를 활용하여 데이터 풀을 간소화할 수 있다. 우선 모든 리뷰를 정반대의 두 가지 범주, 이를테면 긍정적인 경험과 부정적인 경험으로 나눠야 한다. 다음으로 최고의 경험과 최악의 경험에 주목해서 최고의 리뷰를 올린 고객에게는 감사의 뜻을 전하고, 최악의 리뷰를 올린 고객에게는 적절히 해명해야 한다. 평균적으로 리뷰의 60퍼센트가 긍정적이고 12퍼센트만 부정적이므로 이렇게 하면 작업량이 크게 줄어들 것이다.

농담 연구는 교실에서도 유용할 수 있다. 예산이 삭감되고 한 교사가 담당하는 학생 수가 늘면서 교사들의 업무량이 증가했다. 많은 교사가 모든 학생에게 똑같은 시간을 들여 집중하기 어렵고 역량의 한계를 우려한다. 교사가 시간을 공평하게 배분하려고 애쓰면서도 결국 모두를 만족시키지 못해서 아쉬워하기보다는 반에서 가장 뛰어난 학생과 가장 부족한 학생 가운데 교실 밖에서 적절한 지원을 받지 못하는 학생에게 추가로 에너지를 집중하도록 계획할 수 있다. 얼핏 정당하지 않아 보일 수 있지만, 이런 상황에서는 평등보다 공평에 기반한 시스템이 최선의 결과를 낳을 수 있다. 중간 수준의 학생들은 이미 잘하고 있다. 반면에 충분히 자극받지 못하거나 따라오기 힘든 학생들은 추가로 도와주지 않으면 잠재력을 발휘하지 못할 수 있다.

〈폭포수처럼 흘러내리는 땅거미Cascade Dusk〉, 미첼 알발라

〈폭포수처럼 흘러내리는 땅거미〉의 농담 연구, 미첼 알발라

한마디로 농담 연구는 정반대의 속성에 관한 것이다. 어떤 정보에서 상반된 부분을 찾아보라. 빛과 어둠, 긍정성과 부정성, 가장 큰 것과 가장 작은 것, 가장 높은 것과 가장 낮은 것, 가장 많은 것과 가장 적은 것. 사업 문제든 사생활 문제든, 농담 연구로 최선의 시나리오와 최악의 시나리오를 계획하여 구심점으로 삼을 수 있다.

초등학교 미술 시간에는 학생들에게 농담 사각형을 만들게 해서 농담 개념을 가르친다. 주로 검은 판지로 만든 단순한 사각형에서 가장자리에 형태를 그리게 한다. 그리고 형태의 윤곽을 따라 잘라서 흰색 커다란 종이에 붙여 거울상 패턴이 나오게 한다.

이런 활동을 '사각형 확장하기'라고도 부른다. 어린 학생들도 사각형이 어떻게 확장되는지 금방 이해할 수 있다.

〈사각형 확장하기Expanding the Square〉, 매기 홀요크, 2021

이런 사고 유형을 다른 영역에 적용하면 얼마나 더 많이 알아낼 수 있을까? 우리가 가진 정보에서 정반대의 속성을 찾아낼 수 있을까? 가장 중요한 이중성을 잊으면 안 된다. 바로 우리가 가진 것의 반대가 곧 우리가 갖지 않은 것이라는 점이다. 어느 마약 단속 요원이 예술을 보면서 그가 하는 일에서 생기는 문제를 다시 생각한 후 내게 이렇게 말했다. "선생님이 나를 상자 밖으로 멀리 꺼내주신 덕에 이제는 다시 돌아가 무엇을 볼지 알 것 같습니다."

183

4단계 | 한입 크기로 쪼개라

1818년에 제리코는 10개월에 걸쳐 〈메두사호의 뗏목〉을 준비했다. 1819년 8월에 파리 살롱에 출품할 계획이었다. 스케치를 한 무더기 그렸다. 주제를 다양한 각도로 그려보며 뗏목이 처음 버려질 당시의 장면이나 며칠 지나서 뗏목에 탄 사람들이 갈라져서 서로를 공격하고 사람들을 배 밖으로 던지는 장면도 연구했다. 생존자들의 실물도 스케치했다. 그리고 커다란 빈 캔버스(가로 약 7미터, 세로 약 5미터)가 그의 손길을 기다리고 있었지만, 그는 아직 붓 한 번 대지 않았다.

제리코는 이렇게 적었다. "나는 방향을 잃고 혼란에 빠졌다. 한결같은 뭔가를 찾으려 했지만 소용이 없다. 어느 하나도 공고해 보이지 않고, 모든 것이 나를 빠져나가고 기만한다."[1]

제리코가 이렇게 방황한 데는 이유가 있었다. 삼촌이 어린 아내와 제리코의 관계를 알고 배신감에 치를 떨며 그와 가족 관계를 끊었고, 다시는 그를 받아주지 않았다. 알렉산드리네는 그의 아들을 낳았지만, 그는 연인도 아들도 만나지 못했다.[2] 삼촌은 아내에게 아이를 국가에 맡기라고 지시했다. 알렉산드리네는 그 후 전원에서 경건하게 은둔하며 여생을 보냈다. 제리코는 암담했다. 예술적 영감이 사라졌다. 그러나 스스로 정한 데드라인은 사라지지 않았다.

그는 세속을 등진 금욕주의자처럼 머리카락을 밀고 외딴 작업실로 들어갔다. 캔버스 옆에 작은 침대를 들여놓고 관리인에게 음식을 가져다 달라고 하고는 여덟 달 동안 작업실에 틀어박혀 지냈다. 드나드는 사람이 거의 없었다. 모델을 서주는 조수들만 작업실에 들였다. 그를 찾아온 젊은 화가에 따르면, 그의 집중력은 "쥐 소리"에만 흔들렸다고 한다.[3] 그러나 집중을 방해하는 요소를 모두 없앤다고 해서 당장 창작으로 이어지는 것은 아니었다. 사실 그는 작품의 거대한 규모에 압도되었다.

제아무리 용감한 사람이라도 이처럼 텅 빈 캔버스나 종이나 화면 앞에서 무력해지는 순간을 예술가와 작가라면 누구나 안다. 이런 순간을 흔히 '벽'이라고 하는데(작가의 벽, 화가의 벽, 창작의 벽), 이말은 나날이 진화하여 창작을 넘어선 다른 영역의 장애물까지 일컫는 표현이 되었다. 버거운 시도(예산 삭감, 담당 건수 증가, 업무량 증가, 인원 감축, 효율성 기대치) 앞에서는 어느 분야의 누구라도 무력해질 수 있다. 요즘은 이런 현상을 '압도하다'라는 동사에서 나온 압도 Overwhelm라는 용어로 부른다. 특히 대문자로 써서 중요성과 보편성을 강조한다.

부부 치료와 가족 치료 전문가 사리 길먼Sarri Gilman은 압도를 "지나치게 버거운 상태"로 정의한다. "할 일이 지나치게 많고, 기대치가 지나치게 높고, 해결되지 않은 문제가 지나치게 많은 상태."[4] 의료인, 구급요원, 일하는 보호자(자식을 돌보는 부모나 부모를 돌보는 자식)가 특히 이런 압도에 취약하다. 의료 교육자 멜라니 길레스피Melanie Gillespie는 이렇게 말한다. "압도된 상태는 구석기시대의 타르 구덩이 같은 느낌이다. 한번 빠지면 처음 그곳에 빠지게 만든 행동을 똑같이 반복하면서 허우적대고, 그럴수록 더 빠져들어 갇혀버린다."[5]

그러면 거대한 미해결 문제를 어떻게 다뤄야 할까? 예술가처럼 해야 한다. 우선 프로젝트를 감당할 수 있는 크기로 쪼갠다. 다음으로 거대한 전략의 한 조각 안에서 자유를 찾는다.

예술가는 오래전부터 여러 방법으로 캔버스에 경계를 표시했다. 작품의 비율을 맞추기 위해서만이 아니라 작업량을 적절히 배분하기 위해서였다. 고대 이집트인들은 끈을 붉은 물에 담가두었다가 그 끈으로 작품 표면에 선을 표시했고, 중세 예술가들은 못과 끈을 썼다.[6] 제리코는 격자를 한 단계 더 발전시켰다. 대다수 예술가가 물감의 색에 따라 단계별로 캔버스에 그린다. 처음에는 붉은색이나 회색 계열로 전체를 칠해서 중간 톤을 정하고, 다음으로 전면에 주요 인물을 먼저 그리면서 같은 색으로 윤곽선을 그린다. 그에 반해 제리코는 격자를 그린 흰 캔버스를 그대로 남겨두고 작은 구역 한 군데 앞에 자리를 잡고 앉아 그 공간에 들어가야 할 요소를 모두 그려 넣었다. 뗏목을 재현하여 모델이 모두 모여서 함께 포즈를 취하게 한 것이 아니라 한 명씩 따로 불러서 한 명씩 완성했다. 동료 화가인 앙투안 몽포르Antoine Montfort는 제리코의 작업을 모자이크를 만들거나 거대한 직소 퍼즐을 맞추는 과정에 비유했다.[7]

그러나 몽포르는 훗날 대표적인 학자 화가가 되어 주로 (그리스 병사, 유목민, 매를 부리는 사람 등) 민족지학적 장면을 섬세하게 그렸다. 따라서 몽포르는 제리코가 기교에 관해 가르쳤을 법한 내용의 일부를 흡수했을지는 몰라도 제리코가 위대한 낭만주의 화가로서 보여준 진정한 돌파구, 곧 감정은 놓쳤을 수 있다. 사실 그는 다르게 비유했어야 했다. 제리코는 복제화를 그리듯 그림의 모든 요소를 정확한 위치에 넣으려고 공들인 것이 아니라, 프레스코 화가처럼 다빈치와 미켈란젤로의 방식으로 거대한 캔버스를 마주했다. 제리코가 이탈리아에서 2년간 대형 프레스코화를 공부하고 돌아온 지 얼마 안 되었다는 점을 기억하자. 대강의 윤곽을 스케치하는 방식은 프레스코화 대가들처럼 젖은 벽토에 작업할 때는 불가능하다. 하루만 지나도 스케치가 젖은 벽토에 스며들어 사라진다. 그래서 프레스코 화가들은 구역을 나눠 신속하게 그리며 한 면씩 채워 나가고 모든 영역을 속도감 있게 마무리해야 한다. 매번 같은 정도의 자신감으로 새롭게 작업에 착수하여 구역별로 진행하면서 전체를 완성해야 한다. 신중한 계획과 자신감 있는 즉흥 작업이 균형을 이뤄야 한다. 이런 작업에 필요한 두 가지 요소(기교와 속도감) 사이의 긴장감이야말로 시스티나성당의 프레스코화처럼 제리코의 작품을 강렬하고 생생하게 만들어주는 핵심이다.

현대 예술가도 이와 비슷하게 부분에 집중하면서 전체 형태를 잡아가는 식으로 작품을 제작한다. 이를테면 구미 야마시타山下工美(이 책의 원서 표지 작품의 작가)의 작품에서는 전체가 부분에 의존하는 방식이 명확히 드러난다. 야마시타는 빛과 그림자로 조각품을 제작하면서 한 오브제를 광원 앞에 배치하여 이미지를 창조한다. 그러면 그 이미지가 작품의 요소와 연결되지 않아서 의외의 결과가 나온다. 강의에서 나는 원서 표지에 실린 작품을 비롯해 야마시타의 작품을 보여주며 자아 표현의 예시로 소개한다.[8] 이질적으로 보이는 조각들을 통합하여 하나의 일관된 이미지를 만드는 데 목적이 있다.

나는 야마시타의 작품을 보여주면서 블록 한 줌을 들어 보인다. "이건 매일 아침 집을 나서기 전의 나예요." 그리고 이렇게 말한다.

"우선 이 조각을 잘 모아서 사람처럼 보이게 만들어야 해요."

한 프로젝트를 감당 가능한 조각으로 쪼개는 방식을 가장 잘 보여주는 예술품으로 코닐리아 파커Cornelia Parker의 〈차갑고 어두운 물질〉을 들 수 있다. 영국의 예술가 파커는 요람에서 무덤까지 우리에게 그림자를 짙게 드리우는 지속적인 폭력의 망령을 탐구하기 위해 폭발 장면을 재현했다. 작업실에서 작은 헛간을 만들고 헛간을 영국의 시골로 옮겼다. 그리고 군대에 도움을 요청하여 폭발시켰다.

폭발하기 전 〈차갑고 어두운 물질Cold Dark Matter〉의 헛간, 휴고 글렌다이닝, 1991', 사진

〈차갑고 어두운 물질〉의 폭발, 1991

폭발 후 잔해를 모두 모아서 원래의 구조를 재현했다. 뒤틀리고 숯덩이가 되고 깨진 파편을 작업실 천장에 매달았다. 매달기 전에 파편을 하나하나 펼쳐놓고 목록을 작성하고 그룹으로 묶어 하나씩 복원했다. 짓이겨진 파편에서 폭약 냄새가 나서 시체안치소가 떠오르지만, "오브제가 하나씩 매달리면서 죽음의 기운을 떨쳐내고 소생하는 듯 보였다"고 한다.[10] 이렇게 다시 재조립된 헛간은 폭발했다가 되돌아온 것처럼 보였다.

이렇게 조립한 헛간 내부에 전구 하나를 달아 불을 밝혔다. 그

〈차갑고 어두운 물질: 폭발 장면Cold Dark Matter: An
Exploded View〉, 코닐리아 파커[11]

러자 파편들이 천장과 바닥과 벽에 그림자를 드리우며 새로운 형태
와 의미를 띠었다. 파커는 이 작품에 관해 "그 의미가 서서히 펼쳐진
다"고 말했다.

　〈차갑고 어두운 물질〉을 직접 보면 겸허해지면서 마음을 빼앗
긴다. 파커의 작업 과정을 이해하면 그 작품은 우리가 (개인이든 집단
이든, 소수든 다수든) 당면한 문제에서 빠져나와 새롭게 변형되고 내
면에서 빛을 낼 수 있다고 일깨워 준다. 한마디로 파편을 다시 조립
하여 낯설고 더 열려 있고 취약하고 더 아름다운 또 하나의 형태를
만들 수 있다.

빠진 부분

파커의 폭발한 헛간은 다시 복원될 수 있었다. 어떤 조각은 재로 남았고, 어떤 조각은 멀리 날아가 찾을 수 없었다. 그러나 빠진 조각도 다시 발견된 조각만큼 중요했다. 빠진 조각은 결국 작품에서 빈틈으로 남아 빛을 통과시켜 전체 작품이 더 잘 보이게 했다.

구미 야마시타는 그림자 작업에 더해서 빠진 부분을 활용해 새로운 무언가를 창조한다. 야마시타는 〈날실과 씨실Warp & Weft〉이라는 연작을 제작하기 위해 검은색 데님 바지에서 실밥을 잡아당겼다. 실밥을 잡아당겨 자르고 제거했다. 그렇게 남은 공간에 여인의 옆얼굴이 드러났다. 야마시타가 자신에게 보이는 이미지를 가리던 것을 제거하여 남들에게도 보여준 것이다.

〈날실과 씨실, 어머니 제2번Warp & Weft, Mother No. 2〉, 구미 야마시타

빠진 부분을 다른 방식으로 찾아내는 예술가도 있다. 예술가는 끊임없이 연결하려 하는 인간의 성향을 잘 이해한다. 예술가들이 제

시하는 각 요소가 서로 연결되지 않는 듯 보일 때도. 그들은 우리의 마음이 해결하지 못해서 애를 먹는 난해한 이미지를 정교하게 구축하여 연결하도록(그리고 이해하려는 욕구를 가지고 생각하도록) 자극한다. 192쪽의 이미지를 보면서 결정적인 정보가 감춰져 있는 줄 알면서도 얼마나 보고 분석할 수 있는지 확인해 보라.

눈에 보이거나 짐작되는 정보만으로 이 이미지에 관해 알아낸 세 가지를 적어보라. 사실만 적어보라. 세 가지가 생각나지 않으면 생각나는 데까지만 적어도 된다. 다음으로 이 이미지에 관해 모르는 세 가지를 적어보라.

다른 관점을 보는 것이 목적이므로 이제 당신의 답을 덮고 이 이미지를 다른 사람에게 보여준다. 상대도 당신과 같은 세 가지를 적었는가? 다르다면 무엇이 달랐는가?

〈회상하는 여인의 흉상〉이라는 제목의 이 작품은 초현실주의 화가 살바도르 달리Salvador Dalí가 1933년에 제작한 작품이다.[12] 초현실주의 조각품은 흔히 논리적이지 않거나 명백히 연결되지 않는 대상을 결합하고, 이질적인 부품으로 새로운 무언가를 창조한다. 달리는 이 작품에서 도자기에 채색해 여인의 흉상을 만들고, 옥수수 속대를 어깨에 두르고, 목에는 만화 캐릭터 띠를 감았다. 머리에 바게트를 올리고, 그 위에 남녀가 고개 숙여 기도하는 듯한 형상의 골동품 잉크병을 얹었다. 여인의 살결은 하얗고, 머리카락은 노랗고, 눈동자는 갈색이다. 이마 선에 채색된 구슬이 붙어 있고, 개미처럼 보이는 것들이 얼굴 위를 기어간다.

의미를 알겠는가? 난 모른다. 꼭 알아야 할까? 아니다. 이 작품에 관해 다 알거나 이해하지 못해도(혹은 아무것도 몰라도) 섬세하게

〈회상하는 여인의 흉상Retrospective Bust of a Woman〉, 살바도르 달리, 1933(일부 요소는 1970년에 복원됨), 도자기·옥수수·깃털·종이·빵·잉크병·모래·펜 두 개에 채색

들여다보고 논의할 수는 있다.

이 조각상을 보고 무엇이 떠올랐는가? 이 책의 어떤 내용이 떠올랐는가? 이 작품이 마음에 드는가? 마음에 들면 왜이고, 마음에 들지 않으면 왜 그런가? 이 작품이 불편한가? (십 대인 내 아들은 불편하다고 했다.)

사람들이 낯설거나 도발적이거나 충격적인 예술을 보고 불편해하는 이유는 이해되지 않기 때문이다. 따라서 질문을 던지고 불편한 마음을 표현하다 보면 이해를 가로막은 장벽이 허물어질 수 있다. 문제 해결 과정에서도 마찬가지다. 답을 모른다고 해서 그냥 피해도 되는 것은 아니다. 답보다 질문이 더 많으면 해결책을 찾는 데 도움이 될 때가 많다.

모든 것이 어떻게 연결되는가?

댄 스콧은 예술을 분석하는 블로그에서 우리가 물어야 할 마지막 질문을 제시한다. 모든 것이 어떻게 연결되는가?

이 질문의 답을 알아보기 위해 다음 그림을 보자.

〈1808년 5월 3일, 마드리드The Third of May 1808 in Madrid〉, 프란시스코 고야, 1814~1815, 캔버스에 유채

프란시스코 고야Francisco Goya의 이 그림이 발표되고 2세기 후 역시 스페인의 화가 호세 마누엘 발레스터José Manuel Ballester는 타이터스 카파와 상당히 유사한 프로젝트를 시작하면서 유명 작품에서 사람들을 지웠다.[13] 그림에서 인물이 사라지자 전에는 그림자에 가려지거나 감춰진 부분이 드러나면서 작품의 초점이 옮겨 간다. 다음 쪽에서 고야의 작품을 재현한 발레스터의 작품을 보자.[14]

나는 사실 고야의 원작에서 소총수의 발밑에 놓인 사각형 등불을 보지 못했다. 이 등불은 어두운 밤에 흰 셔츠를 입은 가운데 인물을 비추므로 매우 중요한 요소다. 이제 등불은 소총수들을 위해 곧 총살당할 희생자들을 비춰주지 않고 텅 빈 언덕과 피 웅덩이를 비춘다.

이제 발레스터의 손길이 닿은 다른 작품인 〈메두사호의 뗏목〉을 보자.[15]

발레스터의 두 작품을 보면 자연히 이런 질문이 떠오른다. 우리가 일상과 주변에서 놓치고 있는 중요한 정보는 무엇인가?

문제를 해결할 때는 해결이 불가능한 상황처럼 보일 수 있다. 이를테면 거대한 빈 캔버스나 수천의 파편이 가득한 들판을 보면 그렇다. 그러다 폭발이 일어난 후 조각들을 주워 모으면 그렇게 힘든 일이 아니라는 것을 깨닫는다. 압도적이고 거대한 파도 속으로 가라앉지 않는 방법이 있다.

제리코는 젊고, 비교적 경험이 부족하고, 대형 작업을 해본 적이 없지만 거대한 빈 캔버스를 공략하여 〈메두사호의 뗏목〉으로 탄생시켰다. 세심한 준비와 작업으로 자유롭게 일할 수 있었다. 수십 장의 작은 스케치와 밑그림을 토대로 자유롭고 자신 있게 영역별로

〈5월 3일The Third of May〉, 호세 마누엘 발레스터, 2008, 캔버스에 사진 인화

〈메두사호의 뗏목La balsa de la Medusa〉, 호세 마누엘 발레스터, 2010, 캔버스에 사진 인화

하나씩 그려나갈 수 있었고, 이런 자유와 자신감은 200년 이상 지난 지금도 여전히 빛을 발한다.

완벽하게 정보를 조직하거나 분석하는 방법은 없지만, 자신 있게 시작해서 한 번에 한 걸음씩 감춰진 부분을 예의 주시하면 앞으로 나아갈 수 있다. 이렇게 앞으로 나아가다 보면 걸작이 나오기도 한다.

관계와 경고 신호를 알아차려라

그리스 신화에서 조각가 피그말리온은 대리석으로 그의 완벽한 여인을 조각했다. 그는 자기가 만든 조각상을 부드럽게 어루만졌다. 조각상에 입을 맞추면서 조각상도 그에게 입을 맞춰주기를 바랐다. 그리고 자기가 만든 걸작과 사랑에 빠졌다. 진지하게 열정적으로 사랑했다. 피그말리온은 조각상을 다정하게 부르고 선물도 주었다. 장신구도 해주고 좋은 옷도 입혔다. 그러나 로마의 시인 푸블리우스 나소 오비디우스Publius Naso Ovidius는 그 조각상은 벗고 있을 때 "훨씬 더 사랑스럽다"고 전한다.[1] 피그말리온은 조각상을 침대에 눕히고, 조각상에 제일 폭신한 베개를 베어주었다.

피그말리온은 아프로디테 여신에게 그 조각상처럼 완벽한 여인을 보내달라고 기도했다. 아프로디테는 그의 소원을 들어주어 조각상에 생명을 불어넣었다. 피그말리온이 조각상에 입을 맞추고 어루만지자 조각상이 그의 손길에 홍조를 띠며 부드럽게 풀렸다. '상아색 소녀'가 수줍은 듯 그에게 입을 맞추며 눈을 떴다. 두 사람은 결혼해서 아홉 달 뒤 딸을 낳아 오래오래 행복하게 살았다고 신화는 전한다.

오비디우스의 《변신 이야기Metamorphoses》에서 단 54행으로 전하

〈피그말리온과 갈라테아Pygmalion and Galatea〉, 장 레옹 제롬, 1890년경, 캔버스에 유채

는 이 불멸의 관능적인 신화는 그 뒤로 수 세기에 걸쳐 수많은 예술
가와 작가의 상상력을 사로잡았다. 다수의 그림과 시, 소설, 희곡, 오
페라, 발레, 만화책(원더우먼도 어머니가 점토로 빚고 아프로디테가 생
명을 불어넣어 탄생했다²)이 피그말리온 이야기에서 영감을 얻었다.

조지 버나드 쇼George Bernard Shaw가 1912년에 쓴 희곡 《피그말리온
Pygmalion》도 영향을 받았다. 이 희곡은 다시 브로드웨이 뮤지컬이자
오스카상을 받은 영화 〈마이 페어 레이디My Fair Lady〉와 1990년에 골
든글로브상을 받은 영화 〈귀여운 여인Pretty Woman〉, 2007년에 아카데
미 후보에 오른 〈내겐 너무 사랑스러운 그녀Lars and the Real Girl〉의 기
반이 되었고, 2019년 넷플릭스 코미디 시리즈 〈엄브렐러 아카데미
The Umbrella Academy〉에 서브플롯을 제공했다.[3] 피그말리온 이야기가 이
처럼 보편적으로 관심을 끄는 이유는(유명한 이집트 작가 타우픽 알하
킴Tawfiq al-Hakim의 1942년 작 《피그말리온Pijmaliyūn》도 큰 성공을 거뒀다) 인
간의 관계에 관한 내용이 핵심이기 때문이다. 자신과의 관계, 타인
과의 관계, 예술과의 관계, 신과의 관계, 이상형과의 관계까지.[4]

　이런 관계에서 행복과 건강, 재산, 더 나아가 수명이 결정될 수
있다.[5] 이번 단계에서는 이런 관계를 들여다본다. 이런 관계가 우리
의 여러 문제의 근원이자 해결책이기 때문이다. 우리는 예술가를 따
라 탐색할 것이다. 예술가의 전문성은 (큐레이터와 미술사가의 전문성
처럼) 예술 작품 안팎에서 관계를 찾아내는 데 있다. 물론 반드시 연
관되는 것은 아니다. 앙리 마티스Henri Matisse나 줄리 메레투Julie Mehretu
의 작품을 본다고 해서 깨진 관계가 회복되지는 않는다(그런 일이 정
말로 일어난다면 내게도 알려주시길!). 다만 여러분도 지금쯤이면 예술
품 감상이 실행하기 힘든 고도의 정신 작업을 위한 훈련이 될 수 있
다는 것을 알았을 것이다. 예술에는 모양과 색채와 형태 같은 시각
요소와 대칭과 범위 같은 디자인 원리 사이의 관계가 존재한다. 이
런 관계는 섬세하기도 하고, 격렬하기도 하고, 난해하기도 하고, 몽
환적이기도 하다. 예술에서 이런 관계를 분석하는 방식은 현실에서

우리가 처한 문제의 단편과 문제에 얽힌 사람 사이의 관계를 분석하는 방식과 상당히 유사하다.

우선 앞서 198쪽의 그림 〈피그말리온과 갈라테아〉를 살펴보자. 프랑스 화가 장 레옹 제롬Jean-Léon Gérôme의 1890년 작품이다. 이 작품은 조각가 피그말리온과 그의 위대한 사랑 이야기를 표현한다. 우선 당연하게도 젊은 시절의 제롬을 닮은 조각가 피그말리온이 나오고, 인간으로 변하는 조각상 갈라테아가 나오고, 사랑의 신 큐피드가 배경에서 두 사람에게 화살을 겨눈다. 피그말리온의 작업실이 배경이다. 그림 속 작업실은 피그말리온 신화에서 갈라테아가 살아날 때 그가 살던 키프로스에 있었을 것이다. 인간의 살색이 아직 하얀 대리석인 다리 쪽으로 서서히 퍼져 내려가는 장면이 보인다.

이 그림은 어떤 관계를 묘사하는가?

피그말리온과 갈라테아의 관계가 낭만적이라고 생각하는가? 왜 그런가? 왜 그렇지 않은가?

피그말리온과 갈라테아의 관계에 문제가 많다고 생각하는가? 왜 그런가? 왜 그렇지 않은가?

피그말리온과 갈라테아 사이에서 누구의 힘이 더 강한가?

왜 그렇게 생각하는가?

이 그림에 그런 생각을 지지하거나 반박할 요소가 있는가?

제롬이 활동적인 순간을 사실적으로 표현해서(제롬은 이국적인 현장과 에로틱한 상황을 잘 포착하는 화가였다) 관람객은 마치 그림 속 인물들과 한 공간에 머무는 느낌을 받는다. 이런 이유에서인지, 아니면 여성의 벗은 뒷모습이 돋보여서인지, 이 작품은 현재 뉴욕 메트로폴리탄미술관에서 가장 유명한 작품 중 하나다. 이 유명한 이미지는 엽서와 티셔츠, 심지어 마스크로도 제작되었다. 그러나 이런 현상에 대한 반응은 양쪽으로 나뉜다. 한쪽에서는 남자가 자신이 원하는 완벽한 여인을 창조한다는 개념에 발끈한다. 다른 쪽에서는 운명적 사랑이나 누군가의 도움으로 다시 태어나는 삶을 표현한 작품으로 본다.

워싱턴 국립미술관과 스미소니언박물관의 미술사가 케이트 레머리Kate Lemery는 이 작품의 복제화를 안방에 걸어 복도에서 잘 보이게 해두었다. "빨래를 개거나 청소기를 돌리는 일처럼 따분한 집안일을 하면서 방 앞을 지날 때 그 그림을 볼 생각에 심장박동이 빨라진다."[6] 처음에는 고등학교 시절 아이오와주에서 현장 학습으로 이 작품을 접했는데, 그 "아름다움"과 "낭만적 주제"에 끌렸다. 레머리에게는 "감동적인 사랑의 이미지, 입맞춤으로 차갑고 하얀 대리석이 발그레한 인간의 살색이 되어가는 이미지"다.[7] "입맞춤으로 되살아난다는" 개념은 셰익스피어의 로미오부터 2016년 잡지 〈글래머 Glamour〉에서 주최하는 올해의 여성 행사의 연설에서 남자친구 블레이크 셸턴에게 "키스로 나를 다시 살게 해줘서" 고맙다고 말한 가수 그웬 스테파니Gwen Stefani에 이르기까지 남녀 모두에게 받아들여졌다.[8] 레머리는 이 작품에서 화가가 생명의 창조자라는 것을 깨닫고 예술에 새롭게 눈떴다.

그러나 이 작품과 이 작품이 그리는 장면을 레머리만큼 좋게 생각하지 않는 사람도 있다. 메트로폴리탄미술관의 미술 교육자 어맨더 램펠Amanda Lampel은 이 작품을 "모든 곳의 페미니스트에게 약간의 경종을 울리는 작품"이라면서, 여자가 동의하기 전에 여자를 만지는 그림으로 받아들인다. "자세히 보면 큐피드가 갈라테아에게 화살을 쏘기 직전을 표현한 그림으로 보인다. 엄밀히 말하면 갈라테아가 피그말리온을 꼭 사랑해야 하는 것은 아니다. 갈라테아가 피그말리온의 팔을 잡은 손길은 '떨어져!'라고 비명을 지른다. 이 순간 갈라테아는 누군가에게 접근당한 여자일 뿐이고, 다리가 아직 대리석으로 굳어 있어 상대를 뿌리칠 수 없다."[9] (이 그림으로 돌아가 큐피드가 아직 활시위를 당기는 장면을 보라.) 전국고등학교연맹National Junior Classical League, NJCL에서 2020년 전국대회의 남녀 커플 의상 부문의 주제로 피그말리온과 갈라테아를 선정하자 라틴어 학자이자 〈애드아에퀴오라Ad Aequiora〉의 편집자인 대니 보스틱Dani Bostick을 비롯한 여러 사람이 NJCL의 결정을 비난했다. 보스틱은 이렇게 썼다. "강간을 대수롭지 않게 다루는 것은 위험하고 비윤리적이다. 교육에는 성폭행 코스프레가 설 자리가 없다."[10]

제롬의 〈피그말리온과 갈라테아〉에 대한 상반된 평가 중 어느 쪽이 옳은가? 이 작품은 여성을 존중하는가, 여성에게 해를 끼치는가? 사실과 달리 관계에는 미묘한 차원이 있어서 문제 해결 과정에서 관계 문제를 푸는 것이 어려울 수 있다. 정보원을 살펴보면 도움이 된다.

우선 지금까지 이 작품에 관해 정보를 준 사람들부터 살펴보자. 앞서 케이트 레머리, 어맨더 램펠, 대니 보스틱의 의견을 들었다. 그러면 이제 이들이 누구인지 알아야 한다. 이 주제에 전문성이 있는 사람인가? 이 주제와 얼마나 가까운가? 이들이 관점에 영향을 줄 만한 영역에 속한 사람들인가?

셋은 모두 여성이다. 따라서 여성이 받는 대접을 일인칭 시점으로 이해한다. 레머리와 램펠은 비슷하게 미술과 관련된 자격증을 가지고 있다. 레머리는 워싱턴 국립미술관과 스미소니언박물관에 소속된 미술사가이고, 램펠은 메트로폴리탄미술관에서 일해본 미술교육자다. 보스틱도 고등학교 라틴어 교사이면서 미국공군사관학교에서 장교들을 훈련해 본 교육자다. 정보원에 관한 정보를 수집하는 이유는 판단을 보류하거나 어떤 식으로든 이들의 지위를 논하기 위해서가 아니다. 단지 정보원을 평가하는 연습일 뿐이다. 정보를 평가할 때는 정보의 종류를 막론하고 같은 전략으로 접근해야 한다. 정보를 전달하는 사람이 믿을 만한가? 그들이 얼마나 경험이 많은가? 그들은 어떻게 정보를 얻었는가? 그들은 정보에 어떤 개인적 편향을 투영할 수 있는가?

이런 지각의 필터를 평가하기 위해, 다른 정보를 찾을 수 있으면 그 정보를 살펴보자. 레머리는 재택근무를 하면서 아이를 키우는 엄마이자 소설가이자 〈워싱턴포스트〉에 기고하는 프리랜서 작가다. 램펠은 '제멋대로 미술사'라는 취지로 운영하는 사틀Sartle이라는 제목의 블로그에 게시글을 100개 이상 올림으로써 예술과 대중문화를 결합한다.[11] 보스틱도 〈워싱턴포스트〉, 〈마리클레르Marie Claire〉, 〈코스모폴리탄Cosmopolitan〉, 〈자녀양육Parenting〉에 기고한다. 더불어 성적학대나 성폭행 피해자의 상담사이자 변호사로도 활동한다.[12] 이들의 배경이 〈피그말리온과 갈라테아〉를 바라보는 관점에 영향을 미쳤을까? 무언가를 평가할 때는 우리 자신의 필터만이 아니라 남들이 가진 필터도 인식해야 한다.

그리고 이들이 이 작품과 직접 관계가 있는지를 보자면, 셋 중 누구도 이 그림을 그렸거나 판매를 중개했거나 그림을 소유하지 않았다. 레머리는 고등학교 현장 학습에서 적어도 한 번은 이 작품을 직접 보았고, 복제화를 침실에 걸어둘 정도로 이 작품에 영향을 받았다. 메트로폴리탄미술관에서 일한 적이 있는 램펠은 이 그림과 자주 교감했다.[13] 램펠은 자신의 전기에 이렇게 썼다. "나는 아이들이 미술관의 모든 위대한 엉덩이를 가리킬 때를 사랑한다." 보스틱이 이 그림의 원본을 보았는지는 알 수 없다. 2020년에 글을 쓰는 현대의 미국인인 세 여자는 150년 전에 이 작품을 그린 화가와 전혀 관련이 없다. 다음으로 화가를 보자.

장 레옹 제롬은 어떤 사람이었을까? 무엇보다도 그는 여자를 어떻게 생각했을까? 물론 우리가 수집한 정보가 제롬이라는 사람의 총합일 수 없다. 그래도 정보를 모아서 제롬에 관하여 가능한 한 가장 완벽한 그림을 그려볼 것이다. 이 책의 뒤에서 살펴보겠지만, 완벽할 수 없다고 해서 지레 포기해서는 안 된다. 그래도 도움이 된다.

제롬에 관해 알 수 있는 정보는 그가 80년 가까운 일생의 대부분을 19세기에 살았고, 1824년에 프랑스에서 태어나 1904년에 프랑스에서 사망했다는 것이다. 그는 미술상의 딸과 결혼해서 딸 넷과 아들 하나를 두었다. "오래도록 행복한 결혼생활"을 누렸다고 알려졌으며, 따로 정부를 두었다는 기록은 없다.[14] 가끔 아내가 모델을 서주기도 했지만, 그가 아끼는 모델은 갈라테아의 모델인 엠마 뒤퐁 Emma Dupont이었다. 뒤퐁은 10년 넘게 제롬을 위해 포즈를 취했다. 그녀는 열일곱 살에 파리로 올라와 남자친구에게 버림받고 빈털터리가 되자 모델 일을 시작했다.[15] 제롬뿐 아니라 다른 화가들에게까지 모델을 서주면서 돈을 꽤 벌어서(재봉사 수입의 2배를 벌었고, 남자 모

제롬과 뒤퐁, 1885

델보다 많이 벌었다) 괜찮은 아파트를 빌릴 수 있었다. 뒤퐁은 제롬의
작품뿐 아니라 제롬이 작업하는 장면을 찍은 다수의 사진에도 나온
다.[16] 이 시기에 뒤퐁을 인터뷰한 기자는 뒤퐁이 "똑똑하다"면서 여
러 가지 포즈를 직접 생각해 냈다고 전했다.[17] 뒤퐁과 제롬이 주고받
은 편지는 현재 남아 있지 않지만, 제롬이 명실공히 프랑스 최고의
화가가 되었을 때 (뒤퐁이 모델을 선 다른 화가들처럼) 뒤퐁을 모델로
여러 작품을 동시에 작업했다.

　제롬을 아는 사람들은 그를 "자석 같은" 인물이라고 증언했다.[18]
그는 학자 화가라는 표현이 아낌없는 찬사이던 시대에 가장 유명하

〈인류를 꾸짖기 위해 채찍을 들고서 우물에서 나오는 진실Truth Coming from the Well, Armed with Her Whip to Chastise Mankind〉, 장 레옹 제롬, 1896

〈로마의 노예시장A Roman Slave Market〉, 장 레옹 제롬, 1884년경

고 들어가기 힘든 아틀리에를 운영하던 에콜데보자르École des Beaux-Arts의 교수였다. 제롬은 새로 출현한 인상주의 화파에 반발한 이들 중 가장 큰 세력에 속했다.[19] 그의 작품은 당대 평론가들로부터 대중에 영합하는 상업화된 그림이라는 맹비판을 받았다. 사진술의 발전으로(그리고 앞서가는 국제적 미술상이던 장인 덕에) 제롬은 세계에서 가장 많이 복제된 화가 중 한 명이었다.[20] 1880년까지 그가 제작한 작품이 상당한 규모였다. 그중에 회화 약 700점과 조각 70점이 현재까지 남아 있다. 대다수 작품에서는 아니지만, 가장 유명한 작품들에서 나체의 여자를 표현했다. 주로 클레오파트라 같은 역사적 인물이거나 고대의 여신이나 미덕을 인간으로 구현한 이미지였다. 나체의 여자에 대한 집착은 화가 자신이 아니라 수집가와 소비자에게서 시작된 것일 수도 있다는 뜻이다.

제롬은 누드를 그릴 때 여자를 관람객이 맨 먼저 가장 오래 보는 중심인물로 두었다. 그의 작품에서는 여자의 체형과 얼굴이 사실적으로 표현되어 대체로 보는 이의 감정을 자극했다. 다소 노골적인 제목이 달린 유명한 작품에서는 진실을 의미하는 여자가 나온다. 〈인류를 꾸짖기 위해 채찍을 들고서 우물에서 나오는 진실〉이라는 제목은 철학자 데모크리토스Democritos의 "우리는 진실을 모른다. 진실은 우물 속에 들어 있으므로"라는 말에서 따온 것이다.[21] 2012년 프랑스 물랭의 안드보주미술관 상설전시관에 이 작품이 전시된 후 이 이미지는 곧 페미니스트 반발의 밈이 되었고, 2020년 코로나19 범유행으로 인한 격리 생활 중에 일부 여자들이 줌 화면의 배경으로 이 이미지를 띄웠다.[22] 제롬의 1884년 작 〈로마의 노예시장〉은 여인이 팔려 가기 위해서인 듯 남자들만 모인 공간의 무대 위에 옷이 다

벗겨진 채 서 있다. 제롬은 여인의 신체 언어(비스듬히 선 자세, 팔꿈치로 얼굴을 감싼 모양)로 말 없는 인물의 형상에 목소리를 부여한 듯하다. 이제 198쪽의 그림에 대한 질문으로 돌아가 보자.

우리는 화가들, 특히 수 세기 전 화가들이 가장 중요한 인물에게 가장 높은 자리를 준 사실을 안다. 그러면 갈라테아가 피그말리온보다 몸집이 큰 것은 어떻게 해석해야 할까? 제롬은 그냥 넘어가지 못하도록 이 점을 강조한다. 갈라테아는 몸을 기울이고 있고, 피그말리온은 상자 위에 올라가 발끝을 들고 서서 갈라테아에게 닿으려고 몸을 쭉 편다. 그래도 갈라테아가 피그말리온을 굽어보는 자세다. 일부 역사가는 이런 구도를 여성 지배로 해석하면서 피그말리온이 완전히 애정을 쏟는 주인공이자 그에게 통제력을 갖는 사람은 갈라테아라고 설명한다.[23]

이렇게 남녀의 권력이 역전된 점을 고려하면, 내 친구의 아내가 첫 아이를 임신했을 때 친구가 내게 한 말이 생각난다. 나는 그에게 아들이면 좋을지 딸이면 좋을지 물었고, 그는 자기에게 달린 문제가 아니라고 답했다.

"그야 그렇지만." 나는 장난스럽게 말했다. "엄마의 난자에는 X 염색체가 있어. 네 정자에 X나 Y가 있고. 이게 결정하는 거잖아."

그 친구는 눈썹을 들며 나를 보았다. "정반대야. 내 정자는 통제력이 없어. 정말이야. 아내의 난자가 VIP 클럽 앞을 지키는 사람처럼 누굴 들여보내고 누굴 내칠지 결정하는 거야. 아내가 자기 몸에서 일어나는 모든 일의 주인이야."

이렇게 태아가 수정되는 과정을 색다르게 바라보는 친구의 관점이 마음에 들었다. 스탠퍼드 의과대학 홈페이지에서는 "아기의 성별은 어떤 정자가 난자에 먼저 들어가느냐에 달려 있다"고 구체적으로 명시한다.[24] 하지만 수정이 경주가 아니라 오디션의 결과라면 어떨까? 제롬이 〈피그말리온과 갈라테아〉를 그릴 때 남자로서의 소망을 이루려는 것이 아니라 예술적 광기를 표현한 것이라면 어떤가? 모든 가능성과 모든 참가자를 고려해야 한다.

다시 원전의 저자로 돌아가자. 피그말리온 이야기를 처음 쓴 시인 오비디우스에게로. 고전학자 제프리 마일스 Geoffrey Miles는 원전의 시를 두고 "가장 강력한 남성 판타지 중 하나다. (…) 연인의 구체적인 주문에 따라 설계되고 자기를 창조한 사람에게 완전히 헌신하는 완벽한 미의 여인"을 노래한다고 지적한다.[25] 과연 오비디우스의 의도도 그럴까?

어떤 문제의 출발점으로 돌아가면, 한 가지 사안에 수많은 분석이 개입하는 것처럼 보일 수 있다. 그러나 관계에서 시작된 문제는 특히 어렵고 심각하다. 자칫 법적·형사적 결과를 낳을 수도 있다. 이것은 우리가 원하는 결과도 아니고, 오해해도 괜찮은 영역도 아니다. 그래서 2000년 전으로 거슬러 올라가 1세기 로마의 시로 돌아가는 것이다. 당시의 문학을 지금의 관점에서 가부장적이라고 비판할 수도 있다. 작가의 남녀 비율로 보면 정당한 비판일 수 있다. 그렇다고 해서 오비디우스의 피그말리온 이야기를 여성 혐오로 보는 것은 정당한가? 시각이 양분된 듯하다. 서로 합의하지 않은 성적 접촉을 옹호하는 이야기라고 보는 사람들은 대체로 조각상이 깨어나 "창조자의 손길에 얼굴이 붉어진다"라는 행을 지적한다. 여기에 쓰인 라틴어 단어 'erubuit'는 '수치심에' 얼굴을 붉힌다는 뜻일 수 있다는 것이다.[26] 반대로 이 이야기가 "매혹적인 이야기"라고 보는 사람들은 이 단어에 "수줍어서" 얼굴이 붉어진다는 뜻도 있다고 지적한다.[27] 피그말리온은 그가 창조한 조각상과 사랑에 빠졌으므로 여자를 싫어하지 않는다고 보는, 사랑 이야기를 지지하는 사람들은 그의 소망을 들어주고 조각상을 인간으로 만들기로 한 건 아프로디테 여신이고, 피그말리온이 조각상에 멍이라도 들까 봐 조심조심 다루는 부분을 강조한다.[28] 반대로 욕정의 이야기라고 주장하는 사람들은 피그말리온이 조각상에 멍이라도 들까 두려워한 이유는 거칠게 다루다가 죄책감이 들어서라고 말한다.[29] 한쪽에서는 조각상을 "사랑의 대상"이라고 부르고, 다른 쪽에서는 "자위기구"로 치부한다.[30] 심지어 피그말리온이 알몸의 마네킹을 상대로 성적 흥분을 느끼는 사람을 뜻하는 "인형성애자 agalmatophilia"라고 보는 사람도 있다.[31] 또 한쪽에서는 피그말리온이 "감히" 그의 조각상에 생명을 불어넣어 달라고 청하지 않고 "조각상과 닮은" 여인을 보내달라고 부탁한 점을 지적한다.[32] 어느 고전문학 교사는 더 나아가 이렇게 썼다. "이 텍스트를 더 비판적으로 보면 조각상은 욕정의 대상이 아니라 반복된 성폭행과 폭력적 강간의 결과다."[33] 이 신화는 "남성 중심주의를 미화한 이야기"이자 사랑을 갈구하는 남자의 "슬프고 불쌍하고 나약한" 모습을 묘사하여 "남녀 성 역할을 기발하게 역전시킨 이야기"로 환영받는다.[34] 오비디우스는 어떤 해석을 의도했을까? 그의 다른 글에서 단서를 찾을 수 있을 것으로 보인다.

오비디우스의《변신 이야기》의 핵심 주제 중 하나는 권력을 이용해 남들을 침묵시키는 과정이다. 이 책에서 피그말리온 이야기의 바로 앞에 나오는 이야기에서는 문란한 성생활로 천형을 받아 돌로 변한 여자들이 나온다. 피그말리온은 이 여자들에게 혐오감을 느끼며 순결을 맹세하지만, 결국 그가 만든 조각상과 사랑에 빠지고 그 조각상이 살아난다. 오비디우스가 이 작품을 쓴 시기는 아우구스투스 황제 치하였다. 황제가 적자 상속을 권장하기 위해 모든 금욕과 간통을 처벌하는 '결혼법'을 제정한 지 얼마 안 된 때였다. 이 법은 여자에게 특히 가혹했다. 남자들이 아내와 딸을 살해할 수 있도록 허용하는 법이었다. 일각에서는 오비디우스가 피그말리온 이야기로 결혼법과 당시의 보수적인 태도를 조롱했다고 주장하고, 다른 쪽에서는 오비디우스가 오히려 이 법과 태도를 옹호한다고 주장한다. 오비디우스는 연애와 성을 다루는 세 권짜리 교훈시 〈사랑의 기교 Ars Amatoria〉에서 남자들에게 "여자의 생일을 잊지 말라"는 식의 조언으로 여자에게 구애하는 법을 조언한다. 1965년 번역판의 서문에서 번역가 B. P. 무어B. P. Moore는 오비디우스를 "고전적으로 훈련받은 책략가"라고 부르고, 그의 작품은 "로마 사회의 남자와 여자의 관계를 새롭게 정의하려는 급진적 시도로서 권력과 소유의 패러다임에서 서로 채워주는 관계의 패러다임으로 넘어가는 것을 지지한다"고 말한다.[35]

이제 이런 다양한 증거를 고려하여 200쪽의 질문에 대한 답이 바뀌는가? 그전에 갈라테아가 피그말리온을 능가하는 힘을 가졌을 수도 있다고 생각했는가? 이 작품이 성폭행을 당한 경험이 있는 사람에게는 어떤 자극을 줄지 생각했는가? 정보가 더 많아지자 이제 피그말리온과 갈라테아의 관계를 메트로폴리탄미술관에 걸린 제롬의 그림에 묘사된 것처럼 낭만적으로 보기도, 반대로 말썽 많은 관계로 보기도 더 쉬워졌다. 어느 쪽 해석이 옳은가? 결론은 양쪽 다 옳다는 것이다.

관계 화해시키기

〈피그말리온과 갈라테아〉는 누군가에게는 희망을 주고, 누군가에게는 상처를 준다. 두 입장을 모두 이해해서 양쪽을 화해시킬 수 있다. 타협이 아니다. 한쪽 편을 들거나 무고한 쪽을 가리자는 것도 아니다. 정의의 서열을 정하지도 않는다. 관계에서는 모든 당사자의 감정이 진실일 수 있다. 어느 한쪽의 관점이 다른 쪽의 관점보다 더 강력하거나 더 요란해도 더 올바르지는 않을 수 있다. 관계의 문제를 풀려면 판사나 배심원이 아니라 수사관이나 조정자가 되어야 한다. 그러려면 최대한 많은 정보를 성실하게 수집해서 다른 사람들의 조언에 귀를 열고 모든 입장을 알아야 한다. 따라서 많이 경청하고 어려운 선택에 직면해야 한다.

피그말리온 이야기를 학생들에게 들려주는 교사가 되어보자. 피그말리온에 대한 시와 그림이 정반대로 해석될 수 있다는 것을 알면 어떻게 해야 할까? 논란이 많다는 이유로 논의하지 않는 것이 최선은 아니다. 어려운 문제를 피하려는 태도는 누구에게도 영감을 주지 못한다. 실제로 까다로운 주제(불륜, 인종차별, 지급불능, 전염병의 세계적 범유행)를 어렵다고 피하면 더 심각한 문제가 더 많이 양산될 수 있다. 이런 난제를 해결하려면 앞서 예술가가 애매한 상태에 직면하고 어려운 갈등 상황에서 계획을 세우는 자세에서 배운 점을 되새겨 보자.

1단계: 렌즈를 닦아라

우선 〈피그말리온과 갈라테아〉에 대한 편견과 선입견을 점검한다.

이 작품이 내게서 두려움이나 욕구를 끌어내는가? 내가 처한 과거나 현재의 상황에서 작품을 보는 방식에 영향을 미칠 요소가 있는가? 자신의 필터를 알아채고 이해하면 무의식중에 영향을 받지 않을 수 있다.

2단계: 입장을 바꿔라

다음으로 이 작품이 남들에게 어떤 영향을 미칠 수 있는지 고려하자. 주변에서는(우리와 의견이 일치하든 일치하지 않든) 이 작품에 대해 뭐라고 말할까? 강의에 참석한 남학생이라면 어떤 기분일까? 여학생이라면? 성폭행을 당한 경험이 있는 학생이라면? 일생의 사랑을 만날 거라고 믿지 않는 학생이라면? 남성도 여성도 아닌nonbinary 학생이라면? 유색인종 학생이라면? 나와는 다른 관점을 찾아보고 참조해서 좀 더 포용적인 해결책을 찾을 수 있다.

3단계: 프로젝트를 정의하라

고려할 정보가 많으므로 정보를 높은 차원에서 정리하고 평가하자. 그러기 위해 간단한 농담 연구를 개발할 수 있다. 선택지를 양극단으로 나누는 방법이다. 〈피그말리온과 갈라테아〉를 보여주기로 했다면 어떻게 하는 것이 좋을까? 어떻게 해서는 안 될까? 최악의 상황을 견딜 수 있는가? 이 작품을 연구하지 않기로 했다면 최선의 상황은 무엇일까? 최악의 상황은 무엇일까?

　19세기에 그린 이 작품과 이 작품의 배경이 되는 그리스 신화는 거리가 멀어 보일 수 있지만, 이 작품을 통해 우리가 마주하는 주제는 오늘날의 신문 머리기사만큼이나 새롭다. 이렇듯 예술을 자세히 들여다보면 현실의 논쟁거리를 다루는 전략을 세우는 데 도움이 된다. 최근 워싱턴 D.C.에 갔을 때 어느 정부 소속 변호사를 만났다. 그는 현재 딸이 다니는 초등학교에서 그 학교의 이름과 같은 역사적 인물과 거리를 두기 위해 학교 이름을 바꾸는 방안을 추진 중이라고 개탄했다. "그 인물은 그 시대 사람이잖아요. 그런 사람을 현재 우리의 관점에서 판단할 수는 없죠."

그런데 이 변호사에게는 기존 학교명이 거슬리지 않았지만, 다른 사람들에게는 그렇지 않았다. 내가 이 도시의 시의회 의원의 입장이 되어 이 문제를 판단해야 한다면, 일단 모두의 생각을 들어보고 나서 각 선택의 파급효과를 평가할 것이다. 학교명을 바꾸고 싶어 하지 않는 사람이라면 그것이 바뀔 때 어떤 피해를 볼까? 우선 번거롭고 불편할 뿐 아니라 브랜드 이미지를 바꾸기 위해 자금을 마련해야 한다. 현재의 학교명은 현재의 학생과 학부모, 그리고 그들의 관점에 얼마나 피해를 주는가? 나는 그들의 입장에 서서 역사에서 남에게 해를 입힌 인물의 이름을 단 정부 후원 기관의 문을 드나드는 심정이 어떨지 상상해 볼 것이다. 나라면 그런 학교에 다니고 싶은 마음이 얼마나 들까? 그 학교의 책임자들이 나 같은 사람을 배척한다는 사실을 알면 그 학교에서 잘하고 싶은 의욕이 얼마나 생길까? 전통은 우리를 이끌어 주지만 최종 결정권을 갖지는 못한다. 전통이라고 해서 무조건 받아들여서는 안 된다. 앞서 언급한 세인트메리고등학교의 사례도 있지 않은가.

라틴어 교사 이언 로키Ian Lockey는 피그말리온 이야기와 고전 전통에 주목하면서 다음과 같이 말했다. "어떤 이야기든 배운 그대로 받아들여서는 안 됩니다. 현대의 렌즈로 보면서 우리가 당당하게 내

세울 수 있는 규범을 위해 미래 세대가 함께 싸우도록 이끌어야 합니다."[36] 그는 우리가 이 책에서 살펴보는 거의 모든 예술에 대해서도 간단히 설명할 수 있었다. 비판적 비평(그냥 보는 것이 아니라 폭넓게 사고하고 경험하는 데 활용할 수 있는 도구)은 예술품의 미묘한 특징을 이해하는 데 유용하다. 더 나아가 우리의 필터와 관점을 확인하고 변화하는 세계에 발맞춰 관점을 조율할 기회도 제공한다.

NBA와의 문제 해결 과정

내가 '지각의 기술' 강의에서 예술에 관해서만 말하는 것처럼 보일 수도 있다(죽음과 재난과 질병과 디스토피아와 함께). 그러나 '지각의 기술'은 사실 그렇게 암울하지만은 않다. 여럿이 함께 예술을 보면 웃을 일도 많고 농담도 많이 오가며, 지루할 틈이 없다. 참가자들이 NBA 관계자라면 더더욱. NBA의 한 관계자가 법집행기관 요원들이 내 강의를 통해 지각 능력을 길렀다는 소식을 전해 듣고 내게 연락해 얼마 후 라스베이거스에서 열리기로 예정된 NBA 회의에서 보안 요원들을 위한 강의를 해달라고 의뢰했다.

그렇게 나는 200명이 빽빽이 들어찬, 창문 하나 없는 동굴 같은 호텔 대연회장에 있었다. 그중 95퍼센트가 키 180센티미터를 훌쩍 넘는 건장한 남자들이었다. 오후 4시로 예정된 두 시간짜리 강의는 그들과 칵테일파티 사이에 놓인 유일한 장애물이었다. NBA에서 주최하는 파티에서는 라이브 음악과 풍성한 음식이 마련될 예정이었다. 사회자가 무대에 올라가 노트에 적힌 대로 내 소개를 단조롭게 읊었다. "에이미 허먼 선생님이 멀리 뉴욕에서 오셨습니다. 예술품을 보면 모든 NBA 경기에서 보안을 유지하는 데 얼마나 도움이 될지에 대해 설명해 주시기로 했습니다."

이 말이 내게는 자리에서 일어나 무대로 나가라는 신호였다. 그리고 그 자리의 모두에게는 이제 고개를 수그리고 스마트폰을 봐도 된다는 신호이기도 했다. 파티까지 카운트다운이 시작된 것이다. 그들의 목표는 지금부터 두 시간을 최대한 고통스럽지 않게 보내는 것이었다. 내 말을 차단한다는 뜻이기도 했다. 나는 내게 맞게 강의 프로그램을 조정했다.

나는 마이크를 잡고 눈부신 조명을 보았다. "다시 한번 소개할까요? 이번 시간은 빠르게 진행될 거고, 여러분의 눈이 뜨일 거예요. 제가 책임지죠. 알겠어요?" 그러자 다들 다시 고개를 들었고, 내 말의 몇 가지 표현 때문에 속으로 이렇게 궁금해하는 표정이었다. '저 여자는 누구지? 무슨 얘기를 하려는 거지?'

나는 빠르게 진행하겠다는 약속대로 본론에 들어가며 한 가지를 주문했다. 오른쪽에 앉은 사람과 인사하고 둘 중 누가 눈을 뜨고 누가 눈을 감을지 정하라고 했다. 이어서 잠시 연회장을 가득 메운 보안요원과 농구 전문가들이 서로에게 모네와 피카소의 그림에 관해 설명했다. 눈을 뜨거나 감고, 손을 흔들고 고개를 갸웃거리고 큰 소리로 말했다. 이어서 내가 각 그림에서 무엇을 놓쳤는지 보여주었다. 이어진 두 시간은 그들이 우려한 것보다는 훨씬 빨리 지나갔다.

그 자리의 참가자들은 물론 이미 뛰어난 지각력의 소유자였다. 직업 특성상 몇 시간이고 소란스럽고 떠들썩한 군중을 지켜보고, 이어폰으로 듣고, 선수들의 안전을 위해 주시하면서 출입구와 구단의 단장을 시야에 두고, 장내 아나운서의 음성과 응원 함성의 불협화음 속에서 경계 태세를 유지해야 했다. 한마디로 멀티태스킹의 귀재들이다. 그래도 매 경기는 움직이는 요소들의 복잡한 조합이고, 특히 각자의 역할을 잘 해내고 있을 때는 자만에 빠지기 쉽다.

나는 전문가들이 모인 자리라는 것을 알기에 산만해지는 데 대한 저항력을 시험하고, 큰 그림을 보면서도 세세한 부분까지 놓치지 않도록 균형감을 유지해 줄 만한 예술품을 골라서 소개했다. 나는 그들이 관찰한 상황과 실제로 일어나지 않은 상황을 모두 명확히 표현하는 방법을 알려주고 싶었다. 몇 년 전에 어느 경찰이 해준 말이 머릿속을 맴돌았다. 이날 연회장에 모인 참가자들에게도 해당하는 말이었다. "그들을 상자 밖으로 멀리 데려가서 나중에 다시 직업으로 돌아가면 어디를 들여다볼지 알게 해줘야 합니다." 연회장의 강의에서 내가 하는 말과 보여주는 작품은 그들이 다시 경기장으로 돌아가 관중석 사이에, 그리고 선수와 관중 사이에 서 있을 때 어떤 식으로든 울림으로 남을 거라는 뜻이다. 따라서 나는 현실에 적용되고 효과가 오래 남도록 강의를 구성해야 했다.

나는 강의에서 보통 두 작품을 동시에 보여주면서 두 작품을 어떻게 이해할지, 각 작품이 무엇을 끌어낼지, 두 작품을 나란히 놓고 보면 어떤 생각이 증폭될지, 둘 중 한 작품이 어떤 점에서 다른 작품보다 나은지에 관해 논의한다. 다음의 두 이미지는 소음을 각기 다르게 표현한 작품이다. 아치볼드 모틀리Archibald Motley의 1943년 작 〈밤놀이〉는 외부의 소음, 이를테면 음악과 동작과 흥분한 사람들이 경쟁하듯 떠들썩한 소음을 표현했다. 루이즈 피시먼Louise Fishman의 2020년 작 〈너무 많이, 너무 많이〉는 내면의 소음을 표현한 작품

〈밤놀이Nightlife〉, 아치볼드 모틀리 주니어, 1943, 캔버스에 유채

〈너무 많이, 너무 많이Too Much, Too Much〉, 루이즈 피시먼, 2020

이다. 피시먼은 대담하고 도전적이고 정력적인 붓질로 1950년대와 60년대의 추상적 표현주의자들인 '행위예술가'에 자주 비교되지만, 그는 제스처 페인팅(액션 페인팅)에 더 현대적으로 접근하면서 관람객이 소음을 새로운 관점으로 상상하게 했다.

나는 NBA 보안요원들과 함께 두 그림을 보면서 그들 내면의 소음, 다시 말해 경기장에서 필요한 모든 의식을 열어두고 일을 위해 잠시 덮어두어야 하는 것들(집안 사정, 아픈 아이, 신체적·심리적 아픔)에 관해 이야기를 나눴다.

100점 만점에 가까운 예술품을 보여주고 나서, 강의가 끝나면 연회장 뒤쪽에서 NBA가 참가자들을 위해 구입해 준 내 책에 사인을 해주겠다고 알렸다. 다들 칵테일파티가 열리는 장소로 빠져나가고 나 혼자 테이블 앞에 덩그러니 앉아 호텔 방으로 올라갈 시간만 기다리게 될 줄 알았다. 그런데 놀랍게도 책을 받기 위한 줄이 연회장을 빙 둘러서 늘어섰다. 그뿐 아니라 책에 사인을 해주면서 그들 다수가 전직 뉴욕 경찰이었다는 것을 알고 기뻤다. 물론 내 고향 뉴욕의 전직 경찰들과 포옹도 했다. 사인회가 끝나고 그들이 나를 칵테일파티장으로 데려가 주었다.

새우 크레올과 차가운 맥주를 앞에 두고, 다소 밋밋하게 시작한 내 강의가 이내 지친 참가자들에게 신선한 공기를 불어넣어 준 이유를 들을 수 있었다. 영상도 없고, 통계자료도 없고, 요점을 정리한 파워포인트 슬라이드도 없어서라고 했다. 뉴욕의 농구 경기장 매디슨 스퀘어가든에서 온 관리자는 한마디로 이렇게 요약했다. "선생님이 우리를 선생님의 세계로 데려가 주셨으니, 이제 우리는 눈을 더 크게 뜨고 우리의 세계로 돌아갈 수 있습니다."

예술의 패턴

우리의 뇌는 나선형 조개껍데기부터 꽃잎에 이르기까지 자연 속의 패턴을 즐긴다. 그래서인지 예술가들은 건축부터 자수까지 모든 예술에 패턴을 넣는다. 영국의 철학자이자 수학자인 앨프리드 노스 화이트헤드Alfred North Whitehead는 이렇게 썼다. "예술은 경험에 패턴을 넣는 과정이고, 그 패턴을 알아보는 데 미학적 즐거움이 있다."[37]

패턴은 비슷한 것과 비슷하지 않은 것 사이의 관계다. 같은 숫자를 열거한 것도 패턴이고(3, 3, 3, 3), 다른 숫자도 열거 방식에 따라 패턴이 된다(3, 700, 15, 15, 700, 3). 예술가는 시각적 요소(모양, 색, 형태)와 설계 원칙(대칭, 운동, 비율)의 관계를 활용하여 의미를 전달하도록 배운다.

네덜란드의 그래픽 아티스트 M. C. 에셔M. C. Escher는 자연과 수학 모두에서 영감을 얻었다. 다음 쪽의 목판화를 보고 패턴과 관계를 모두 찾아 열거해 보라. 제목 그대로 우선 '낮과 밤'을 찾을 수 있다.

색과 패턴, 모양, 방향의 관계를 넘어서 지엽적인 것과 보편적인 것을 확인했는가? 예컨대 인간과 자연, 대지와 수평선, 교회와 국가, 좋은 것과 나쁜 것이 있다. 이제 다시 돌아가 미시적인 것과 거시적인 것을 모두 비교해 보자.

지금까지 (예술 안에서, 우리와 예술 사이에서, 우리와 주변 사람 사이에서) 패턴과 관계를 찾아보았다. 이제부터 패턴과 관계로 무엇을 할 것인가? 미술학도가 공부하듯이, 패턴과 관계가 왜 존재하는지 알아보자. 패턴과 관계가 왜 작동하는가? 왜 지속하는가? 왜 조화를

〈낮과 밤Day and Night〉, M. C. 에셔, 1938

이루거나 불협화음을 내는가? 왜 위험하거나 영감을 주는가?

노스캐롤라이나대학교의 글쓰기연구소에서는 미술사를 처음 공부하는 학생들에게 작품을 "예술가가 내리는 일련의 결정"으로 생각하도록 가르친다. "우리가 할 일은 예술가의 결정을 찾아내 기술하고 설명하고 해석하면서 예술가가 왜 그런 결정을 내렸는지 알아내는 것이다."[38] 관계를 연구할 때도 같은 방법을 적용할 수 있다. 일단 어떤 사람의 행동 패턴을 확인했으면 그 사람이 왜 그런 식으로 행동하거나 반응하는지 판단하라. 행동은 대개 선택이다. 왜 그런 선택을 했을까? 그 선택을 악화시키거나 완화하는 것은 무엇일까? 어떤 행동이 나타나는 이유를 알면 좋은 패턴을 권장하는 시스템을 마련하고 나쁜 패턴이 문제로 발전하기 전에 미리 개입할 수 있다.

전염병의 세계적 범유행 기간에 공공 영역, 특히 서비스업에 종사하는 사람들의 긴장이 급격히 상승했다. 봉쇄와 공급망 혼란, 재고 부족, 실업, 공포, 불안이 결합하여 사람들이 궁지에 몰렸다. 분노가 폭발하고 총기를 꺼내 든다는 보도가 우울하게도 더 일상적으로 나온다. 지난 몇 개월 동안 나 역시 위험을 무릅쓰고 공공장소에 나갈 때면 늘 재빨리 이동하고 숨을 참고 출구로 가는 경로를 자주 확인했다.

2020년 8월에 나는 교외의 소도시에 있는 본가로 가던 길에 저녁거리를 사러 크로거 슈퍼마켓에 들렀다. 조리 식품 코너에 줄을 서 있는데, 어떤 남자가 농산물 코너에서 소리를 질렀다. 뭐라고 하는지는 들리지 않았지만, 그의 분노와 과격한 몸짓은 매장 반대편에서도 잘 보였다. 잠시 후 직원들이 가서 사회적 거리를 유지하며 반원 모양으로 그 남자를 에워쌌다. 직원들은 가만히 서 있고, 그중에 한 여자만 말했다. 그 여자는 고개를 많이 끄덕였다. 그러나 한 번도 언성을 높이지도, 손을 올리지도 않았다. 그녀의 침착한 권위와 직원들의 공손한 존재감 덕분에 말썽을 피우던 남자도 누그러진 듯했다. 말투가 부드러워졌다. 그는 장바구니를 기분 나쁘게 내팽개치고 발을 쿵쿵 울리며 슈퍼마켓에서 나갔지만, 더는 폭발하지 않았다. 직원 한 명이 그가 버리고 간 물건들을 재빨리 주워 담고 사라졌다. 나머지 직원들은 각자 하던 일로 돌아갔다.

나는 그런 상황에 잘 대처한 그들에게 감탄과 감사를 표하고 싶어서 당장 그 여자에게 갔다. 그녀는 내게 대체로 고객들의 화가 늘긴 했지만 자기는 경영진이 서로 지지하는 공동체를 만들어주는 그 슈퍼마켓에서 일하는 것이 만족스럽다고 말했다.

"회사가 우리를 가족처럼 대해줘요. 다들 내 가족이 되었죠. 우리는 서로를 아끼며 일하고, 상사들은 우리를 보살펴줍니다."

그 슈퍼마켓 직원들은 모두 최근에 단계적 축소 기법을 훈련받았다고 했다. 내가 알기로는 경찰이나 군대에서 자주 쓰는 기법이다. 그리고 방금 이 기법이 얼마나 효과적인지 목격했다. 나는 그녀에게 가장 유용한 방법이 무엇이었는지 물었다.

"경영진이 나를 지지해 준다는 사실을 아는 것 말고도 누가 비명을 지르기 전에 그 사람의 행동 패턴을 관찰하는 방법을 배운 게 가장 유용했어요." 직원들은 고객이 화가 난 것을 내비치는 비언어적 단서를 읽어내는 법을 배웠다. 빈 장바구니를 들고 빠르게 걷고, 주먹을 움켜쥐고, 동작이 크고 거칠다. 직원들은 이런 패턴을 보면 고객의 신체 언어와 말투를 유심히 관찰하면서 침착한 자신감을 보여주어야 한다.

"우리가 침착하면 그들도 진정되거든요. 우리가 그들에게 원하는 행동, 그러니까 공손하고 침착한 행동을 보여주고, 그들에게 공간을 주는 겁니다."

크로거 슈퍼마켓 경영진의 당면 목표가 지역 뉴스에 나지 않는 것일지는 몰라도, 그들이 실시한 패턴 인식 훈련은 훨씬 큰 효과를 거뒀다. 직원이든 고객이든, 이 슈퍼마켓이 안전한 곳이라고 느끼고 계속 다시 오고 싶어 했다.

패턴을 인식하려면 연습이 필요하다. 그리고 누구나 예술을 보면서 패턴을 인식하는 능력을 키울 수 있다. 산부인과 초음파검사자를 위한 학술대회(절묘하게도 제목이 "자궁 들여다보기"이다)에서 의장인 조앤 존슨Jo-Ann Johnson 박사는 이 분야의 세계적 권위자인 라비 카푸어Ravi Kapoor와 함께 3개월 된 태아의 뇌를 초음파로 들여다보았

〈메두사호의 뗏목〉, 테오도르 제리코, 1819, 캔버스에 유채

다. 카푸어는 존슨에게 전두엽의 선들이 예측 가능해서 앞으로 태아의 건강에 관해 많은 정보를 준다고 설명했다. "뇌가 패턴을 인식하도록 훈련하는 데 가장 좋은 자료가 뭔지 아세요? 바로 예술이에요. 《우아한 관찰주의자》에서 배웠죠. 우리 학생들에게도 더 잘하고 싶으면 예술을 보라고 말해줍니다." 존슨은 카푸어의 이런 조언에 따라 나를 학회의 기조연설자로 초대했다.

앞에서 본 그림을 여기에 다시 실었다. 이제 〈메두사호의 뗏목〉을 보면서 인간관계의 패턴을 인식하는 법을 연습해 보자. 뗏목에 탄 인물들의 배치에서 어떤 패턴이 보이는가?

모두 같은 자세를 취하는 것도 아니지만, 각자의 자세가 완전히 다른 것도 아니다. 남자들의 자세에서 세 가지가 눈에 띈다. 누워 있거나, 무릎을 꿇고 있거나, 서 있다. 다른 패턴도 보인다. 팔을 뻗은 남자들도 있고, 팔을 옆으로 내린 남자들도 있다. 얼굴을 위로 향하고 누운 남자들도 있고, 얼굴을 바닥으로 향해 엎드린 남자들도 있다. 살아 있는 남자들은 두 명을 제외하고 모두 같은 방향을 보는 듯하다. 이런 패턴만으로 나는 그들 다수의 시선을 따라갈 수 있다. 그들은 무엇을 찾는가? 혹은 무엇을 보는가? 수평선에 희미한 점 하나가 보인다. 227쪽에 그 부분을 확대했다. 자세히 보니 배인 것 같다.[39]

패턴을 찾아보기 전에도 뗏목에 탄 사람 중 다수가 한 방향을 보는 것을 알아챘는가? 왜 그러는지 생각해 보았는가?

이제는 정반대의 측면을 보자. 저 멀리 수평선에 뜬 배 쪽으로 향하지 않은 남자들 말이다. 그들은 누구이고, 그들의 시선은 어디로 향하는가? 돛대 옆에 있는 사람은 가까이 있는 다른 사람들을 보고 있다. 붉은 두건을 쓴 백발 남자도 다른 쪽을 보기는 하지만 누군가를 보고 있지는 않다. 살아 있는 사람 중에는 오직 붉은 두건의 남자만이 다른 사람이나 무언가를 보고 있지 않다. 다음 쪽에서 그 부분을 확대한 그림을 보자.

이 백발 남자와 그가 안고 있는 남자의 관계를 어떻게 유추할 수 있을까? 피부색이 다른 것으로 보아 주저앉은 백발 남자는 살아 있고, 그의 무릎 위에 쓰러진 남자는 살아 있지 않은 듯하다. 미술사가들은 두 사람의 나이 차이와 백발 남자의 허망하고 절망적인 표정을 근거로 부자 관계로 추정한다. 또 다른 이들은 백발 남자가 팔에 피를 흘리고 그 자리에 천을 두른 것을 보고, 그가 아들의 시신이 잡아먹히지 않도록 지키려다가 상처를 입은 것은 아닌지 의문을 던진다.

〈메두사호의 뗏목〉, 테오도르 제리코, 1819, 캔버스에 유채, 가운데 하단 확대

뗏목에 탄 인물들의 또 다른 패턴으로 피부색을 꼽을 수 있다. 대다수가 흰 피부이지만 세 명만 다르다. 통 위에 올라선 남자와 돛대 옆에 구부정하게 서 있는 남자, 죽었는지 얼굴을 바닥에 대고 엎드린 남자다. 이런 패턴, 그러니까 흑인 남자들이 뗏목 위 여기저기에 흩어져 있는 패턴은 무엇을 의미할까? 죽음은 차별이 없다? 어차피 우리는 모두 인간이다?

기록에 따르면 이 뗏목에서 살아남은 흑인은 단 한 명이다.[40] 장 샤를이라는 아프리카인 선원이다. 제리코는 뗏목의 다른 생존자이자 강경한 노예제 폐지론자인 알렉상드르 코레아라는 기술자와 가까워져서 깊이 대화를 나눈 뒤, 그림에서 샤를을 제일 높은 자리에 배치했을 뿐 아니라 흑인을 두 명 더 그려서 강조했다. 이제 흑인 샤를을 둘러싼 관계를 더 자세히 들여다보자.

〈메두사호의 뗏목〉, 테오도르 제리코, 1819, 캔버스에 유채, 가운데 상단 확대

앞에서 예술에서는 제일 높은 자리에 중요성을 부여한다고 설명했다. 샤를은 이 자리를 차지했을 뿐 아니라 주변 사람들에게 지지를 받는다. 뒤에 있는 사람에게 완전히 의지하고 또 한 사람에게 무릎을 기댄다. 왼손을 들고 오른손은 뒤에 있는 남자의 손을 붙잡는다. 사실 뗏목 위의 모두가 서로 손을 맞잡아 위로하고 지지한다.

화가 앵거스 드워Aengus Dewar는 이런 분석에서 더 들어가, 뗏목

〈메두사호의 뗏목〉, 테오도르 제리코, 1819, 캔버스에 유채, 가운데 확대

의 흑인은 "팔려 가거나 버려질 재산"이 아니라 "형제애"로 이어진 인물이라고 지적한다.[41] 드워는 또한 쓰러진 흑인 남자는 "신호수들을 도와주려고 몸을 돌린 남자에게 보살핌을 받았던 듯하다"라고 적었다.[42]

제리코가 검은색을 더 어둡게 보이게 하려고 썼지만 결국 그림 전체를 썩게 만든 타르의 일종인 역청 때문에 복제화에서는 물론 원

작에서도 어두워서 잘 보이지는 않지만, 조지프라는 아이티인을 모델로 그린 돛대 옆의 흑인은 옆 사람의 손을 꼭 잡고 있다. 드워가 "이 작품에서 가장 감동적이고 인간적인 몸짓"이라고 지목한 이 장면에서는 두 남자가 함께 기도하는 것처럼 보인다. 제리코는 두 사람의 관계로 어떤 메시지를 전달하려 했을까? 기도의 평등과 구원의 희망일까?

나는 신의 선의를 믿는 낙관주의자로서 그렇다고 믿고 싶다. 그러나 또 누군가는 이런 해석을 받아들이려 하지 않을 것이다. 아니면 뗏목 위의 사람들이 절망적인 상황에서 손을 맞잡은 거라면 어떤가? 백인 남자의 무릎 위에 쓰러진 흑인 남자가 사실은 그 백인 남자에게 살해당한 거라면(옆에 있는 피 묻은 도끼를 보라)? 따라서 우리 자신이나 남들이 알아낸 정보를 지각 필터를 거치지 않고 맹목적으로 믿어서는 안 된다.

우리 안의 패턴

미국소매협회National Retail Federation에서 예술을 보면서 관찰력과 지각력을 기르는 방법이 손실 방지에 어떤 식으로 도움이 되는지에 관해 강의를 마치고 호텔 로비로 나왔을 때, 덩치 큰 남자가 이쑤시개를 물고 나를 불러 세웠다.

"저는 반품 부서에서 관리자로 일하는데요. 우리는 항상 모든 정황을 평가해서 어떤 사람이 진실을 말하는지 판단해야 해요. 선생님 강의를 들으니 제 안의 패턴이 보이네요."

그는 상대가 입을 열기도 전에 상대의 신체 언어나 겉모습이 아니라 그 자신의 경험에 비추어 상대가 진실을 말하는지 판단할 때가 적지 않았다고 말했다. 그는 이런 선입견이 종합적이지도 않고, 올바르지도 않다는 것을 깨달았다. 법집행기관과 의료 분야에서도 같은 얘기를 자주 들었다. 무언가를 볼 때 전에 본 적이 있다는 이유로 패턴에 빠지기 쉽고, 결국 그 상황에서 최선의 해결책이 아닌데도 그런 해결책을 찾아 헤맨다. 지각 필터를 통해 우리 안의 패턴을 자각하지 못하면 그 패턴에 현혹되어 중요한 정보를 놓칠 수 있다.

우리 안의 패턴을 자각할 수 있고, 그럴 수 있다는 것을 알기만 해도 패턴 인식이 예상된 패턴으로 넘어가지 않을 수 있다. 예상이 자동으로 빈칸을 채우지 못하게 하기 위한 구체적인 방법이 몇 가지 더 있다.

- 처음 찾은 정보와 답을 신중히 검토한다.
- 본능적으로 선호하는 정보와 답을 신중히 검토한다.
- 단순히 만족스러운 정보나 답에 의문을 제기한다.
- 불편한 답을 피하지 않으려고 의식적으로 노력한다.
- 항상 대안을 찾는다.
- 동료에게 정보나 답을 함께 검토하자고 요청한다.

관계에서 생긴 문제를 제대로 탐색하려면 원하는 해결책에 맞는 사실을 찾기보다는 우선 모든 정보를 객관적으로 들여다보아야 한다. 여기에는 시간도 들어가고 명료한 사고도 필요하다. 게다가 항상 가능한 자원이 갖춰지는 것도 아니다. 그렇다고 효과가 없는 것은 아니다. 이제 다음 장에서 살펴볼 내용인 데드라인이 우리를 구원할 수 있다(역사적으로는 죽음에서 유래한 말이지만).

앤서니 카바에로 사진, 칼롱 라몽과 미하일로 안디치 디자인

어두운 밤, 열일곱 살의 존 맥엘로이John McElroy는 섬터 수용소로 다가가면서 그가 막 떠나온 이전 수용소보다 더 험한 곳이라고는 상상하지 못했다. 그는 함께 붙잡힌 북부군 병사들과 버지니아의 담배공장을 개조한 수용소에서 한 달을 지내다 왔는데, 조지아주의 이 수용

소에서도 역시나 춥고 음울하게 갇혀 지낼 줄 알았다. 그러나 벽돌 담장 없이, 거대한 통나무 몸통의 1.5미터가 땅속에 박혀 있고 나머지 6미터가 땅 위로 올라와 틈새 하나 없이 다닥다닥 붙어서 방책으로 둘러쌌다. 맥엘로이와 일리노이 16기병대 병사들은 두 개의 문을 통해 수용소로 들어가면서 바닥도 천장도 없는 것을 보았다. 허허벌판에 높은 방책만 둘러친 곳이 그들의 새 수용소였다.

〈앤더슨빌 수용소, 조지아주, 1864년 8월 17일 Andersonville Prison, Ga., August 17, 1864〉, 죽음의 선을 표시하는 방책의 남서쪽 광경

포로들에게는 보급품도, 이불도, 조리 도구도, 물통이나 컵도 제공되지 않았다. 처음 들어온 사람들이 수용소 중앙을 가로지르는 늪지대의 갈대를 얼기설기 엮어서 원시적인 형태의 초가집을 지었지만(어느 병사는 "수용소 전체가 돼지우리 같았다"고 적었다), 날씨는 혹독

하고 포로들은 더 밀려 들어와서 대다수가 그냥 진흙을 파고 그 속에 들어가 지냈다.[1] 수용 인원이 초과되고 비바람에 그대로 노출되고 먹을 것도 부족하고 질병이 창궐해서 이곳은 남북전쟁 당시 모든 수용소 가운데 가장 규모가 크고 가장 많은 사망자를 낸 수용소가 되었다. 맥엘로이는 훗날 "신체 건강한 젊은 남자 7만 명이 굶주려 죽어 나가는 광경"을 묘사하는 것은 고사하고 다시 떠올리기조차 고통스럽다고 적었다.[2]

인쇄소에서 수습공 생활을 하다가 그전 해에 노예제라는 "악랄한 제도"를 전복하기 위해 세인트루이스에서 북부연방군에 입대한 맥엘로이는 더위와 냄새, 구더기와 굶주림은 견딜 수 있었다. 그가 참을 수 없는 건 데드라인deadline, 곧 죽음의 선이었다.[3]

이 수용소로 들어오고 얼마 지나지 않아 맥엘로이와 용감한 병사 50명이 한밤중에 누더기를 엮어서 밧줄을 만들어 탈출을 감행했다. 병사 50명이 밧줄을 이용해 방책을 넘어가는 사이 경비병이 그들을 발견하고 발포했다. 무사히 탈출한 병사들도 얼마 가지 못해 30킬로그램의 쇠공이 달린 쇠사슬에 묶인 채 끌려왔다.

사실 데드라인이 세워진 첫날 아침부터 한 사람이 사살되었다. 지겔이라는 독일인이 열병으로 의식이 혼미한 채 천 조각을 가지러 목책 아래로 갔다가 사살당한 것이다. 또 깨끗한 물을 구하려다가, 방책에 너무 가까이서 걷다가, 혹은 아무런 이유도 없이 하나둘씩 사살되었다. 맥엘로이는 전쟁의 규칙을 알고 있었지만, 데드라인 살상만큼은 용납할 수 없었다.[4] "사람들에게 그런 끔찍한 고통을 가한 데는 군사적 이유도 없었고, 그 어떤 이유도 없었다. 인간의 눈으로 보고 이해하기로는 그런 수천, 수만의 순교는 그 어떤 유익한 결과도 낳지 않았다."[5]

맥엘로이는 15개월간 수용되었다가 결국 살아나와 출판계에서 일하다 워싱턴 D.C.에 있는 〈내셔널트리뷴 National Tribune〉의 주간이자 공동 소유주가 되었다.[6] 그리고 보면 오늘날 하이픈(-)이 들어간 'dead-line'이 두 번째로 많이 쓰이는 용례가 인쇄기에서 텍스트를 더 읽을 수 없는 지점을 표시하는 선인 것이 우연이 아닐 수 있다.[7]

데드라인이 죽음과 무관한 시간의 한계를 뜻하는 표현으로 진화하기는 했지만, 여전히 사람들은 이 말에서 극심한 공포를 느낀다. 〈뉴욕타임스〉의 베스트셀러 작가로 십여 권의 책을 낸 이가 내게 이 말이 필요 이상으로 무겁게 느껴진다고 털어놓았다. "남편이 내게 자주 하는 말이 있어요. 데드라인을 넘겨도 당신 정강이를 걷어차러 올 사람은 없다고요. 그런데 어쩐지 본능적으로 그럴 것 같은 느낌이 들어요."

그래미어워드 후보에 오른 힙합 가수 6lack('블랙 black'으로 발음한다)이 속한 LVRN 레코드(Love Renaissance의 약칭)를 설립한 션 파모소 맥니콜 Sean Famoso McNichol도 내게 비슷한 심정을 토로했다. "데드라인이라는 말 자체도 무섭게 들리지만, 애초에 무서워야 마땅해서 그런 거 아닐까요? 나는 비즈니스 세계에 발목이 잡혀 있는, 지극히 창조적인 사람이에요. 나도 마감이 싫지만, 데드라인 없이는 일을 해나갈 수가 없어요."

블랙과 맥니콜 모두 데드라인이 싫지만, 그것이 필요하다고 말한다. 데드라인은 창작을 자극하고, 무엇보다도 창작을 완결한다. 창조적인 사람들도(어쩌면 그럴수록 더더욱) 성공하려면 열정을 눌러주어야 한다. 데드라인이 없다면 그 많은 소설이 세상에 나오지 못하고, 성당의 천장화가 그려지지 못하고, 새로운 음반이 발매되지 못했을 것이다.

레오나르도 다빈치Leonardo da Vinci는 〈모나리자Mona Lisa〉에 만족하지 못한 채 몇 년 동안 들고 다니며 수정에 수정을 거듭하다가(초고해상도로 스캔해 보면 모나리자가 머리핀을 여러 개 꽂고 진주 머리 장식까지 한 것으로 나타났다) 부상으로 손을 영영 쓰지 못하게 되자 끝내 미완성으로 남겼다.[8] 사실 지금 여러분이 읽는 이 책도 데드라인이 있어서 계속 고쳐 쓰고 더하지 못했기에 망정이지, 아니면 끝내 출간되지 못했을 것이다. 사실 아무런 제약이 없다면 나는 우리가 세상을 더 잘 탐색하는 데 예술이 얼마나 큰 도움이 되는지를 다룬 책을 열 권은 더 쓸 수 있었다. 하지만 그러려면 시간이 얼마나 걸릴까? 또 누가 읽어주기나 할까?

맥니콜은 이렇게 말한다. "비단 나만이 아니라 우리 직원들에게도 데드라인이 있어야 열차가 굴러가게 할 수 있습니다. (…) 우리는 늘 창조적인 사람과 아티스트의 비위를 맞추면서 끌고 가야 합니다. 그래야 완벽을 갈망하는 마음이 아티스트의 경력이나 우리의 사업 모델에 불이익을 주지 못하게 할 수 있습니다."

문제 해결에도 역시 데드라인이 중요하다. 데드라인은 프로젝트나 문제에 중요성을 부여한다. 더 나아가 완성의 비전도 제공한다. 데드라인이 없다면 펜을 내려놓지도 못하고, 컴퓨터 앞에서 일어나지도 못하고, 거창하고 야심만만한 프로젝트를 끝내 전송하지 못할 수도 있다. 데드라인을 정해놓으면 작업을 진행하고, 더 나아가 해결책을 찾는 데 유용한 구조가 생긴다.

과정의 힘

다른 예술에 비해 앨범 표지 디자인은 사소한 예술 분야처럼 보일지 몰라도 실제로는 많은 작업이 필요하다. 앨범 표지 디자인은 음악을 시각적으로 표현하는 매체일 뿐 아니라 아티스트나 밴드의 방향성을 반영하는 거대한 브랜드 프로젝트이기도 하다. 앨범 표지는 아티스트나 밴드가 순회공연을 할 때 대형 무대 디자인에 녹아들기도 한다. 또 상품에 인쇄된 앨범 표지 이미지는 또 하나의 매출원이다. 롤링스톤스Rolling Stones의 〈바빌론 다리Bridges to Babylon〉 앨범 표지에서 뒷발로 일어선 밝은 금속성 청색의 사자는 800가지 이상의 상품 아이템에 등장했다.

루 리드Lou Reed, 데이비드 번David Byrne, 에어로스미스Aerosmith를 비롯한 음악계 거장들의 앨범 표지를 디자인한, 〈바빌론 다리〉의 그래픽 디자이너 스테펀 사그마이스터Stefan Sagmeister가 롤링스톤스의 리드싱어 믹 재거Mick Jagger를 처음 만났을 때, 믹은 그에게 대영박물관 바빌로니아관에 가서 영감을 얻으라고 주문했다.⁹ 그 말에 따라 박물관에 다녀온 사그마이스터는 스튜디오로 돌아가 디자인을 시작했다. 그리고 비즈니스 세계에서 창조성을 조율하기 위해 그만의 데드라인 연습을 마련했다. 앨범을 틀어놓고 작업이 어떻게 진척되든 그 앨범이 끝날 때까지 꼭 마무리하자고 다짐하는 방법이다. "첫 곡과 함께 데드라인이 정해지면, 즉석에서 결정을 내려야 해서 자기 취향과 직감을 더 잘 알아챌 수 있습니다."¹⁰

폴 사이먼Paul Simon의 앨범 〈스트레인저 투 스트레인저Stranger to Stranger〉를 비롯해 작품 수백 점을 제작한 화가 척 클로스Chuck Close

는 자기가 작품을 완성하는 과정에서 핵심은 영감이 떠오르기를 가만히 기다리는 것이 아니라 일단 시작하는 것이라고 말한다. 클로스는 창작 과정에 관한 인터뷰에서 자신의 생각을 이렇게 밝힌다. "최고의 아이디어는 과정에서 나옵니다. 모든 것이 활동 자체에서 자라고, 작업 과정에서 새로운 가능성이 생기고 생각지도 못한 다른 문이 열립니다."[11]

우리도 사그마이스터와 클로스처럼 데드라인에 초점을 맞추면 그들처럼 데드라인의 혜택을 볼 수 있다. 데드라인은 의외로 더 좋은 무언가를 발견하게 해줄 뿐 아니라 무계획에서 오는 스트레스나 시간이 남아돌아 스스로 비판하는 스트레스를 줄여준다. 데드라인이 있으면 도달하고 뛰어넘어야 할 목표가 생겨서 자신감도 길러진다.

데드라인이 꼭 곰처럼 무서워야 하는 것은 아니다. 일부러 그렇게 정한 것이 아니라면.

적절한 데드라인을 정하는 법

2019년의 여론조사에서는 미국 직장인들에게 직장 생활에서 스트레스가 가장 심한 상황에 서열을 매기게 했다.[12] 출장과 육체적 부담, 경쟁적인 동료들, 사람을 상대하는 일, 타인의 생명을 책임지는 일 등이 포함되었는데, 압도적 다수가 선택한 항목이 바로 데드라인이었다.

흔히 데드라인을 맞추려다 부딪히는 가장 큰 문제는 애초에 데드라인이 제대로 설정되지 않았다는 점이다. 아무리 음악을 많이 들고 의지를 다져봐도 처음부터 잘못 설정된 데드라인이 나아질 리 없고, 도저히 맞출 수 없는 기간 안에 일을 완성할 수 있는 것도 아니다. 지나치게 빡빡하지도, 지나치게 느슨하지도 않게 적절한 수준으로 데드라인을 정하면 우리 자신이든 남들이든 실패하지 않을 수 있다. 그리고 당사자에게 맞게 데드라인을 정해주어야 하고, 데드라인에 관해 명확히 전달해야 한다.

리카르도 발데스 발렌타인 주니어Ricardo Valdez Valentine Jr, 즉 래퍼 블랙은 데뷔 앨범 〈프리 블랙Free 6lack〉의 앨범 표지 콘셉트를 잡으면서 강렬하고 공격적인 동시에 평온한 이미지를 원했다. 그래서 자연스럽게 선택한 것이 곰 이미지다.

"나는 곰처럼 크고 포악해질 수 있을 것 같아요. 또 곰은 묵직하게 지탱해 주는 느낌도 있어요. 어떻게 보면 곰은 평화롭고 치유해주는 느낌도 있죠."[13]

이렇게 나온 이미지가 래퍼 블랙이 침대에서 회색곰 옆에 앉아 있는 232쪽의 사진이다. 이 이미지는 잡지 〈콤플렉스Complex〉에서 "올해 최고의 앨범 표지 중 하나"로 칭송받았다.

"다들 이게 CGI[컴퓨터 생성 이미지]인 줄 알아요. 진짜 곰이에요!" 발렌타인이 이 잡지와의 인터뷰에서 한 말이다.[14]

사실 곰을 섭외하는 일 자체는 어렵지 않았다고 한다. 그러나 300킬로그램 넘게 나가는 열일곱 살의 늙은 곰에게 사진을 찍기 위한 포즈를 취하게 하는 일은 전혀 다른 문제였다. "곰이 뭔가를 하게 만들 수는 없어요."[15] 발렌타인이 현명하게 말한다.

이 놀라운 사진의 비밀은 곰의 시간을 배려한 데 있다. 발렌타인과 직원들은 자기네 일정에 맞춰 서두르지 않고 곰의 시간에 맞춰

촬영을 진행했다. 첫날은 곰이 아무것도 하지 않고 세트장에서 그냥 어슬렁거리며 여기저기 코를 킁킁거리게 놓아두었다.

"곰이 설렁설렁 들어와 빙 둘러보더니 다시 트레일러로 나가더군요. 꼬박 여섯 시간 동안 그냥 머리를 쭉 빼고 반쯤 나오다가 다시 뒤돌아서 트레일러로 가버렸답니다."[16]

둘째 날에는 곰이 주변 환경과 다른 모델에게 좀 더 편안해졌는지 저 유명한 사진을 위해 자리에 앉았다. 제작팀은 주요 모델인 곰에게 우선순위를 두고 데드라인을 정한 덕분에 원하던 결과물을 얻었다.

그것은 래퍼 블랙이 속한 LVRN 경영진의 철학에서 나온 결과였다. 이 회사의 대표 맥니콜은 내게 각자 작업하는 방식에 따라 데드라인을 다르게 정한다고 말했다. "우리가 원하는 기한에 맞추고 싶은 만큼 그 작품이 창작자에게도 얼마나 중요한지 압니다." 누구에게도 과도한 스트레스를 주지 않고 작업을 진행하기 위해 LVRN 경영진(최근에 소속 아티스트와 직원을 위해 회사 안에 정신 건강 및 신체 건강 센터를 처음으로 만들었다)은 데드라인에 어느 정도 여유를 둘 수 있는지에 대한 내부 지침을 마련했다.

스페이스엑스SpaceX의 CEO 일론 머스크Elon Musk도 공적 영역과 사적 영역 모두에서 이와 유사하게 데드라인을 정한다. "약속한 외부 일정에 맞추려면 내부에서 더 공격적으로 일정을 정해야 한다."[17] 머스크는 이런 식으로 "일정에 여유"를 두어 재량껏 일하면서 팀의 명성과 팀원들의 정신 건강을 지킨다.

데드라인을 적절하게 정하는 가장 현명한 방법은 모든 당사자에게 과도하게 스트레스를 주지 않고 각 당사자에게 맞추고, 데드라인을 작은 단위로 쪼개는 것이다. 전체에 적용되는 부담스러운 데드라인이 아니라 전체 과정 안에서 소단위로 데드라인을 정하는 것이다. 문제 해결에서도 단계마다 데드라인을 따로 정해야 한다. 이제 예술가가 데드라인에 접근하는 방식을 기준으로 한 예시를 보자.

과제	필요한 시간	데드라인
자화상을 그리면서 자신의 지각 필터 찾기		
다른 관점 찾아보기		
문제를 정의하기		
수집한 자료를 정리하고 우선순위를 정하기		
해결책을 스케치하기		
해결책을 실행하기		
결과를 측정하고 후속 조치를 취하기		

대학 수업에서 보고서를 쓸 때든 기업에서 신제품 출시 계획을 짤 때든, 사안에 따라 원하는 단계가 다르고 데드라인도 다르다. 사람들과 협업하는 경우라면 데드라인을 정할 때 모두가 함께 참여해 시작부터 함께 전략을 세워야 전반적으로 성공할 가능성이 커진다.

다음의 제리코의 작업 방식처럼 그저 즐거움을 위해 데드라인을 추가로 넣을 수도 있다.

추가로 데드라인 정하기

제리코는 〈메두사호의 뗏목〉을 1819년 파리 살롱에 출품하기 위해 18개월 만에 방 하나 크기의 대작을 완성하기로 정해놓고, 시간의 압박을 받으면서도 작업과 동시에 진행할 만한 다른 활동의 목록을 하나 더 만들었다. 그가 이렇게 엄청난 활동 목록을 만든 이유는 '독학'만을 위해서가 아니라 매일 완결할 수 있는 과제를 마련하기 위해서였다.[18]

읽고 쓰기

해부학

유물

이탈리아어

음악 들으며 바쁘게 움직이기

주요 작업과 직접 관련되지 않은 자잘한 활동을 중심으로 창작한 예술가가 제리코만은 아니었다. 화가 로버트 라우션버그Robert Rauschenberg는 매일 아침 〈더 영 앤드 더 레스트리스The Young and the Restless〉라는 드라마를 보고 하루를 시작했다.[19] 호안 미로Joan Miró는 매일 정오에 한 시간씩 운동하러 작업실을 나섰다.[20] 화가 데임 파울라 레고Dame Paula Rego는 하루의 작업을 마무리하면서 샴페인을 딱 한 잔 마셨다.[21]

특히 문제를 해결하면서 교착상태에 빠졌을 때는 휴식을 취하고, 심호흡을 하고, 데드라인 너머를 보는 것이 어려울 수 있다. 이럴 때 추가로 활동을 정해서 단조로움을 깨고, 가벼움을 더하고, 활동 목록에서 날마다 하나씩 지워나가면서 생기는 만족감을 누릴 수 있어야 한다.

휴식 시간만을 위한 제안이 아니다. 전체 작업에도 중요한 과정이다. 이 과정의 중요성을 이해하기 위해 날마다 즐거움을 주는 세 가지 활동을 찾아보자. 거창한 일도 좋고, 사소한 일도 좋다. 미로는 매일 오후에 5분간 낮잠을 자면서 그 시간을 "지중해식 요가"라고 불렀다.[22]

나는 매일 예술품 한 점을 골라 페이스북에 올린다. 이렇게 '오늘의 그림'을 고르면서 행복해지고, 친구들이나 전 세계 팔로워들이 달아주는 댓글에 기분이 좋아진다. 이렇게 함께 그림을 보기만 해도 모두가 각자의 일과와 무관한 대화를 나누며 공감대를 형성할 수 있다.

전체 작업을 구성하는 작은 작업의 성과를 자축하기

마지막으로 자축하는 과정도 일정에 넣어야 한다. 최종 결과만이 아니라 매 단계에서 이룬 성과도 그때그때 축하해야 한다. 문제를 해결하다 보면 극적인 상황에 부딪히고 불안해질 때가 많다. 시간을 들여서 잘된 측면을 알아채야 한다.

이 책에서도 당신이 어디까지 왔는지 점검하고 스스로 칭찬해주어라! 이제 '밑그림 단계'의 마지막에 이르렀다. 해결책의 윤곽을 잡고 이제 결실을 보아야 한다.

〈뒷문의 파이프라인Backdoor Pipeline〉, 리처드 세라, 2010

역사상 가장 유명한 기업 광고 카피 중 하나는 미국 영부인과 연쇄
살인범에게서 영감을 얻었다.

　미국 운동용품 제조사 나이키Nike는 그리스 신화에 나오는 승리

의 여신에서 이름을 따왔지만, 1987년에는 실적이 좋지 않았다.[1] 매출이 18퍼센트 떨어지고, 순이익은 40퍼센트 떨어졌다.[2] 에어로빅과 에어로빅 운동화의 인기 추세를 타지 못해서 경쟁사 리복Reebok에 시장점유율을 50퍼센트 가까이 넘겨주었다. 나이키는 크고 빠른 승리를 가져와야 했다. 그래서 포틀랜드의 광고회사 와이든+케네디Wieden+Kennedy를 찾아갔다.

이 회사의 대표 댄 와이든Dan Wieden은 짧고 명쾌한 카피가 통할 거라고 보았다. 낸시 레이건Nancy Reagan이 남긴 마약 반대 캠페인의 간명한 슬로건 "싫다고 말하라Just Say No"처럼, 행동에 기반하고 스스로 자신감을 끌어내는 표현이어야 했다.[3] 그리고 그로부터 10년 전에 어느 살인범이 총살당하기 전 사형 집행대 앞에 앉아 내뱉은 말처럼.

게리 길모어Gary Gilmore라는 이 사형수는 특이한 요구로 몇 달 동안 신문 1면을 장식했다. 자신의 사형 날짜를 직접 정하고 싶어 한 것이다. 가족과 친구들, 심지어 가수 조니 캐시Johnny Cash까지 청원을 올렸지만, 정작 길모어는 미국시민자유연합American Civil Liberties Union, ACLU을 향해 뒤로 물러나라고 하고 주 당국에 자기가 연이틀 밤 무고한 사람 두 명을 죽였으니 사형을 집행하라고 요구했다.[4] 전국이 들끓었다(심야 텔레비전 코미디 프로그램 〈새터데이 나이트 라이브Saturday Night Live〉에서는 이 주제로 풍자 코미디를 두 편에 걸쳐 방영할 정도였다).[5] 미국에서 10년 만에 집행되는 첫 사형이기 때문이었다. 1977년 1월 17일 아침, 길모어는 유타주립교도소 뒤편의 버려진 통조림공장으로 끌려가 샌드백 벽 앞에 놓인 의자에 앉혀졌다. 집행인들이 그의 머리에 검은 복면을 씌우기 전에 그에게 마지막으로 할 말이 있으면

하라고 했다. "그냥 합시다Let's do it."[6] 그가 남긴 말이었다.

와이든은 이 한마디에 "궁극의 의도가 담겨 있다"고 보았다.[7] 역사가 나탈리아 멜먼 페트르젤라Natalia Mehlman Petrzela도 이렇게 말한다. "사형대에 오르기 직전만큼 삶에 대한 통제력이 낮은 순간이 또 있을까? 길모어의 한마디는 자기 삶의 주도권을 잡은 사례다."[8] 와이든은 이 두 개의 문구("Just say no"와 "let's do it")를 섞어서 누구나 듣자마자 기억에 남을 문구를 만들었다. 나이키가 지금도 사용하고 있고, 여전히 엄청난 영향을 미치는 바로 그 문구다. 그냥 하라Just Do It.

이제 우리도 문제 해결 과정에서 이 단계에 들어섰다. 그냥 하라. 이제껏 모든 준비를 마치고, 모든 정보를 수집하고 분석했다. 우리 자신과 우리를 둘러싼 관계도 점검했다. 문제를 정의하고, 우선순위를 정하고, 마감도 정했다. 이제 해결책의 초안을 잡는 일만 남았다. 방향을 정하고 계획을 실행에 옮기고 결정하기 위한 증거를 제시해야 한다. 구체적인 행위를 정한다는 점에서 가장 까다로운 단계일 수 있다. 해결책을 실행에 옮길 수 있는지, 아니면 문제를 붙잡고 빙빙 돌기만 하는지 알아낼 단계다.

이 단계에서는 조각가이자 시인인 리처드 세라Richard Serra의 〈뒷문의 파이프라인〉(244쪽 그림)과 시인 로버트 프로스트Robert Frost의 시 〈하인이 하인들에게A Servant to Servants〉가 떠오른다. 미술관 큐레이터는 세라의 이 거대한 아치 모양의 작품을 두고 "녹슨 철근으로 만든 성당 문턱을 넘는 것 같다"고 표현했다.[9] 이 말을 듣자 프로스트의 시구가 떠올랐다. "통과하는 수밖에 다른 길이 없다."[10] 이제 해결책을 고안할 때다.

이 단계에서 게리 길모어의 사연을 소개한 이유는 정반대의 영역, 곧 문제를 일으키는 쪽에서는 자주 나타나는 순수하고 완강한 자신감을 강조하고 싶어서였다. 문제를 일으키고, 우리 삶에 장애물을 만드는 사람이나 상황. 공격하고, 거짓말을 일삼고, 인간의 존엄성을 짓밟고, 무례하고, 파괴하고, 속이고, 죽이고, 힘을 빼앗고, 독을 타고, 약탈하는 사람들. 나는 이제 여러분이 이런 힘, 다시 말해 곧 자기를 죽일 사람들 앞에서 "그냥 합시다"라고 말할 수 있는 살인자의 힘에 대해 생각해 보기를 바란다. 깨진 부분을 메우려면 깨트린 자와 같은 정도로 결의를 다져야 한다.

그러니 이제는 예술가의 결단력을 활용하자. 중국의 반체제 인사 아이웨이웨이艾未未를 예로 들어보자. 예술을 통해 중국 당국이 국민을 대하는 방식에 저항하는 예술가다. 아이웨이웨이는 2008년 쓰촨성 대지진에 대한 중국 정부의 참담한 대응, 부실 공사와 느슨한 규제로 수많은 학교가 무너진 현실에 세상의 이목을 집중시키기 위해 책가방 9000개에 참사로 사망한 아이들의 이름을 붙여서 〈기억하기〉라는 제목의 설치미술을 제작했다. 그리고 참사로 딸을 잃은 어머니의 말을 원색으로 두드러지게 표현했다. "우리 아이는 이 세상에서 일곱 해 동안 행복하게 살았습니다."[11] 아이웨이웨이는 이렇게 당국이 지원한 공사의 거대한 실패에 관해 증언하려다가 중국 공안에게 폭행당해 뇌출혈로 응급 수술을 받아야 했다. 그리고 2년 뒤 베이징 공항에서 홍콩행 항공편을 기다리다가 체포되었다. 아이웨이웨이는 수감 생활을 이렇게 회고했다. "그 모든 고함과 투옥과 폭행이 없었다면, 나는 어떻게 되었을까?"[12] 그는 계속 자신을 변호하고 후회하지 않는다. "잠깐이라도 목소리를 내거나 저마다의 작은 능력을 발휘한다면, 그리고 모두가 함께한다면 세상의 온도가 달라

〈기억하기Remembering〉, 아이웨이웨이, 2009

질 수도 있다."[13]

이란의 거침없는 영화감독 자파르 파나히Jafar Panahi도 예로 들수 있다. 그는 자기 영향력을 이용해 이란의 인권침해 현실을 전 세계에 알리려 한다. 2000년에 선보인 〈서클The Circle〉을 비롯해 이란 여자들이 처한 현실을 폭로하는 작품을 몇 편 발표한 뒤, 가택연금 처분을 받고 20년간 영화 제작 금지 처분까지 받았다.[14] 그래도 그는 계속 창조적 해결책을 찾아낸다.[15] 아이폰으로 억압에 저항하는 그의 투쟁을 기록한 영화 〈이것은 영화가 아니다This Is Not a Film〉를 발표했는데, 이 영화의 원본 영상은 플래시 드라이브에 담기고 생일 케이크에 숨겨져 이란 밖으로 빠져나갔다.

문제를 해결하려는 시도는 어려운가? 그렇다. 국가에 폭행당해 뇌출혈을 일으키거나 영구히 활동 금지 처분을 받으면 힘들까? 보통은 그렇다. 해결책이 꼭 완벽해야 할까? 아니다. 해결책을 지금 당장 내야 할까? 그렇다. 언제든 화판 앞에서 다시 시도할 수 있지만, 이제는 정말로 뭔가를 해야 한다.

그냥. 하라.

유에서 유를 쌓기

흔히 무에서 유를 창조한다고 하지만 그런 기회를 누리는 사람은 드물다. 대개는 유에서 유를 쌓아나가야 한다.

〈긍정적인 남자Mr.Optimistic〉, 줄리 코흐번, 2014, 사진에 자수

〈난제The Conundrum〉, 줄리 코흐번, 2016, 사진에 자수

줄리 코흐번Julie Cockburn의 예술이 완벽한 예다. 코흐번은 벼룩시장과 경매에서 모르는 사람들의 낡은 사진을 사서 바늘과 실로 수를

놓는다.[16] 그러면 완전히 새로운 이미지가 나오면서 부분의 총합보다 더 큰 예술품이 탄생한다. 자수와 사진은 명백히 다르면서도 밀접히 연결되어 어느 한쪽 없이는 다른 쪽을 보기 어렵다. 양쪽 모두 뚜렷이 구분되면서도 함께 어우러진다. 어떤 경우든 최선의 해결책은 비슷하다. 낡은 것을 파괴하지 않고 새롭게 정의하기. 모든 문제를 복기지複記紙(썼던 글자를 지우고 그 위에 다시 글을 쓸 수 있도록 만든 양피지 – 옮긴이)로 삼고, 한 번 쓴 것 위에 다시 쓰고 덧붙여서 더 아름다운 무언가를 세상에 내놓을 기회로 생각할 수 있다.

이미 가진 것과 아는 것을 이용해 해결책을 선택하고 실행에 옮겨야 한다. 한번 내놓은 해결책을 고수해야 하는 것은 아니다. 때로는 같은 문제를 해결하기 위해 여러 가지 방법을 순서를 바꿔가며 적용할 때 최선의 해결책이 나온다.

2015년에 프린스턴대학교 학생들이 크리스토퍼 아이스그루버 Christopher Eisgruber 총장의 집무실을 점거하여 36시간 연좌 농성을 벌이며 프린스턴의 제도적 인종차별주의에 항의했다.[17] 학생들의 요구 사항 중 하나는 프린스턴 동문이자 분리주의 신념과 정책을 내세웠던 우드로 윌슨Woodrow Wilson 전 대통령의 이름을 프린스턴 공공국제관계대학원과 기숙형 대학의 이름에서 빼달라는 것이었다. 특별이사회가 소집되고 지역사회와 일반 국민들의 청원이 들어와 이제는 결단을 내려야 했다. 다섯 달 뒤 프린스턴은 충분한 조사와 심사숙고 후 투표한 결과 윌슨의 이름을 빼지 않는 대신 그의 "결함과 단점"에 대해 의미 있는 방식으로 공개적으로 인정할 계획이라고 발표했다.[18] 더불어 "소외된 집단"을 위한 교육 정책 프로그램 계획도 발표했다.[19] 흑인정의연맹Black Justice League에서는 프린스턴의 이런 결정을 맹렬히 비난하며 성명을 냈다. "오늘 프린스턴의 결정은 프린스턴이 '역사'와 '전통'이라는 미명 아래 흑인 학생들의 일상적 경험에서 나온 요구를 무시하고 노골적으로 침해하면서 반反흑인 정서의 상징과 유산에 대한 의지를 선명하게 드러낸 것이다."[20]

사실 프린스턴은 다양성을 기치로 교육 프로그램과 교수 임명, 주요 설치미술을 통해 인종주의와 노예제의 '복잡한 유산'을 해결하려고 시도해 왔다. 2017년에 타이터스 카파는 2톤 규모의 조형물 〈자유의 인상Impressions of Liberty〉을 공개했다.[21] 프린스턴의 전 총장이 노예 다섯 명을 판매한 자리에 세운, '노예가 된 사람들을 위한 추모비'였다. 이 작품은 과거 프린스턴 총장의 관저였고 현재는 동문회관으로 쓰이는 건물 앞에 설치되었다. 2019년에는 맥아더 펠로 MacArthur Fellow 프로그램의 월터 후드Walter Hood가 프린스턴의 우드로월슨공공국제관계대학원 앞에 〈이중 장면Double Sights〉이라는 설치미술품을 헌정했다.[22] 이 작품은 "디자인으로 파괴하기"를 의도한 약 12미터 높이의 설치미술이다. 검은색과 흰색 기둥 두 개에 우드로 월슨의 말과 그를 비판하는 사람들의 말이 새겨져 있다. 학생 대표들은 이 조형물을 "과거로 퇴보하는 콘크리트 계단"이라고 부르며, "백인 지상주의자를 공언한 우드로 월슨에게 헌정된 또 하나의 기념물"이라고 항의했다.[23]

2020년 6월에 프린스턴 이사회는 지난번에도 "철저하고 신중한과정"을 통해 결정을 내리기는 했지만, 월슨의 이름이 붙은 주요 기관에 대한 앞선 결정을 뒤집기로 했다고 발표했다.[24] 지난번과 달리이번에는 입장을 명백히 밝혔다. "월슨의 인종차별은 당시를 기준으로 봐도 심각하고 중대한 수준이었다. (…) 월슨의 분리주의 정책 때문에 공공정책대학원에 그의 이름을 붙이는 것은 적절치 않다."[25] 아이스그루버 총장은 단호하게 이전의 결정이 틀렸다고 공개적으로 인정하면서, 〈워싱턴포스트〉에 다음과 같은 제목의 글을 기고했다. "나는 원래 우리 학교의 대학원에서 우드로 윌슨의 이름을 빼는 데 반대했다. 이제 이 지면을 통해 내가 생각을 바꾼 이유를 밝히려 한다."[26]

누구나 생각이 바뀔 수 있다. 어떤 해결책도 완벽하지 않다. 다만 완벽하지 않은 해결책을 밀어붙이려고 시도하는 과정에서 더 나은 해법이 나올 수도 있다. 지금 시작하라. 대범하게 두려움을 떨쳐내고 시작하라. 당신이 선택한 해결책을 마지막 순간에 점검해야 한다면, 가장 단순한 필터로 걸러내야 한다. 한마디로 가장 인도적인 선택인가?

1956년에 프린스턴을 졸업한 어느 동문은 개명하기로 한 결정이 옳은 이유에 대해 이렇게 말했다. "윌슨의 노골적인 인종차별이 몇 세대 전 프린스턴의 의사 결정권자들에게 중요하지 않았다고 해서 현재의 의사 결정권자가 그 점에 얽매일 필요는 없다. 더욱이 지금처럼 우리의 민주주의가 얼마나 취약해졌는지 만천하에 드러난 시대에는 모든 국민의 권리를 옹호하기 위해 항상 깨어 있어야 한다."[27] 모두가 신성한 전통을 다시 쓰는 데 동의하는 것은 아니지만, 결국에는 무엇이 더 중요한지가 관건이다. 유산인가, 인간애인가?

성공의 지표를 정하라

어떤 해결책으로 문제가 어느 정도 해결되는지 점검하려면, 그 해결책을 실행할 때 성공의 지표를 정해야 한다. 어떤 지표가 가장 효과적인지는 문제마다 크게 다르지만, 몇 가지를 선택해야 한다. 꼭 완벽한 점검 체계를 갖춰야 하는 것은 아니지만, 처음의 계획을 조율하거나 바꾸는 데 참조할 만한 자료는 필요하다.

예술계에서 측정 방식은 다양하다. 구체적인 지표로 앨범 판매량 같은 예가 있다. 골드, 플래티넘, 다이아몬드 음반은 각각 50만장, 100만 장, 1000만 장의 판매량과 스트리밍을 뜻한다. 〈뉴욕타임스〉 베스트셀러 목록처럼 상대적인 지표도 있다. 어떤 책이 전체 몇권 팔렸는지가 아니라 그 주에 팔린 다른 책들과 비교해서 목록에오르는 것이다. 개봉 첫 주말 관객 수처럼 한정된 기간을 측정하는지표도 있고, 전체 관객 수처럼 누적 판매량을 측정하는 지표도 있다. 인기투표로 측정하는 지표도 있고(아카데미 시상식), 비밀투표로측정하는 지표도 있고(맥아더 펠로), 위원회에서 결정하는 지표도 있다(노벨상). 측정 지표는 각 프로젝트에 적합해야 하고, 무엇이 성공인지 제시해야 한다.

낸 터커Nan Tucker는 GM(제너럴모터스) 중서부 조립공장의 인사책임자다. 터커는 보상 협상부터 업무 환경 안전에 이르기까지 하루에도 수십 가지 문제를 다루지만, 그녀가 풀 수 없는 문제가 있었다. 직원 화장실이 매일 낙서로 도배된다는 것인데, 수시로 지워도 얼마지나지 않아 다시 낙서가 생겼다.

터커는 온갖 방법을 다 시도해 보았다. 청결과 존중을 호소하는안내문도 붙여보았고, 유지보수팀이 추가 근무를 해야 하는 상황을설명하는 안내문도 붙여보았다. 장려책을 약속하는 방법도, 처벌한다고 협박하는 방법도 모두 효과가 없었다. 업무 환경 개선 웹사이트에서 행동분석학 교수가 실시한 공중화장실 실험을 참조한 2009년의 논문을 만나기 전까지는.[28] 터커는 그 교수의 방법을 시도하기로 했다. 그날 밤 휴게실에 새로운 안내문이 붙었다. "매일 벽에 낙서가 없으면 GM이 지역 푸드뱅크에 기부합니다." 당장 낙서가 사라졌다.

터커는 공장의 깨끗한 화장실을 보고 그 방법이 성공했다는 것을 바로 확인할 수 있었다. 그리고 상부에 올리는 보고서에는 공장에 안내문을 붙이고 푸드뱅크에 기부하는 것과 페인트를 사고 추가로 인건비를 들여서 낙서를 지우는 것, 두 가지 방법을 비용 효과 면에서 상세히 비교했다.

적절한 지표를 선택하기 위한 보편적인 데이터베이스는 존재하지 않는다. 지표를 정해서 합의하고 효과를 기록하는 것은 각자의 몫이다. 다른 방법이 없다면 다음 세 가지 질문에 답하면서 빠르고 쉽게 성공의 정도를 가늠할 수 있다.

당신이 보기에 문제가 얼마나 효과적으로 해결되었는가?
이해당사자가 보기에 문제가 얼마나 효과적으로 해결되었는가?
세상이 보기에 문제가 얼마나 효과적으로 해결되었는가?

어떤 해결책을 남들은 어떻게 보는지가 왜 중요할까? 이 책의 서두에서 논의했듯이, 누구도 진공상태에서 혁신을 꾀할 수는 없으므로 당연히 남들의 눈도 중요하다. 게다가 카메라 달린 휴대전화가 지구상에 정보를 퍼트리며 우리의 명성을 빛의 속도로 무너뜨릴 수도 있는 세상이기에 우리가 사적 공간에서 하는 거의 모든 활동이 대중적으로 소비될 수 있다. 딸이 노트북에 중독된 문제를 해결하기 위한 방법이라면서 당신에게는 완벽히 합리적으로 보이는 방법을 페이스북에 올린다면(예컨대 뒷마당에서 사냥총으로 노트북을 쏘기), 당장 아동보호기관의 관계자가 찾아올 것이다.[29] 2012년에 노스캐롤라이나의 어느 아버지가 실제로 그랬다. 그보다는 어떤 해결책을 실행에 옮기기 전에는 성공을 측정할 방법을 마련해 놓고 남들과 공유해야 한다.

해결책을 남들과 공유하라

해결책을 찾아내고 성공의 정도를 측정하는 방법까지 결정했다고 해서 끝나는 것은 아니다. 이제 해결책을 남들에게 알려야 한다. 물론 남들도 이해하기 쉽게 계획을 알리고 싶을 것이다.

덴버의 공공 병원에서 일하는 라틴계 의사 릴리아 세르반테스 Lilia Cervantes는 불법 이민자들이 의료 서비스를 제대로 받지 못해서 어떤 고통을 겪는지 안다.[30] 미국의 대다수 주처럼 콜로라도에서도 메디케이드Medicaid(저소득층 의료 보장 제도 – 옮긴이)로는 응급치료만 받을 수 있다. 그래서 세르반테스(환자들에게 '닥터 릴리'로 불린다)는 당장 환자의 생명은 구할 수 있어도 환자가 계속 생존하는 데 필요한 장기 치료는 제공할 수 없었다. 세르반테스는 신부전으로 응급실에 들어오는 환자들과 맥 빠지는 전쟁을 치러왔다. 몇 사람은 걷지도 못했다. 몇 사람은 다발성 심정지를 일으켰다. 모든 환자가 응급처치로 투석을 받고 살아나서 퇴원했다가 일주일 만에 더 아픈 채로 다시 들어왔다.

세르반테스는 힐다라는 환자의 사례로 괴로워했다. 불법 이민자인 어린 엄마 힐다는 목숨을 부지하기 위해 일주일에 한 번씩 투석을 받으러 왔다. 신장이식을 받지 않은 말기신부전end-stage renal disease, ESRD 환자는 주 3회 투석을 받아야 생존할 수 있다. 일주일에 한 번 받아서는 충분하지 않다. 힐다는 마지막 며칠 동안 아이들을 돌봐줄 가정을 찾아주려고 안간힘을 썼다.

세르반테스는 힐다의 딱한 사정을 보면서 환자를 진료하는 시간을 줄이고 조사팀을 꾸려서 콜로라도주 당국이 불법 이민자를 위한 정기 투석을 지원해 줄 수 있는지 알아보았다. 4년간 환자와 의사를 만나보고 연구를 발표했고, 이런 연구가 주요 이해당사자를 끌어들이는 데 도움이 되었다.[31] 세르반테스의 연구에서는 응급상태에서만 투석을 받는 환자는 정기적으로 투석을 받는 환자보다 사망률이 14배나 높다는 결과가 나왔다.[32] 더 나아가 응급 상태의 환자만 치료할 수 있는 현실에서 의사가 느끼는 무력감이 의사의 탈진에 크게 작용하는 것으로 나타났다.[33] 정기적으로 치료를 받으면 나아질 환자에게 결국 응급처치만 하면서 응급실의 시간과 자원에 부담을 주고 다른 위독한 환자를 돌보는 데 필요한 시간과 자원을 빼내야 했다.[34] 세르반테스에게 답은 단순했다. 이민자건 아니건 누구나 투석을 받을 수 있어야 한다는 것이다. "의료 서비스의 접근성에 관한 여러 문제에 정책적 해법이 미비한 실정입니다. 그런데 이 문제에는 해법이 있어요."[35]

그러나 적절한 해법을 찾는다고 해서 반드시 성공하는 것은 아니다. 해결책을 실행에 옮겨야 한다. 대개는 다른 사람들을, 때로는 조직 전체를 설득해야 한다. 세르반테스는 심금을 울리는 호소문이라면 100장도 쓸 수 있었지만, 어차피 정책을 바꾸는 힘은 자료와 돈에서 나온다는 것을 알았다.

마침내 2018년 콜로라도주 보건정책 및 자금 마련 부서에서 주로 세르반테스 조사팀의 연구를 토대로 ESRD 환자를 위한 투석 비용을 부담하기로 합의해 주었다.[36] 그러나 그들은 납세자들에게 뜨거운 쟁점이 되리라는 것을 알고 정책 변화를 예고할 때 서두에 우선 세제 혜택부터 언급했다. 콜로라도주에 불법 이민자를 위한 정기 치료 비용을 부담하라고 직접적인 표현으로 요구하지 않고, 소통 방식을 정교하게 다듬어 가능한 우려를 모두 불식했다. 〈콜로라도 선Colorado Sun〉의 기사 제목은 "환자들이 이제 메디케이드를 통해 투석 병원에서 정기적으로 치료를 받을 수 있다. 병원 측의 비용 수백만 달러가 절약된다"였다.[37] 불법 이민자에 대한 언급은 없었다. 납세자에게 수백만 달러를 절약해 준다는데 누가 뭐라고 할 수 있겠는가? 이런 변화가 인도적일 뿐 아니라, 정기 예약 투석 비용은 평균 250달러지만 응급 투석 비용은 그보다 8배나 많은 2000달러라서 수백만 달러가 절약될 터였다.[38] 새로운 정책이 처음 시행되고 1년이 지난 현재 콜로라도주 메디케이드는 정책을 제대로 실행에 옮기면서 1900만 달러를 절약하고 있다.[39] 연간 절약된 금액이다.

이 사례에서는 해결책을 알리는 과정에서 모든 관계자가 전략적으로 움직였기 때문에 성공할 수 있었다. 세르반테스와 조사팀은 콜로라도주에서 승리한 후 멈추지 않았다. 그들은 다른 주의 의료인들에게 도움을 주기 위해 자신들이 어떻게 소통했는지 정확히 기록했다. 세르반테스는 학술지에 "바늘 옮기기: 병원 연구를 토대로 콜로라도주 불법 이민자를 위한 메디케이드 보장 범위를 확장한 과정"이라는 제목의 논문을 발표하여 승리를 이끈 두 가지 핵심 요인을 강조했다.[40] 바로 연구와 소통에 대한 지원, 그리고 이해관계자 집단 간의 신뢰와 공조였다. 텍사스주 상원의원은 콜로라도주의 선례를 따라 똑같은 계획을 제안했다. 〈D매거진D Magazine〉에서 이런 상황을 설명한 글의 제목은 다음과 같다. "텍사스주 메디케이드를 확장하고 납세자의 세금을 절약하기 위한 네이선 존슨 상원의원의 계획."[41] 해결책을 소통하는 방식을 정교하게 계획하는 것도 중요하지만, 이런 전략을 공유하면 남들이 따라 할 수도 있고 지속 가능해진다.

화가들은 오래전부터 이렇게 해왔다. 어느 화가는 이렇게 말했다. "모든 의사소통이 예술은 아니지만, 모든 예술은 의사소통이다."[42] 예술가의 삶과 마음가짐과 절차만이 아니라 예술가가 실제로 변화를 이루고 해결책을 찾기 위해 시도하는 방식에서도 문제 해결을 위한 영감을 얻을 수 있다. 그중 한 예가 내 정곡을 찔렀다. 뉴욕 시정부는 압도적인 관료 체계의 정점에 있다. 불필요한 요식 행위가 지배하는 이 거대 조직도 크리스토와 잔클로드Christo & Jeanne-Claude라는 두 예술가 앞에서는 맥을 못 췄다. 두 예술가는 뉴욕시의 심장부에서 대형 예술품을 창조하며 제아무리 야심만만한 프로젝트라도 도중에 멈추게 만드는 공개 펀딩의 늪에서 허우적대지 않았다.

2005년 2월에 마이클 키멜먼Michael Kimmelman은 크리스토와 잔클로드의 〈대문〉이라는 작품이 뉴욕 센트럴파크에서 공개될 거라고 예고하면서, "순수한 즐거움의 작품, 선의와 단순한 우아함을 담은 거대한 포퓰리스트의 장관, 21세기 공공 미술의 첫 위대한 사건"이라고 평했다. 2주간 센트럴파크를 찾은 사람들은 철골 7503개에 짙

〈대문 The Gates〉, 크리스토와 잔클로드, 2005

은 노란색 천이 걸려서 바람에 나부끼며 37킬로미터나 이어지는 산책로를 거닐 수 있었다. 2주 이상에 걸쳐 2억 5400만 달러 이상의 수익을 올린 이 프로젝트는 '대단한 성공'으로 여겨졌다.

크리스토와 잔클로드는 헐벗은 나무가 늘어선 겨울 공원에 어느 방향에서나 잘 보이도록 활기찬 진노랑 대문을 세웠다. 센트럴파크는 뉴욕 시민이든 관광객이든 누구에게나 열린 공간이고, 모두가 즐겁게 참여하면서 소유권을 누리는 공간이다. 뉴욕의 5개 구와 그 밖에서 찾아와 자전거를 타거나 조깅하거나 산책하는 사람 400만명 이상이 진노랑 대문 아래나 주위를 거닐면서 그저 외부에서 예술품을 감상하는 것이 아니라 예술품에 소속감을 느꼈다. 이 작품은 센트럴파크와 시민들을 단순히 포함하기만 한 것이 아니라 사로잡았다. 나는 이 작품이 설치된 축제와도 같은 기간에 마침 센트럴파크와

길 하나를 사이에 둔 곳에서 일했던 터라 여러 번 산책하며 〈대문〉을 보았고, 그때마다 독특하고 고유한 체험을 했다.

그러나 진노랑 천의 미로 너머에 거대한 장치가 있었다. 이 장치 덕분에 크리스토와 잔클로드가 프로젝트 비용(2100만 달러)을 개인이나 공공의 기부나 모금 활동 없이 진행할 수 있었다. 부부 사이인 두 예술가는 프로젝트를 진행할 때마다 그들의 다른 작품을 판매했다. 〈대문〉 프로젝트도 같은 방식으로 진행해서 기획과 설치, 유지 보수, 해체에 들어가는 제반 비용을 스스로 마련하여 뉴욕시나 센트럴파크 방문객에게는 한 푼도 비용을 청구하지 않았다. 두 사람은 이것이 1년에 걸친 복잡한 문제 해결 과정의 핵심이라고 보았다. 〈대문〉은 단기간 설치된 조각품의 가장 흥미로운 측면인 동시에 당국과의 성공적인 협상을 보여주는 기념비적 작품이기도 했다.

MESH와의 문제 해결 과정

내 강의를 접한 사람들이 자주 찾아와 개인 생활에서든 일에서든 내 강의를 통해 새로 배운 문제 해결의 관점을 어떻게 적용했는지 후일담을 들려준다. 그중 몇 가지 문제는 내 강의를 접하기 전에는 해결책을 찾는 것이 불가능해 보였다고 한다. 따라서 나는 내 프로그램이 내가 상상하지 못한 방식으로도 적용될 수 있다는 것을 누구보다 잘 안다. 그런데 나조차도 놀란 사례가 있다. 최악의 상황, 평범한 사람은 생각지도 못할 상황에 대비해 계획을 세우는 역할을 맡은 팀에 강의를 진행할 때였다.

9·11 테러 당시 뉴욕에서 살던 나는 역사적 건물, 기념물이자 일상적인 업무 공간이 무너지는 장면을 현장에서 지켜보아서 위기 상황을 위한 비상 대책이 없으면 어떤 일이 벌어질 수 있는지 생생히 기억한다. 온통 아수라장이었다. 모두의 얼굴에서 몇 달 동안 불신의 표정이 지워지지 않았다. 당시 뉴욕에서는 지극히 드문 현상이 벌어졌다. 도시 전체가 한꺼번에 우울증에 빠진 것이었다.

9·11 테러의 여파로 미국 전역의, 전 세계 사람들이 준비성에 대해 다시 생각하게 되었다. 그나마 이 재난의 가장 긍정적인 결과 중 하나는 그 뒤로 세계에서나 미국에서나 재난 대비를 전담하는 협력 기관이 새로 설치되었다는 점이다. 나는 2018년에 MESH 전국보건연합의 기조연설자로 초청받고 나서, 참가자들의 업무에 맞게 '지각의 기술' 프로그램을 조율하며 'MESH'라는 용어부터 시작해 '재난 대비'가 무엇을 의미하는지까지 공부했다. 처음 듣는 용어였다. MESH는 보건 비상 상황 폭증 관리Managed Emergency Surge for Healthcare의 약어였다. 언뜻 다가오지 않는 단어들의 조합으로 난해한 명칭이었다.

참가자들이 활용할 수 있는 방법을 비롯해 의미 있는 내용으로 강의를 구성하면서 성공적인 비상사태 계획 협력의 주요 요소를 배웠다. 이 분야 주요 전문가들의 지침에 따라 이 개념을 지력, 교육, 계획, 정책의 네 부분으로 나눴다. 각 분야의 전문가들은 자연재해부터 생화학무기 테러에 이르기까지 잠재적 위협에 관한 지력을 모으고, 과거 유사한 위기 상황의 성공과 실패를 점검한다. 다음으로 결과를 공유하여 이미 알려진 위협이나 잠재적 위협과 싸우기 위한 지표를 마련한다. 이들의 노력이 예리한 시력, 상황 판단 능력, 탄력

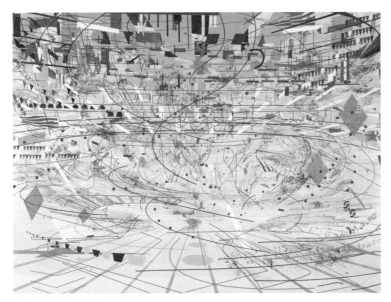

〈스테이디아 II Stadia II〉, 줄리 메레투, 2004

성에 중점을 두기는 하지만 이 항목들을 연결하는 끈은 당면한 재난의 배경과 즉각적 영향에 맞서 순간적으로 관찰한 내용을 서로 효과적으로 소통할 필요성이다. 이들의 공조 노력에는 여러 기관이 관여하지만, 정보를 간결하고 정확하게 주고받을 필요성이 무엇보다도 중요하다. 나는 추상적인 그림과 조각을 통해 그들이 꼭 필요한 능력을 기르는 데 도움을 주고자 했다.

줄리 메레투의 작품은 언뜻 보면 구성 요소가 많아서 무작위로 어지러이 돌아가는 듯 보인다. 그러나 자세히 들여다보면 색과 형태와 선이 (거의) 대칭적으로 배치되어 기저의 질서가 드러난다. 메레투는 작품에 혼돈을 담아서 장엄하고 압도적인 질서를 표현했다. 많은 동작과 혼돈 앞에 질서와 동작이 균형을 이루는 상태를 표현한 메레투의 작품은 재난 발생 시 정부 당국이 지향해야 할 자세를 보여준다.

사실, MESH의 참가자들에게는 메레투 자체가 두 가지 이상의 측면에서 모범이 된다. 예술가는 혼자 작업할 거라고들 생각하지만, 메레투는 유능한 조수들과 팀을 이뤄 함께 작업한다. 조수들 대다수가 예술가이고, 각자 전문 분야가 다르다(가구 제작, 자동차 제련, 그래픽아트, 컴퓨터 레이아웃 등). 여러 팀이 메레투의 지시에 따라 협력하면서 각기 다른 색채와 마감으로 층을 더하며 선순환을 이룬다. 이렇게 효율적인 작업 방식으로 더 야심 찬 작업의 의뢰가 들어오고, 작업 규모가 커서 더 많은(더 유능한) 팀원들을 고용할 수 있다. 메레투의 작품 〈스테이디아 II〉(2.7×3.6미터)는 복잡성과 크기 자체가 작품이 주는 압도적 충격의 일부인데, MESH에서는 누구나 이런 측면을 이해할 수 있다.

한편 앙리 마티스가 1910년에서 1913년까지 자네트 바드랭Jeannette Vaderin을 모델로 제작한 연작 조각상은 한 조직에서든 협력하는 여러 조직 사이에서든 어떻게 소통해야 하는지, 그리고 저마다 소통이 얼마나 다른지를 시각적으로 보여준다. 마티스의 연작은 현실에서 출발한 개념이 진화하는 과정을 추적하면서 한 조각상에서 다음 조각상으로 서서히 추상화되는 과정을 보여준다. 소통하려는 내용의 본질을 추구하기란 생각보다 어렵다. 병원과 우체국, 경찰서, 사회복지관 같은 기관은 "알파벳 수프(기호나 약어로 이해하기 어려운 언어 – 옮긴이)"로 버거워한다. 대화 중에 약어가 마구 튀어나온다. 어떤 단체가 전문 용어에 익숙하지 않은 대중이나 기관과 소통할 때는 자네트 연작의 후반부 작품처럼 메시지가 본질로 수렴해야 한다. 연작의 전

〈자네트Jeannette〉 I-V, 앙리 마티스, 1910~1913, 청동

반부 작품들이 현실에 더 가깝지만 문제 해결에 가장 유용한 방법은 아니다. 이런 기관들에는 예쁘게 포장하는 것만이 능사가 아니다. "단순한 것이 더 아름답다"는 간결성이 계획과 실행 두 가지 모두에 필요하다.

당시에는 몰랐지만 2018년 뉴올리언스에서 열린 MESH 회의에서 내 강의는 매우 시의적절했다. 의료 서비스와 공중 보건, 긴급 의료 서비스, 공공안전, 정부, 학술기관, 비영리단체, 민간 부문 기관의 지도자들이 모인 중요한 자리였다. 그 자리의 목표는 인재든 자연재해든 비상 상황에 대처할 때 지역사회를 지원하는 공중 보건 기반 시설을 갖추자는 것이었다.

당시 내 강의에서 생산적인 논의를 끌어낸 예술품은 세부 요소가 풍부한 대형 그림이었다. 추상화의 혼돈 속에서 질서를 찾으면서 시시각각 달라지는 우선순위와 각자의 관찰과 지각의 차이를 고려할 수 있었다. 이상적으로 MESH 참가자들은 감정적 요소를 가능한 한 제거하고 완전히 객관적으로 소통하기를 바란다. 이들이 내 강의에서 배워서 현실에 적용할 만한 가장 중요한 교훈은 언어의 경제성과 정확성을 고려하지 않고 성급히 소통하면 그 자체로 재난이 될 수 있다는 점이다. 무슨 말을 하고 싶은지뿐 아니라 무슨 말을 하고 싶지 않은지도 알아야 한다. 재난 상황에서 사람들은 이들의 말을 듣는 것이 아니라 이들에게 의존하기 때문이다. 급할수록 돌아가야 한다. 돌다리도 두들겨 보면서 어디로 가려는지, 제대로 소통되었는지 재차 확인해야 한다. 긴급한 의료 상황에서는 명료성에 생사가 걸려 있기 때문이다.

뉴올리언스 같은 지역에서는 자연재해의 위협(공공 서비스가 부족한 지역에 미치는 파괴적인 영향)이 번번이 되풀이되는 문제여서 재해를 당한 뒤 복구하고 삶의 터전을 재건하기 위해 지원을 받아야 한다. 허리케인 카트리나가 강타하고 지나간 뒤 강렬한 사진들이 떠돌며 전국 단위에서 조치를 취해야 한다는 요구가 빗발쳤다. 결과적으로 3R(구조Rescure, 복구Recover, 재건Rebuild) 구호는 루이지애나에서 수천 킬로미터 떨어진 지역에서도 보건 연합체를 결성하도록 요구하게 했다. 그러나 문제를 시각화하기까지 매번 이렇게 암울한 상황을 겪어야 하는 것은 아니다. 나는 제니퍼 오뎀Jennifer Odem의 〈떠오르는 테이블〉을 강의 자료에 넣었다. 뉴올리언스의 스카이라인을 배경으로 미시시피강에 설치된 작품이다. 카트리나가 할퀴고 간 자리에 불어난 물을 막는 보초병처럼 서 있는 테이블은 비록 부실하기는 해도 희망을 상징한다. 작가가 설명하듯이, 테이블은 집에서나 지역사회에서나 정서적 중심이 되는 물건이다. 우리는 홍수가 나면 귀중품을 테이블에 올려서 파손되지 않게 한다. 또 합의에 이르지 못하면 안

〈떠오르는 테이블Rising Tables〉, 제니퍼 오뎀

건을 테이블로 가져가 해결하려고 시도한다. 나는 어느 늦은 오후에 뉴올리언스에서 강의를 마치고 이 조각상을 직접 보기 위해 강둑으로 가서 뜻밖의 큰 감동을 받았다. 강물이 테이블 다리에 철썩였고, 이 높다란 구조물은 인재든 자연재해든 무수한 도전 앞에서 강인함과 견고함과 잠재력을 발산했다. 그러면서 우리에게 개인이든 집단이든 긍정적이고 집단적인 노력으로 긍정적 변화를 끌어낼 수 있다는 사실을 상기시켰다. MESH의 관계자들이 시도하려는 것이기도 하다.

나는 2019년 재난 대비와 긴급 대책에 관해 십여 개 단체와 공동으로 연구할 때만 해도 내 프로그램에 포함된 방법이 이듬해 우리 삶의 모든 측면에서 시험대에 오를 줄은 꿈에도 몰랐다. 사실 2020

년 3월에 나의 마지막 대면 강의에서 참가자들과 함께 커피를 마시면서 우리는 당시 밖에서 벌어지는 상황으로 볼 때 이렇게 모여도 괜찮은지 불안해했다. 그리고 이듬해에는 코로나19 때문에 그날 모였던 모두가 초과 근무에 시달려야 했다.

현재 코로나19 범유행 대응의 성공과 실패의 벤다이어그램을 보면 중간에 넓게 겹치는 부분에 한 단어가 들어간다. 바로 소통이다. 코로나19의 위협과 증상, 전염성, 격리, 봉쇄 절차에 관한 소통이 실패하는 경우가 비일비재했다. 가장 효과적인 대응은 가장 효과적인 소통에서 나왔다. 백신을 개발하고 공개하고 분배하는 과정도 마찬가지였다. 돌아보면 MESH 회의에서 강의하고 얼마 후 여러 국가 기관에서도 강의하면서 위기 상황에서 조직 내 소통과 조직 간 소통의 중요성뿐 아니라 재난 상황에서 소통을 위한 기반 시설을 다지는 노력의 중요성에도 주목할 수 있어서 다행이라는 생각이 든다.

예술가는 문제를 어떻게 바로잡는가

예술가 로렌초 퀸Lorenzo Quinn은 2017년 5월에 베네치아 국제미술전에 출품하기 위해 베네치아의 카사그레도호텔 옆 운하에 〈떠받치다〉라는 대형 작품을 설치했다.[43] 이 작품의 이미지를 보면서 다음 질문의 답을 생각해 보자.

퀸이 해결하려는 문제는 무엇일까?

퀸이 소통하려는 해결책은 무엇일까?

〈떠받치다Support〉, 로렌초 퀸, 2017

　퀸은 거대한 손 두 개가 대운하 물속에서 올라오는 시각적 이미지를 이용해 100쪽짜리 연구 논문으로 쓸 법한 내용보다 더 많은 이야기를 더 설득력 있게 전할 수 있었다. 논문은 읽기 싫어도 그 조각상을 무시하기란 불가능하다.

　건물 지붕이 오른쪽으로 기울고 물에서 손 두 개가 올라와 떠받치는 장면이 보인다. 퀸이 강조하는 문제는 바로 이 고대의 도시에 기후변화가 미치는 영향이다. 기온이 오르고 해수면이 상승하면서 야생 생물과 생태계만이 아니라 퀸이 지적한 것처럼 베네치아의 유서 깊고 아름다운 건물까지 위협받고 있다. 퀸의 다급한 경고가 아닐까? 그리고 인간만이 이 문제를 바로잡을 수 있다.

　한편 크리스토와 잔클로드는 일상적인 물건을 천이나 폴리에틸렌으로 감싸서 장면을 연출하기 시작했다. 말하자면 평범한 물건(샴

페인 병, 식당 의자)을 가려서 조각상으로 탈바꿈시켰다. 얄궂게도 물건을 가리면 형태와 공간이 더 많이 드러난다. 두 예술가는 결국 훨씬 거대한 대상을 천으로 감싸서 "환경을 변형"했다.[44] 1995년 6월에 베를린의 역사적인 의회 건물인 제국의회의사당을 은색 천 10만 제곱미터와 파란색 밧줄 16킬로미터로 감싼 것이다.[45] 14일 동안 관람객이 몰려들었고, 그 후 천을 벗겨서 재활용했다.

〈포장된 제국의회의사당Wrapped Reichstag〉, 크리스토와 잔클로드, 베를린, 1971~1995

1884년에 건축된 제국의회의사당은 독일의 전통과 민족주의의 상징이다.[46] 1933년에 화재가 일어나기 전까지 실제로 독일 의회가 있던 건물이다. 현재 역사가들은 나치가 독일 국민에게 적국에 대한 경각심을 불어넣기 위해 고의로 화재를 일으켰다고 본다. 크리스토와 잔클로드가 1976년에 처음 베를린에 갔을 때 베를린은 동부와 서부로 분단된 상태였다.[47] 제국의회의사당은 양쪽에 걸쳐 있는 유일한 건물이었다. 그래서 1990년대에 독일이 통일되기 전에는 거의 버려진 건물이었다. 〈포장된 제국의회의사당〉의 이미지를 보면서 다음 질문의 답을 생각해 보자.

크리스토와 잔클로드가 해결하려는 문제는 무엇일까?

크리스토와 잔클로드가 소통하려는 해결책은 무엇일까?

크리스토와 잔클로드는 거대하고 항구적인 건축물의 외양을 과감하지만 일시적으로 변형하여(두 사람은 '진정한 공공건물'로 여기던 교도소와 의회당을 바꾸는 것을 목표로 삼았다) 우리의 지각이 얼마나 쉽게 변할 수 있는지 보여주었다.[48] 그들은 이렇게 말했다. "예술품의 모든 물리적 흔적이 말끔히 지워진 지 몇 년이 지나도 그 작품을 본 관람객들은 그 자리에 다시 오면 여전히 마음속으로 작품을 보고 느낄 수 있다."[49] 정치적 의미가 담긴 〈포장된 제국의회의사당〉 프로젝트는 정식 승인을 받기까지 24년이 걸렸다.[50] 그사이 공산주의로부터 도망쳐 나온 불가리아 출신 망명자 크리스토는 여러 상황에서 체포당할까 봐 두려워하며 지냈다. 이 건물에 예술의 장막을 두르자 독일인들은 한때 나치에 점령되었다가 버려진 건물을 새로운 관점에서 볼 수 있었고, 이 작품은 다시 태어난 통일독일의 상징물이 되었다.[51] 〈포장된 제국의회의사당〉이 철거되고 얼마 후 대대적인 개조 공사를 위한 승인이 떨어지고, 두 작가가 장막을 두른 지 4년 만인 1999년에 독일 정부는 이 건물에서 1933년 이후 첫 공식 의회를 열었다. 현재 이곳은 통일정부의 공식 의사당이다.

1943년에 바르샤바에서 태어나 제2차 세계대전 중 아기일 때 폴란드에서 피난나온 예술가 크시슈토프 보디치코Krzysztof Wodiczko도 크리스토처럼 주로 공공장소에서 작품을 제작한다.[52] 그는 오래된 조각상과 건물에 새로운 이미지를 비추는 방식으로 전쟁과 불평등에 대한 자신의 생각을 전달하려 한다. 뉴욕 매디슨스퀘어파크에 있

〈기념비Monument〉, 크시슈토프 보디치코, 2020, 비
디오 설치

는 남북전쟁 해군 장교의 청동상 얼굴은 이제 이주 난민의 얼굴이
된다. 1870년부터 유니언스퀘어에 있는 에이브러햄 링컨의 조각상
은 전쟁의 상흔에 관해 이야기하는 참전 용사의 얼굴과 손이 겹쳐져
되살아난다. 하버드대학교의 존 하버드 좌상은 오늘의 학생들로 변
형된다. 정물을 인터랙티브 디스플레이로 바꾸는 영사 매핑projection
mapping 기법의 선구자인 보디치코는 정적인 기념물과 현대적 이미
지를 병치하여 현대적인 공동체를 이루는 방법을 제시한다. "기념물
을 살아 있는 사람들을 위해 활용할 수 있다. 때로는 공공장소에서
진실을 말하는 것이 더 안전하고 수월하다."[53]

〈무한한 방Infinity Room〉, 구사마 야요이

도쿄 모리미술관의 난조 후미오 관장은 예술은 제약이 없는 유일한 분야이므로 예술이 미래 문제를 해결하기 위한 열쇠가 될 거라고 믿는다. "예술 창작에는 체계도 없고, 지켜야 할 규칙도 없다."[54] 난조는 관람객이, 특히 아이들이 피카소 작품의 왜곡된 형체를 보거나 방 전체를 점으로 뒤덮은 일본 작가 구사마 야요이草間彌生의 작품을 보면 더 크게 생각하고, 꿈을 꿀 때든 계획을 세울 때든 한계에 얽매이지 않는 법을 학습한다고 말한다.

"사람들이 관습에 얽매이지 않고 문제를 해결하는 사회를 만들수록 진실로 혁신적인 사회가 더 빨리 올 수 있다."[55]

일례로 도시계획가도 아니고 공학자도 아닌 예술가 단 로세하르더Daan Roosegaarde는 도시의 가로등을 영구 대체하기 위해 도로에

칠할 수 있는 발광성 페인트를 개발하여 교통 기반 시설을 개선하는 프로젝트를 추진했다. 난조는 이렇게 말한다. "로세하르더 같은 예술가는 전문 지식이 없다는 바로 그 이유에서 선입견 없이 문제에 접근할 수 있다. (…) 전문가가 물류나 기술적 한계를 이해하는 위치에서 생각한다면, 예술가는 이상만 생각한다. 최선의 해결책이 무엇인지만 생각한다. 그 덕분에 진정한 혁신이 일어날 수 있다."[56]

우리는 현실의 어떤 문제를 해결할 수 있을까? 세상이나 우리가 사는 지역을 위해 어떤 문제를 해결할 수 있을까? 어떤 변화를 일으킬 수 있을까? 새로운 발명이나 프로그램부터 앞마당 잔디밭의 간단한 표지판이나 거리에 분필로 그리는 그림에 이르기까지 가능성은 무궁무진하다. 해결책이 어떠해야 한다거나 누가 문제를 해결해야 한다는 식의 선입견을 버려라. 해결책을 찾을 사람은 우리이고, 우리는 규칙을 따를 필요가 없다. 꼭 예술적이고 창조적인 사람만 영감을 얻는 것이 아니다. 그냥 하라.

전시
단계

Exhibit

최선을 다해도 온갖 이유로 계획대로 흘러가지 않을 때가 많다. 사진작가 타라 레이Tara Wray가 포착한 아래의 안타까운 도넛 사진처럼. 오해하지는 말라. 나는 물론 이 도넛을 바로 먹어치울 수 있다. 그러나 당신이 이 식당 사장이라면 어떻게 하겠는가? 도넛을 버리겠는가? 할인가에 팔겠는가? 아니면 애초에 눌린 적이 없는 척 수습해서 팔겠는가?

상황이 어그러질 때 그냥 무시할 수는 없다. 아무리 정성을 다한 프로젝트라고 해도. 지금까지 배운 모든 기법을 총동원하여 간단히 해결되지 않는 문제, 곧 이상 현상, 일탈 현상, 모순점, 실패한 조치 등에 적용해 보자. 그리고 깨진 듯 보이는 부분으로 더 나은 무언가를 만드는 법을 배워보자.

〈퀘치, 버몬트주, 2014Quechee, VT, 2014〉, 타라 레이

우울증을 앓던 레이는 《햇볕을 쬐기에는 너무 피곤해Too Tired for Sunshine》라는 사진집에 열정을 쏟았고, 널리 인기를 얻은 이 사진집은 정신질환을 앓는 사람들을 창조적 표현을 활용해 도와주려는 프로젝트에 영감을 주었다.[1] 내가 이 도넛 가게 주인이라면 이 사진을 뽑아서 도넛 쟁반 옆에 놓고, 이제는 유명해진 도넛을 즐기는 대가로 가격을 2배로 책정할 것이다. 문제 해결의 가능성은 우리가 좌절할 때도 사라지지 않는다. 대개는 그때 비로소 시작된다.

모순을 관리하라

〈민중에 바치는 탑 Tower to the People〉, 에론, 이탈리아, 2018

현대의 삶은 모순된 무언가를 요구하면서 우리의 정신과 의식에 난제를 던지는 사람이나 기관으로 가득하다. 제프 마시Jeff Marsh는 미시간주 디어본의 공장에서 동료들과 함께 겪은 갈등 상황을 내게 들려주었다. "어느 날 경영진이 안전 문제를 해결하기 위해 본격적으로 조치를 취하기로 했어요. 그래서 '사고가 난 지 여러 날이 지났습니다'라는 안내문을 붙이고 최장 시간 교대 근무를 서는 사람에게 주는 보너스와 상패를 추가했어요. 다음 날에는 가장 빨리 작업하는 팀, 그러니까 부품을 가장 많이 검사하는 팀에 장려금을 지급한다는 안내문을 붙였고요. 어느 쪽이 맞을까요? 최대한 빠르게 작업해야 할까요, 아니면 최대한 신중하게 작업해야 할까요? 양쪽 다 할 수는 없죠."

이런 역설(품질 향상과 효율성 증대)은 비즈니스 세계 전반에서 찾아볼 수 있다. 고객서비스센터는 고객 응대 통화 시간을 줄이고 고객 만족도를 높이라는 지시를 받는다. 기업은 직원들에게 일과 생활의 건강한 균형을 유지하라고 권하면서도 지난해 같은 기간보다 향상된 실적을 요구한다. 의료기관은 효율성을 높이려고 시도하는 동시에 새로운 환자를 유치하기 위한 환자 만족도 설문 조사에서 높은 점수를 받기 위해 환자 서비스를 대폭 개선하려고 시도한다.

미국의사재단Physicians Foundation에 따르면 현재 의료 서비스 업체와 병원은 주로 대기업 소유이고 개인이 운영하는 병원은 17퍼센트에 불과하다.[1] 소아과 의사로서 세 가지 협회에서 인증받은 조앤 레버Joan Reber 박사는 환자를 최대한 많이 보라는 경영진의 요구를 들어줄 수 없어서 조기에 은퇴했다.

레버는 이렇게 말한다. "처음의 이른바 '처리 인원'은 하루에 25명이었어요. 환자 한 명에 10~15분 할당해야 가능하죠. 그러다 환자를 30명까지 늘리라는 지시가 내려왔어요. 충분히 좋은 품질의 치료를 제공하기에는 시간이 부족해요. 게다가 환자 만족도 점수까지 높게 받아야 했어요. 불가능했죠."

교사, 법집행기관의 요원, 심지어 커피숍 직원까지 이런 식의 양립할 수 없는 모순된 요구에 자주 직면한다.

이런 모순은 우리의 사적인 일상에도 흘러넘쳐서 우리는 자주 상반된 의견과 '사실'의 공세에 시달린다. 뉴스 사이트 '복스Vox'에서는 다음과 같이 주장했다. "2018년 미국에는 암울하고 절망적인 지옥도가 펼쳐진다. 일상적으로 지루한 공포가 엄습하고, 간간이 무분별한 잔혹성과 폭력의 시기가 끼어 있다."[2] 반면에 〈뉴욕타임스〉에서는 "인류의 오랜 역사에서 최고의 한 해"였다고 반기는 기사를 내보냈다. 부족주의로 미국의 거의 모든 쟁점이 양극단으로 갈라지고, 다들 어느 한쪽에 서도록 강요받는다. 사람들이 좌로든 우로든 혐오와 불만으로 거칠게 흔들리며 중도를 떠난다.

자살예방팀의 문제 해결

마이클 헴프시드Michael Hempseed는 내 첫 책 《우아한 관찰주의자》를 읽고 이메일을 보내서 자기가 속한 자살 예방 분야에서 내 프로그램을 적용할 생각이 있는지 물었다. 헴프시드는 또 정신 건강 전문가도 보통 사람들과 다르지 않다면서, 그들 역시 자신들만의 거대한 거품에 갇혀서 외부와 소통하지 못한다고도 적었다. 혹은 날마다 두통과 정신적 외상에 시달리며 자신의 증상은 덮고 어떻게든 견뎌야 한다고 생각한다고 했다. 안타깝게도 이런 잘못된 생각으로 안타까운 생명이 꺼질 수도 있었다. 또 그는 예술품을 다양한 각도에서 보기 시작하자 자살 경고 신호를 새로운 각도에서 바라볼 수 있게 되었다고도 말했다. 내게 큰 용기를 주는 편지였다. 나는 내 프로그램에 익숙하지 않은 사람이나 기관에 다가가기를 주저하지 않는다. 그래서 당장 뉴욕주 자살예방국에 이메일을 보내 해당 전문가들에 맞게 조정한 '지각의 기술' 프로그램을 무료로 진행하겠다고 제안했다.

자살예방국의 게리 국장은 마침 한창 바쁜 시기라 나와의 통화 일정을 몇 주 뒤로 잡았다. 그는 답장에서 그의 부서에는 다행히 이미 좋은 프로그램이 갖춰져 있다면서 내 프로그램이 도움이 될 수 있다고 보더라도 당장 나를 불러들여 기대감을 높이고 싶지는 않다고 말했다. 그전에도 많이 받아본 답장이었다. 내 독특한 제안에 다른 많은 사람이 보인 반응처럼 게리도 '미술 프로그램'이 그의 부서에 적합할지 확신하지 못했다. 대개의 공식 답변은 "고맙지만 사양하겠다"로 요약되었다.

마침내 게리와 통화하게 되었고 나는 자살 예방 전문가는 아니지만 여러 분야에서 프로그램을 진행하면서 예술품이 사람들의 시야를 넓혀주고, 그들이 무엇을 놓쳤는지 보여주어 각자의 틀에서 벗어나게 해준다고 설명했다. 그리고 인질 협상가, 사회복지사, 위기대응팀에 프로그램을 진행하면서 쌓은 경험이 자살 예방 전문가들에게도 유용하게 쓰일 거라고 강조했다.

이어서 나의 개인적인 이야기를 들려주었다.

"언젠가 협상가들이 GW 다리 위에 올라간 사람에게 내려오라고 설득하느라 도로가 막힌 적이 있어요. 또 지하철 직원들이 선로로 뛰어내린 사람의 시신을 수습하는 동안 객차 안에서 승객들과 함께 땀을 흘린 적도 있고요. 긴급구조대가 욕실에서 생을 마감한 어느 주민의 시신을 수습하는 동안 우리 아파트에 들어가지 못한 적도 있죠." 각 장면마다 상황이 극단적으로 다르고, 이런 상황에서 개인의 선택은 그가 죽음을 어떻게 생각하는지를 보여준다고 말했다.

게리는 아무 말도 하지 않았다.

그는 내가 이 주제에 대해 진지하게 고민했고, 무엇보다도 다른 방향을 보는 방법, 그러니까 잠시라도 예술에 집중하는 방법이 특히 자살을 고민하는 사람에게 어떤 도움을 줄 수 있는지 고심한 것을 알아챈 듯했다. 물론 사람마다 처한 상황이 제각각이고, 자살과 자살 희생자도 마찬가지다. 하지만 게리는 관점을 바꾸는 노력의 가치에 대해 생각하고 있다면서, 관찰하는 훈련을 받는 경찰에 관한 이야기를 꺼냈다. 2019년에 공무 집행 중 살해당한 경찰보다 자살로 생을 마감한 경찰이 더 많다고 했다(경찰 자살 예방 단체인 블루 H.E.L.P에서는 2019년에 자살한 경찰이 228명이라고 보고했는데, 유에스에이투데이닷컴usatoday.com에 따르면 이는 역대 최고 수준이다[3]). 사례들 사이의 유사성이 무수히 많지만, 가장 충격적인 사실은 전반적으로 자살하기 전에 증상을 보고한 사례가 거의 없다는 점이다. "왜 그럴까요? 우리가 동료들을 관찰할 때는 경찰의 수사 능력이 크게 떨어지거나 완전히 사라지는 것 같아요. 왜 이런 일이 생길까요? 마치 기능이 마비된 것처럼 보여요." 그는 다시 물었다. "경찰은 왜 내부의 자살 신호를 포착하지 못할까요?"

그의 질문에 나는 간호사 사례를 들었다. 날마다 환자들을 보살피듯이 서로를 보살펴주지 못하는 또 하나의 집단 말이다. 나는 게리에게 선배 간호사가 후배 간호사들을 괴롭히면서 그들이 간호사로서 교육받은 연민과 친절, 공감을 망각한(더 심하게는 의식적으로

281

회피하는) 실태를 들려주었다. 이런 수평적 폭력은 더 큰 피해를 유발한다. 후배 간호사만이 아니라 환자들에게까지. 하지만 '지각의 기술' 강의가 전국 병원에서 벌어지는 이런 추세를 뒤집는 데 일조했다. 혹시 경찰의 자살이 증가하는 추세를 꺾는 데 도움이 될 수 있지 않을까?

마침내 우리는 공통점을 발견했다. 게리는 나와 함께 이 훈련을 실행에 옮길 방법을 적극적으로 상상하기 시작했다. 그리고 얼마 후 법집행기관 종사자들의 자살 예방 분야에서 일하는 긴급구조대와 임상의를 위한 새로운 프로그램이 출현했다.

모순을 알아차려라

모순은 충돌을 일으키고, 명백한 대비가 우리를 흘긋거리며 행동하도록 부추길 수 있다. 그러나 미묘해서 명확히 정의하기 어려운 모순도 있다. 예를 들어 다음 사진은 1881년의 작품을 재현한 장면이다. 스페인 말라가의 예술가 훌리오 아나야 카반딩Julio Anaya Cabanding은 코르도바미술관에 소장된 에밀리오 오콘 이 리바스Emilio Ocón y Rivas의 〈말라가 항구에서 본 풍경View of the Port of Málaga〉이 실제 말라가 항구에 더 잘 어울린다고 판단하고 쇠락한 부두에 이 작품을 충실히 재현했다.

일단 부두 장면에서 이 작품을 보는 것에 적응하자 이 작품이 진심으로 마음에 들었다. 그림이 평온하고 야단스럽지 않고, 색채가 조화롭고 그림 속의 수평선마저 자연과 잘 어우러졌다. 그런데 어디

〈에밀리오 오콘 이 리바스—말라가 항구에서 본 풍경Emilio Ocón y Rivas—View of the Port of Málaga〉, 훌리오 아나야 카반딩, 말라가, 2018

〈시몽 부에—희망과 아름다움에 패배한 시간Simon Vouet—Time Defeated by Hope and Beauty〉, 훌리오 아나야 카반딩, 2017

에 모순이 있다는 것일까?

　우선 화려한 액자에 든 예술품이 미술관 밖에 나와 있다는 데 모순이 있다. 바다를 상상해서 표현한 그림 옆에 실제 바다가 있다는 데도 모순이 있다. 항구도시에서 선박과 무역의 흔적이 그림 안에만 있고 현실에는 없다는 점도 모순이다. 이런 모순을 수십 가지는 더 꼽을 수 있지만 우선 모순이 작동하고 있고 작품 자체의 일부라는 점을 알아채기 전에는 아무것도 완벽하게 분석할 수 없다.

자신의 온도를 재라

카반딩은 명화를 골라 미술관 밖에 '재배치'하면서, 이런 작업을 대화와 감정을 끌어낸다는 점에서 '회화적 개입pictorial intervention'이라고 부른다. 카반딩의 다른 작업을 보자. 이 사진 속 그림은 17세기의 명화를 재현한 것이다. 위치는 고속도로 아래다.

　이 사진이 어떻게 느껴지는가?
　긍정적인 감정이 드는가, 부정적인 감정이 드는가?

　이 이미지는 불편하든 유쾌하든 영감을 주든, 어떤 식으로든 우리에게서 반응을 끌어낸다. 현대적인 낙서 위에 그려진 고전 명화의 대비에 동요하게 된다. (흥미로운 질문: 하나가 다른 하나를 '파괴'하는가? 어느 것이 파괴하는가?) 혹은 그림 앞에 잡초가 무성해서 당혹스러울 수도 있다. 무슨 생각을 하든, 당신의 머릿속에 떠오른 그 생각을 알아채기만 하면 된다.

어떤 모순을 만나면 우선 긍정적인 감정이 드는지 부정적인 감정이 드는지 살펴본 다음 그 이유를 찾아보자. 항공기가 활주로에 다다르면서 조종사가 활공각을 측정해 성공적인 착륙을 계산하듯이, 우리도 어떤 모순을 접할 때 어떤 각도로 다가갈지 알아야 성공적으로 비행을 마칠 수 있다. 어떤 문제에 긍정적인 입장인지 부정적인 입장인지 점검해야 그 문제를 해결하는 데 도움이 될 수 있다. 이런 간단한 연습으로 자신을 솔직하게 돌아보면서 좋든 나쁘든 그 상황에 대해 갖는 편견을 발견해 극복할 수 있다.

스스로 어떻게 느끼는지 알면 말로 표현할 수 있다.

깊이 파고들어 설명하라

모순을 해결하기 전에 먼저 남에게, 이왕이면 그 자리에 없고 정보에 접근할 수 없는 사람에게 모순에 관해 설명할 수 있어야 한다. 그래야 설명이 명료하고 완전해진다. 상황을 다른 사람에게 설명하려면, 우선 최대한 정보를 수집하고 처리하고 객관성을 유지해야 한다. 학교 수업을 위해 책을 읽는 것(교사에게 책에 관해 질문을 받지 않을 수도 있다)과 수업 시간에 소설 한 편에 대해 발표하는 것은 엄연히 다르다. 발표해야 하는 상황이라면 나 자신이 전문가가 되어야 한다. 변화를 끌어내려면 전문성과 함께 이해력과 자신감도 있어야 한다. 특히 고속도로 아래 예술품처럼 문제가 까다로운 경우에는 더더욱.

이제 283쪽의 사진을 다시 더 오래 들여다보라. 마치 지도교수에게 '배 그림 사진의 모순'과 '고속도로 아래 사진의 모순'이라는 제목으로 발표해야 할 것처럼 찾을 수 있는 모순을 모두 찾아서 열거하라.

나는 뉴욕 프릭컬렉션에서 일한 적이 있어서 예술품은 미술관, 곧 큐레이터가 신중히 설계한 환경에서 전시된다는 개념과 대비되는 모순에 끌렸다. 더 나아가 예술가가 작품을 전시하려고 의도한 방식과 실제로 작품이 전시되는 방식 사이의 모순에 대해서도 생각해 보았다. 그리고 큐레이터가 작품을 전시하기 위해 내린 결정이 예술가의 메시지와 얼마나 자주 충돌하는지도 궁금해졌다. 카반딩도 명화를 일부러 "노후한" 장소에 가져다 놓은 선택에 대해 다음과 같이 설명한 것을 보면 나와 같은 지점에서 영감을 받은 듯하다. "이런 장소는 이런 귀중한 작품을 담기에는 불친절하고, 타락하고, 부적절하다. 미술관과 정반대다."[4]

나는 외부에서 이런 작품을 볼 사람과 미술관에서 원작을 볼 사람 사이의 모순에 대해서도 생각해 보았다. 그리고 부를 의미하는 물건(금박 액자에 든 그림)을 척박하고 빈곤한 환경에 내다 놓는 방식에 내재한 모순에 관해서도 생각해 보았다. 카반딩이 예술의 민주주의적 의도와 예술이 주로 전시되는 공간의 엘리트적 속성 사이의 모순을 대비시킨 점을 높이 평가하는 사람들도 있다.[5]

문제를 잘 해결하고 싶다면 처음에 문제를 평가할 때 구체성과 맥락을 고려해야 한다. '무언가가 옳지 않다'거나 '그 그림은 거기에 어울리지 않는다'는 정도의 문제의식으로는 안 된다. 전체적인 관찰로 문제의 구조를 세울 수는 있지만, 작은 붓으로 세밀한 부분을 채울 때까지 끝나지 않는다. 문제에 더 가까이 다가가서 다양한 각도로 보아야 한다.

283쪽의 사진을 다시 보고, 더 깊이 탐색하여 더 많은 모순을 찾아보라. 각 작품과 주변 환경의 색채와 크기, 재료와 화제, 관점, 위치, 시간대까지 살펴보라. 그리고 새롭게 발견한 내용을 확인하자.

나는 두 사진에서 색채는 현대적이고, 크기는 대조적이라는 점을 발견했다. 이런 세부 요소를 발견하자 원작의 크기도 궁금하고 카반딩이 비례에 맞게 그린 건지도 궁금해졌다. 이 단계에서 나는 그저 정보를 수집하고 정리했고, 모든 질문의 답을 알아내려 하지 않고 그냥 차이를 알아채기만 했다.

그러다 우연히 흥미로운 세부 사항을 발견했다. 카반딩의 작품 아래에 드리운 그림자를 보았는가? 두 번째 사진에서는 잘 보이지 않지만, 첫 번째 사진에서는 금박 액자 아래로 바위 면에 그림자가 선명하게 보인다. 보지 못했다면 다시 돌아가서 확인하라. 그림자의 방향이 모순되었다. 액자의 그림자가 90도 각도로 아래로 곧장 떨어진다. 그에 비해 바위의 그림자는 오른쪽으로 떨어진다. 이런 세부 사항이 중요할까? 어떤 문제를 해결하고 싶은지에 따라 다를 수 있다. 이를테면 이 그림이 미술관에서 도난당한 작품일 가능성을 수사하는 경우라면 이것은 결정적인 단서가 된다. 그림자의 부조화는 사진에서 우리의 눈으로 보지 못한 진실을 드러낸다. 사실 카반딩의 이 그림은 캔버스에 그려서 액자에 끼운 것이 아니라 "트롱프뢰유 trompe l'oeil", 곧 눈속임 기법으로 공공장소에 (액자와 잘못된 방향으로 떨어진 그림자까지) 직접 그린 것이다. 이런 사실을 알면 대화가 달라진다. 작품이 예술에서 낙서로 넘어가기 때문이다.

이제 277쪽의 첫 번째 사진으로 돌아가 세 가지 모순을 확인하자.

이 이미지에는 여러 가지 모순이 있다. 별다른 특징 없는 도로변 꽃 조각상의 아름다움, 저항의 상징으로서 장미로 만든 불끈 쥔주먹, 탑의 한쪽 면은 화려하게 장식되고 다른 면은 비어 있다는 점까지. 돋을새김 장미 아래로 떨어진 그림자를 보았는가? 하늘이 잔뜩 흐린 것은 보았는가? 보았다면 조금 전에 그림자에 관해 이야기해서일 것이다. 흐린 날에 그림자의 존재는 카반딩의 작품에서와 같은 정보를 제공한다. 한마디로 이 작품은 조각상이 아니라 또 하나의 트롱프뢰유라는 정보다. 사실 이 작품은 그라피티 예술가 에론Eron이 이탈리아 산타르칸젤로의 벽돌 탑에 스프레이 페인트로 그린이차원의 이미지다. 주먹 양쪽의 기둥을 보았는가? 기둥을 장식한네 개의 심장은 보았는가? 모두 그린 것이다.

에론은 '온화함의 강인함'과 '비폭력의 힘'을 찬미하기 위해 이작품을 제작했다고 말한다.[6] 메시지 자체에도 모순이 있다. 아니, 그런가? 온화함이 나약함이 아니라 강인함으로 보일 수 있지 않을까? 비폭력이 강할 수 있지 않을까? 마하트마 간디Mahatma Gandhi, 마틴 루서 킹 주니어Martin Luther King Jr, 세자르 차베스Cesar Chavez는 모두 비폭력 저항운동으로 사회와 정치의 체계적 변화를 주도한 인물이다. 이들의 자제가 이들이 맞선 세력을 압도했다.

사람들을 끌어들여라

모순을 직장에서 발견하든 세상에서 발견하든, 모순 자체는 우리가 해결할 문제를 분석하는 데 유용하다. 그러나 자기를 변호하거나 더 발전하려면 문제를 바로잡는 과정에 동참할 조력자가 필요하다.

흔히 문제가 생기면 혼자 의연하게 대처해야 한다고 생각한다. 그러면 고상해 보일 수는 있지만 현명한 처사는 아니다. 인간은 함께 문제를 해결하도록 태어났다. 인간은 사회의 산물이다. 다수가 모여야 힘이 생길 뿐 아니라 통계적으로도 여럿이 저마다의 관점과 사고방식으로 동참할 때 성공 가능성도 커진다. 뇌가 타고난 생리적 작용에 장악되는 순간에도 이런 협업은 도움이 된다.

내가 비록 과학자는 아니지만 이런 현상에 대해 조금 더 설명하겠다. 뇌의 작동 원리를 이해하면 우리 자신과 우리의 판단에 불리하게 작용할 만한 자동적이고 무의식적인 과정을 극복할 수 있다고 믿기 때문이다.

특히 모순된 문제를 비롯한 온갖 문제에 직면하면(아이비리그를 나온 친구가 왜 그쪽에 투표했을까? 우리 상사는 애가 넷이나 되면서도 왜 우리가 더 늦게 퇴근하기를 바랄까?), 뇌의 신경화학 작용이 반응을 압도할 수 있다. 뇌는 본능적으로 우리를 가장 확실하게 보호하는 쪽으로 "화학적 선택"을 내린다.[7] 대개는 우리가 '옳은' 편에 섰는지 확인한다. 잘못된 편에 서면 수치심이 들고 힘을 잃을 수 있어서 진화의 관점으로는 바람직하지 않다.

스트레스 상황만이 아니라 공포나 불신의 상황에서도 코르티솔 호르몬이 분비되어 대뇌피질을 가로막아서 전략적 사고와 신뢰 구축, 더 나아가 동정심 같은 뇌의 고차원적 실행 기능을 중단시킨다. 그래서 본능으로만 작동하는 편도체로 주도권이 넘어가고, 우리는 정서를 조절하거나 기대와 현실의 차이를 다루는 능력을 상실한다.

편도체가 무의식 차원에서 강력하게 뇌를 장악하여 명료하게 생각하기 어렵다. 그 대신 네 가지 중 하나를 선택해야 한다. 싸우기, 도망치기, 얼어붙기, 달래기. 네 가지 중에 어느 하나도 곧장 만족스러운 해결책으로 연결되지 않지만, 사회학에서 특히 싸우기 반응은 아드레날린을 분출시켜서 분노나 짜증을 유발하므로 개인적으로든 직업적으로든 가장 크게 해를 끼칠 수 있다고 믿는다. 그러나 안타깝게도 가장 흔한 반응이다.[8]

이런 뇌의 신경화학 과정을 이해하면, 그것을 극복하고 기분이 좋아지는 다른 호르몬으로 대체하는 데 도움이 될 수 있다. 뇌하수체에서 분비되는 옥시토신 호르몬은 편도체의 활동을 억제하고, 불안을 줄이고, 전두엽의 신경망을 다시 열어서 더 객관적으로 판단할 수 있게 도와준다.[9] 옥시토신을 '사랑 호르몬'이라고도 하는데, 이 호르몬은 사람과 소통할 때 활성화된다.

283쪽의 사진을 두 사람 이상에게 보여주면서 연습해 보자. 상대에게 사진이 어떻게 느껴지는지, 어떤 모순이 보이는지 물어본다. 그다음으로 당신이 얻은 결과를 함께 나눈다. 이렇게 해보고, 당신의 뇌에서 명료성과 긍정성이 어느 정도 느껴지는지 확인한다.

작년에 암스테르담 국립미술관에서 강의를 마친 뒤였다. 이베트라는 여자 참가자가 내게 잠시 얘기를 나눌 수 있는지 물었다. 그녀는 예술품을 이용해 소통과 문제 해결을 새롭게 바라보는 방법에 관한 내 강의를 듣고 안도감이 느껴졌다고 말했다. "안도감이요? 왜 안도감이 들었을까요?" 내 질문에 그녀는 커피를 마시며 어린 시절부터 우울증과 불안증에 시달렸고, 완벽하게 평화로운 순간은 미술관에서 예술품을 감상할 때뿐이라고 했다. 설명할 수 없는 평온한 느낌이 든다고 했다. 초등학생 시절에 현장학습으로 미술관에 가면 늘 맨 마지막에 나왔고, 청소년기에는 불안할 때마다 미술관에 가서 숨을 돌렸다고 했다. 조증 삽화는 약물로 조절했지만, 여전히 생각이 격렬하게 몰아치면 예술품을 보면서 진정시킨다고 했다. 그녀는 이렇게 절박한 시기에, 남들은 의학적으로 도움을 구할 법한 상황에서 이런 방법에 기대는 사람이 자기밖에 없는 줄 알았다가 그날 강의에서 내가 오래전부터 예술이 내게 어떤 휴식을 주었는지 말하는 것을 듣고 자신의 자가 치유 방법이 인정받는 느낌이 들었다고 했다. 이베트는 여전히 예술을 보면서 큰 위안을 얻지만, 이제는 남들과 함께 보는 것도 즐긴다. 그림 앞 공간을 함께 나누면 안도감이 더 커지고, 때로 소통하면서 소감을 나눌 수도 있다고 했다. 그녀는 그후 네덜란드에서 예술을 이용해 우울증과 불안증에 시달리는 사람들을 도와주는 기관을 만들었다.

문제를 해결하면서 사람들을 동참시키는 방법은 중요하다. 그러나 앞서 보았듯이 비슷한 관점을 가진 사람들 너머로 시야를 넓히기란 쉽지 않다. 반대편 사람들도 찾아가서 끌어들여야 한다. 따라서 상사나 평소 싫어하던 직장 동료, 페이스북에서 망나니짓을 하는 사촌까지 대화에 끌어들여서 당신이 알아낸 무언가를 진솔하게 털어놓고, 당신의 입장을 상대에게 이해시킬 수 있어야 한다. 이렇게 의도적으로 공통점을 찾다 보면 굳이 이빨을 드러내거나 무기를 휘두르지 않고도 무엇이든 할 수 있다.

공통점을 찾아보라

우리가 가치를 둔 모든 측면에서 반대편에 선 사람과 공통점을 찾는 것이 처음에는 쉽지 않지만, 간단한 연습을 통해 바람직한 방향으로 나아갈 수 있다. 간단히 말해서 느슨하게 여지를 주는 방법이다.

배가 바람을 받으려 하거나 부두로 미끄러져 들어가려 할 때는 배를 감싼 밧줄(항해 용어로 '스테이stay')의 긴장이 성공의 핵심이다. 밧줄이 지나치게 팽팽하면 돛이 평평하게 펴져서 배의 성능에 부정적인 영향을 미치고, 그러다 밧줄이 끊어지면 최악의 경우 부상자를 내거나 아무 효용이 없는 장비가 될 수 있다. 게다가 압력이 세져서 돛대가 부러지거나 선체가 부서져서 배 자체를 파손시킬 수 있다. 따라서 밧줄을 느슨하게 풀어서 배가 움직일 여지를 주어야 한다.

마찬가지로 신념이나 접근법에도 융통성이 없으면 문제에 긴장이 더해진다. 이런 긴장은 우리에게 불리하게 작용하거나 전체 활동을 뒤집을 수 있다. 다시 10쪽의 〈메두사호의 뗏목〉으로 돌아가 밧줄을 살펴보라. 의미심장하게도 밧줄이 팽팽히 당겨져 있고, 끊어진 밧줄이 바람에 흔들린다. 뗏목 위의 사람들은 함께 노력하지 않는다. 그보다 서로에게 의지한다. 상황이 자신이나 타인의 기대에 미치지 못할 때는 내가 남에게 받기를 기대하는 관대함을 남에게 돌려주면서 함께 운명을 피해야 한다. 내가 때로는 열정이 넘치고 비판적이며 완전히 헛짚을 수 있듯이, 내 친구나 동료나 상사도 그럴 수 있다.

심리학에서는 타인의 행위를 상황 탓이 아니라 성격적 결함 탓으로 돌리면서도 자신의 행위는 정반대로 해석하는 성향을 "근본적 귀인 오류fundamental attribution error"라고 부른다.[10] 운전할 때 누가 앞에 끼어들면 그 운전자가 배려할 줄 모르는 인간이라서 그런다고 생각하고, 우리가 다른 차 앞에 끼어들 때는 애완동물이 아프다는 등의 정당한 이유로 급히 집에 가야 해서 어쩔 수 없다고 생각한다. 식당에서 종업원을 함부로 대하는 사람을 보면 선민의식에 찌들어 거만하게 구는 오만한 인간이라고 생각하면서도 내가 주문한 커피가 잘못 나와서 바리스타를 윽박지를 때는 그날 유독 일진이 사나워 기분이 나빠서 그랬을 뿐이라고 생각한다.

이런 생각의 오류는 알아채기만 하면 간단히 바꿀 수 있다. 어떤 행위를 그 사람의 성격 탓으로 돌리는 성향을 알아챘다면, 그 사람이 그렇게 행동하게 만든 상황을 알아보려고 노력해야 한다. 상사가 원래 비정한 인간이라서 퇴직금 삭감을 지지한다고 생각하지 말고 상사도 수긍할 만한 이유를 찾아보자. 어쩌면 상사는 기밀로 지켜야 할 어떤 이유에서 말하지는 못하지만 사실 이사회를 설득해 인원 축소를 막았을 수도 있다. 또 어쩌면 개인사로 위기를 겪는 중이라 일을 그르쳤을 수도 있다. 누구나 외부의 압박에 굴복할 때가 있다. 그러면 누구나 나쁜 사람이 될 수도 있다.

섣불리 넘겨짚거나 남들이 넘겨짚은 것을 무턱대고 믿지 말고 '상대'가 처한 상황을 확인해야 한다. 상대가 어떻게 그런 의견이나 결정에 이르렀는지 더 완전한 그림을 그리기 위해 질문을 던져보라. 비난하거나 판단하기 전에 도와주겠다고 제안하라. 상황을 더 객관적으로 파악한 다음에 주로 질문을 던지면서 공통점을 발견할 수 있다. 당신에게 이상적인 결과는 무엇인가? 상대에게 이상적인 결과는 무엇인가? 당신은 어디까지 허용할 수 있는가? 상대는 어디까지 허용할 수 있는가? 양쪽 모두 무엇을 원하는가?

당신과 상사 모두 회사가 수익을 내기를 원한다. 당신과 학교 이사회 모두 학생들이 잘되고 교사들이 성심껏 가르치기를 바란다. 당신과 세상 모두가 극소수를 제외하고는 평화와 번영을 원한다. 남들을 앞지르려고 하기보다 서로의 공통점을 키우는 데 집중해야 한다.

공통점을 발견한다고 해서 문제가 다 해결되는 것은 아니다. 함께 공유하는 목표나 원칙에 중점을 둔다고 해서 상대에게 완전히 동의한다는 뜻은 아니다. 함께 생산적인 대화를 나눈다고 해서 상대의 신념을 전폭적으로 지지한다는 뜻은 아니다. 최종 목표로 가는 과정에서 내리는 전략적 결정일 뿐이다. 협상에 관한 연구에 따르면 거래를 성사시킨 중개인은 협상에 실패한 중개인보다 상대와 동의하는 영역을 3배 더 넓게 보는 것으로 나타났다.[11] 어떤 상황에 긍정적인 마음가짐으로 들어가 공통점을 찾으면 그 상황에서 당당히 벗어날 가능성도 커진다.

그리고 상대에게 빠져나갈 여지를 주면 우리가 바라던 결과를 얻을 가능성도 커진다. 체면을 구기고 패배한 기분으로 회의장을 떠나고 싶은 사람은 아무도 없다. 상대에게 퇴로를 열어주어 상대가 편안하게 수긍하도록 이끌어 주어야 한다. 서로의 공통점을 발견하여 문제에서 벗어날 길을 발견하게 해주는 방법으로 사진작가 어빙 펜Irving Penn의 인물 사진 연작 〈모퉁이의 인물Portraits in a Corner〉을 들 수 있다. 펜은 유명한 인물을 초대해서 모퉁이를 이루는 두 개의 벽 사이에 세우고 포즈를 취해달라고 했다. 모두가 비좁은 공간

〈마르셀 뒤샹Marcel Duchamp〉, 어빙 펜, 뉴욕, 1948

〈조지아 오키프Georgia O'Keeffe〉, 어빙 펜, 뉴욕, 1948

에서 갑갑하다고 불평하지 않고 제한된 공간을 이용해 자기를 표현했고, 더 나아가 펜이 독특한 인물 사진을 찍도록 도와줄 방법을 찾았다.

블로거이자 세 아이의 엄마인 폴라 카Paula Carr는 내게 상대에게 퇴로를 열어주는 방법이 아이를 키울 때 가장 중요한 비법이라고 말했다. "애들은요, 적어도 우리 애들은요, 스스로 궁지로 기어들어 가는 성향이 있어요. 숙제를 안 했다고 혼내면 상황이 점점 걷잡을 수 없이 악화되어 결국 전쟁이 터져요. 애들이 성질을 부리고, 못되게 굴고, 나쁜 말을 하죠. 용서를 구하기는커녕 오히려 화를 내면서 더 세게 나와요." 카는 아이가 날뛰던 날의 기억을 지우려는 듯 고개를 절레절레 흔들며 말을 이었다. "그냥 가만히 서서 애가 난리 치는 것을 쳐다보기만 하는 부모가 많아요. 삽을 던져주기까지 하죠. 정작 애한테 필요한 건 사다리인데도!"

카는 아이들에게 빠져나갈 길을 터주기 위해 유용하게 써먹을 수 있는 표현을 가르쳐주었다고 한다. "가장 효과적인 표현이 '다시 할게요'라는 말이었어요. 우리집 아이들은 이 마법의 한마디를 마음대로 쓸 수 있다는 걸 알아요. 아이가 그냥 '저 다시 할게요'라고만 말하면 앞서 무슨 일이 있었든 어떻게 다투고 있었든, 남편과 나는 다 중단하고 아이를 안아주고 리셋 버튼을 누르게 해줘요."

어떤 관계에서든(개인적인 관계든, 직업적 관계든, 심지어 정치적 관계든) 상대에게 항복할 수 있는 여지를 주어야 한다. 그런 여지가 없다고 생각하면 당황해서 절벽 아래로 뛰어내리면서 주위의 모두를 같이 끌고 내려간다.

순식간에 지옥으로 떨어지기

메두사호의 버림받은 사람들은 순식간에 살육과 대혼돈과 식인으로 추락했다. 2주도 안 되는 짧은 기간이었다. 애초에 메두사호에서 선장의 무지와 직무유기로 발생한 문제를 제대로 파악하고 해결했더라면 뗏목 위의 사람들에게 쏟아진 나쁜 결정이 결국 그런 식의 비극으로 끝나지 않았을 수도 있다.

이 사건을 자세히 기록한 자료에 따르면 메두사호가 출발한 직후부터 선원들은 쇼마레 선장이 항해의 기본을 모르거나 기본을 지키려 하지 않는 것을 눈치챘다. 선장은 최대한 빨리 세네갈에 도착하기 위해 배를 위험할 정도로 해안선에 가까이 붙여서 항해했다. 게다가 10년간 투옥되었다가 나온 리슈포트라는 철학자에게 항해에 대한 권한을 일임했다. 이렇게 배에서 가장 서열이 높고 누구나 인정할 권력을 가지고 모든 승객과 화물에 대한 전권을 쥔 사람이, 항해에 관해서든 지도자로서든 실질적 경험이 가장 부족했다는 점에서 처음부터 갈등의 소지가 도사리고 있었다(그리고 결국 치명적인 결함이 되었다).[12]

갈등에 직면할 때(나쁜 결정의 결과를 알아챌 때) 흔히 그렇듯, 이 배의 선원들도 감정에 휘둘렸다. 고급 선원들이 선장과 대놓고 다투면서 선장의 능력에 공개적으로 의문을 제기했다. 어떤 선원은 리슈포트를 '사기꾼'이라고 불렀다는 이유로 선장의 지시에 따라 선상 감옥에 갇혔다.[13] 그러자 선원들은 저희끼리 수군거리고, 선장에게 거짓말하고, 중요한 정보를 숨겼다. 설상가상으로 선장은 명령을 내려도 선원들이 무시하자 이방인에게 의지했다. 부하들이 그의 말을 듣지 않을수록 더 완강하게 고집을 부리며 리슈포트의 조언에만 의존했다.

메두사호의 선원들이 비록 무능한 지도자이지만 선장의 위신을 깎아내리지 않고 앞에서 소개한 다섯 단계를 통해 근본적인 문제를 해결하려고 시도했다면 어땠을까? 선원들은 선장의 경험이 부족하다는 것을 알고 그의 앞에서 거듭 항의했지만, 그것이 다였다. 누구도 나서서 책임지려 하지 않았다.

또 선원들이 한자리에 모여 서로 상대의 감정을 확인했다면 어땠을까? 왕실이 내려보낸 전형적인 인물이 이래라저래라 하는 것이 기분 나빴을 가능성이 크다. 특히 선장 자리에 올라갈 자격이 되는 노련한 선원들은 더더욱 불쾌했을 것이다. 선원들이 선장을 부정적으로 생각할 수 있다는 점을 스스로 알아챘다면 의식적인 노력으로 마음속의 편견을 극복하고 의사 결정 과정에서 이런 편견을 배제할 수 있었을 것이다.

그리고 선원들이 선장을 모욕하지 않고 문제 상황을 설명하기 위해 공들여 방법을 찾아보았다면 어땠을까?

다른 선원이나 승객까지 끌어들여 다른 배에서 비슷한 상황을 겪은 사람이 있는지 찾아내고, 그때는 어떻게 대처했고 어떤 결과가 나왔는지 알아보았다면 어땠을까? 서로 공통점을 찾아보았다면, 예컨대 그 자리의 모두가 최대한 빠르고 안전하게 목적지에 도착하기를 원한다는 사실을 알았다면 어땠을까? 선장에게 퇴로를, 그러니까 체면을 구기지 않을 방법을 제안했다면 해안가에서 멀리 떨어진 쪽으로 항로를 수정하도록 설득할 수 있지 않았을까?

메두사호의 사람들이 다른 방식으로 소통했다면 상황이 어떻게 달라졌을지는 알 수 없다. 과거를 바꿀 수는 없지만, 앞으로 갈등 협상의 기술을 적극 활용하여 더 나은 방향으로 나아갈 수는 있다.

실행에 옮기기

모순을 잘 해결하는 능력은 타고나는 것이 아니다. 경험이 쌓이면서 길러진다. 그러니 앞에서 소개한 카반딩의 두 가지 이미지로 연습해보자.

우리가 이 작품이 전시된 도시의 시의원이고, 시민의 삶의 질을 결정하는 책임을 진다고 해보자. 카반딩의 두 작품 모두 대중과 언론에 큰 호응을 얻었지만, 우리 시에서는 낙서(허가받지 않고 공공장소의 벽면에 그린 글이나 그림)가 불법이다. 경찰청장이 작가를 체포하겠다고 공개적으로 으름장을 놓으며 시의회에 그 작가의 작품을 제거하고 공식적으로 규탄하라고 요청했다.

이 상황을 어떻게 처리해야 할까? 다음과 같이 모순에 대처하기 위해 배운 다섯 단계를 거치자.

1. 모순을 인식하라.
2. 우리의 온도를 재라.
3. 깊이 파고들어 설명하라.
4. 사람들을 끌어들여라.
5. 공통점을 찾아라.

첫째, 주어진 상황에서 모순을 알아채야 한다. 사람들이 작품을 좋아하지만 불법이다. 작품에 대한 대중의 의견에 공감하더라도 시의 현행법을 지켜야 한다. 작품의 성격 자체에도 모순이 있다. 거리 미술과 낙서를 가르는 미세한 경계선이 있다. 아무 데나 휘갈긴 글이나 협박과 저속한 표현이야 당연히 낙서에 속하지만, 아름답고 예술적인 작품이라고 해도 건물 주인의 허락 없이 그려졌다면 역시 낙서로 간주된다. 카반딩의 작품은 아무 데나 그려진 것도, 협박도, 저속한 표현도 아니고 오히려 주변을 더 아름답게 만들어주지만 정식으로 의뢰받은 작품은 아니다.

그러면 작품의 가치와 무관하게 제거해야 할까?

둘째, 우리의 온도를 재야 한다. 여기서는 우리가 예술을 민주화하자는 카반딩의 메시지를 좋아하고 그가 체포되는 것을 강력히 반대한다고 전제하고 연습해 보자. 금지된 장소에서 스케이트보드를 타서 혼나는 사람이나 표현의 자유에 열을 올리는 사람을 생각하면 우리의 생각이 편향되게 흐를 수 있다. 개인적 경험에만 몰두해서 객관적인 판단이 흐려져서는 안 된다. 예술가를 옹호할 수 있지만, 반대편에 있는 경찰청장 같은 사람들과 대화할 때도 생각을 열어두어야 한다. 경찰청장을 만날 때도 개인적으로 그가 얼마나 마음에 들지 않고 그의 임명을 얼마나 지지하지 않았는지 진지하게 돌아보아야 한다. 상대는 우리의 입장을 안다. 따라서 경찰청장을 만날 때 우리의 감정은 접어두고 그가 토론 자리에 동의하지 않는 마음가짐으로 나온 것도 알아야 한다.

다음으로 갈등 상황을 자세히 설명하기 위해 언론에 배포할 자료를 준비할 수 있다. 이 자료를 사용하든 안 하든, 자료를 조사하고 조사 결과를 적어보면 상황을 온전히 이해하고 다양한 각도에서 볼 수 있다. 따라서 카메라를 들고 카반딩의 작품이 있는 두 장소에 직접 가서 우리가 발견한 것과 관찰한 내용을 기록한다. 그냥 차를 타고 지나치는 것이 아니라 차에서 내려 작품의 주변을 둘러보고 근처에 있는 사람과 대화도 나눠보아야 한다.

마지막으로 사람들을 끌어들이는 단계다. 작품 근처에 있는 사람들은 이미 만났지만 범위를 더 넓힐 수 있고, 또 그래야 한다. 시의회의 다른 의원이나 시민들을 만나 대화를 나눠보아도 된다. 다른 지자체에서는 비슷한 상황을 어떻게 처리했는지 조사해도 된다. 인터넷 검색으로 일부 시에서는 실제로 낙서 예술가들을 체포한 사실이 드러난다. 그러나 그에 대한 반발이 있었다는 것도 알 수 있다. 예술가가 유명해지자 세계 시민 청원 사이트인 Change.org의 청원부터 보복성 낙서 공격에 이르기까지 다양한 반응이 나왔다. 어떤 반응도 지역사회에 이상적으로 보이지 않는다. 일부 도시에서는 유명한 작품의 경우 특수 아크릴 수지나 낙서 방지 바니시로 덮어서 작품을 보호하기로 결정했다. 어떤 도시에서는 낙서 예술가를 실내로 초대해 작품을 전시하게 하거나 원래의 '범죄행위'를 덮어주고 다른 구역에서 작업하도록 정식으로 의뢰했다.

이제 이런 정보로 무장했으니 경찰청장과의 공통점을 발견해야 한다. 그는 낙서가 더 많은 범죄로 이어진다고 믿는다. 혹은 낙서가 있으면 경찰이 그 구역은 순찰하지 않는다는 메시지가 전달된다고도 믿는다. 물론 우리가 경찰청장은 아니기 때문에 그의 생각에 동의하지 않을 수 있고, 또 경찰청장을 아무리 싫어해도, 그가 힘든 일에 종사한다는 사실은 인정해야 한다. 그리고 그의 세계는 하루하루가 위태롭고, 우리의 직장 생활은 그의 업무 현장만큼 낙서에 영향을 받지 않는다는 점도 고려해야 한다.

그리고 경찰청장에게 퇴로를 내주어야 한다. 우리는 카반딩이 체포되기를 원하지 않지만, 경찰청장이 대중 앞에서 정직하지 않거나 무능하게 보이는 것도 바라지 않는다.

경찰청장을 만나면 당장 그의 거의 모든 면에 대한 혐오감이 올라올 것이다. 이런 감정을 눌러야 한다. 우선 칭찬해 주고 긍정적인 태도로 대해야 한다. 양쪽이 시를 위해 원하는 최선의 결과가 무엇인지 논의한다. 양쪽 모두 범죄율이 감소하고 시민들이 안전하게 살기를 바란다. 그리고 양쪽 모두 예산 삭감으로 황폐한 구역을 정화하지 못하는 현실에 대한 난처한 심정을 공유한다.

경찰청장은 카반딩의 사례를 본보기로 삼아 낙서하는 사람들을 막고 싶어 한다. 우리도 카반딩의 명성을 이용해 기물 파손 행위를 방지하고 모두가 이기는 방법을 찾아보고 싶다. 경찰청장의 지지자들을 자극하지 않을 방법. 경찰청장이 기꺼이 참여하도록 유도할 방법. 지금까지 카반딩의 작품은 시에 긍정적 압박을 주었다. 계속 이런 식으로 유지할 수 있을까?

카반딩의 이전 작품에 정당한 값을 치르면 어떨까? (그냥 상상해 보자.) 소액이라도 값을 치르면 그의 작품이 공식화된다. 어쨌든 그는 도시의 황폐한 구역을 아름답게 만들어주었다. 따라서 우리는 카반딩이 우리와 함께 도시 재생 미술 프로젝트를 진행하도록 유도할 수 있다. 그의 도움으로 기물 파손이 어째서 시에 저항하는 행위이고 범죄행위로 고발당할 수 있는지에 대해 대중을 교육할 수 있다. 한편으로는 일부 공공장소(빈 운하)를 공공미술 구역으로 지정해서 카반딩 같은 예술가들이 창조적 에너지를 표출하도록 도울 수도 있다. 경찰청장은 결국 우리의 제안에 동의하고, 우리는 포용하려는 그를 피해서 곧장 사무실로 돌아와 다음 위기 상황에 대처한다.

장담컨대, 이 책을 처음 펼쳤을 때만 해도 낙서에 대해 재고하면서 당신 자신과 모순을 정복하는 당신의 능력에 대해 이렇게 많은 것을 깨달을 줄은 몰랐을 것이다. 나는 날마다 보는 상황이라 잘 안다. 간호사와 FBI 요원과 CEO와 고객 서비스 담당자들이 자신의 힘과 차이와 취약한 면과 소통의 전문성을 발견하고 표정이 밝아지는 것을 보았다. 이렇듯 예술은 우리가 우리에게서 벗어나 '이제 어쩌지?'라고 묻는 것이 아니라 '또 뭐가 있지?'라고 묻게 해준다.

9단계 | 실수를 금으로 메우기

킨츠기 사발

1443년에 아시카가 요시마사足利義政가 여덟 살일 때 형이 말에서 떨어져 죽자 요시마사가 쇼군이 되었다.[1] 요시마사는 잔혹한 아버지 밑에서 자랐지만 전쟁에는 관심이 없어서 일본 전역에서 가장 무능한 쇼군이 되었다.[2] 그러나 그는 예술에 매료되어 여러 예술 분야의 후원자로서 자신의 궁정을 화가와 시인과 무용수로 채웠다. 그는 젠

정원禪之庭, 다다미방, 다도茶道의 황금기인 15세기의 히가시야마 문화東山文化를 예고했다.[3]

그 얼마 전에야 승려들이 일본에 차 문화를 도입했다.[4] 일본에서는 (중국만큼) 차나무가 잘 자라지 않아서 차 가루가 귀했다. 차는 귀족들만 향유하는 문화였다. 막부幕府에서 차를 유대감을 쌓는 의식으로 삼았기에 차를 준비하고 마시는 저마다의 공식 예법이 발전했다. 다도 전통은 차를 담는 조그만 '천목天目' 다완과 같은 섬세하고 귀중한 보물을 서로 돌려보면서 칭송하는 데 중점을 두었다. 아직 도예가 제대로 발전하지 않은 일본에서는 중국에서 들여온 다완이 매우 진귀했다.

전설에 따르면, 어느 날 요시마사가 찻잔을 떨어뜨려 깨진 조각이 궁정 바닥에 흩어졌다고 한다.[5] 애지중지하던 찻잔이라 깨진 조각을 당장 중국으로 보내 고쳐 오게 했지만, 결국 깨진 자리가 철사로 때워져 돌아오자 요시마사는 크게 상심했다. 쇼군의 도공들이 그 잔을 가져가 다시 고쳐보려 했다. 철사를 빼내고 반짝거리고 접착력이 강하고 독성이 있는 천연 접착제인 옻나무 수액으로 깨진 조각을 붙였다.[6] 불교에서는 예로부터 승려가 열반에 들 때면 옻나무 수액을 마시고 미라가 되어 결가부좌를 튼 채 안치되었다. 도공들은 옻나무 수액으로 깨진 조각을 붙이기로 하고, 옻풀이 다 마르기 전에 금가루를 발랐다. 그러자 깨진 자리가 가려지지 않고 더 도드라졌다. 요시마사는 결과물에 만족했고, 이렇게 실수를 바로잡는 새로운 예술 형태인 '킨츠기金継ぎ'가 탄생했다.

'금으로 때우다'로 번역되는 킨츠기는 오늘날 세계 곳곳에서 많은 사람이 받아들인 치유의 철학이기도 하다. 미국의 예술가 레이철

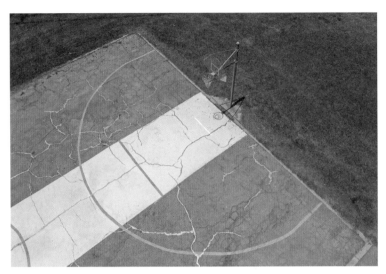

킨츠기 농구장, 빅터 솔로몬

서스먼Rachel Sussman은 거리의 콘크리트 틈새에 금박을 입혀 "마모된 부분에 관심을 끌어서 그 공간이 그곳에서 살아온 사람들에게 더 아름다운 공간임을 일깨워 주려" 했다.[7] 빅터 솔로몬Victor Solomon은 로스앤젤레스의 오래된 농구장에 같은 기법을 적용했다.[8] 베를린에서 활동하는 예술가 얀 보르만Jan Vormann은 무너져가는 건축물을 레고 조각을 이용해 화려한 색상으로 보수했다.[9]

　보르만은 그의 웹사이트 Dispatchwork.Info에서 사람들에게 "세계를 색채로 보수하는" 작업에 동참하기를 권했다.[10] 이 사이트에는 쿠알라룸푸르에서 케이프타운까지 여러 장소에서 시도한 다채로운 프로젝트 사례가 올라온다. 폴란드의 옥외 예술가 네스푼NeSpoon은 썩어가는 나무 밑동과 틈새가 벌어진 구멍을 섬세한 레이스 패턴으로 메웠다.[11] 바르셀로나에서 활동하는 예술가 페작Pejac은 크로아티

〈레고 블록 작품Lego Blocks Art Work〉, 얀 보르만, 2015

〈위장의 해 2016 Camoufalge Year: 2016〉, 폐작

아의 버려진 발전소의 깨진 유리창을 날아가는 새들의 모자이크로 탈바꿈시켰다.[12] 도쿄의 예술가 도모미 가모시타는 해변을 청소하면서 주운 유리와 도자기 조각에 전통적인 킨츠기 기법을 적용하여 독특한 젓가락 받침대를 만들어 일본 대지진 구호 기금 마련 행사에서

선보였다.[13]

이 모든 사례에서 수리하는 방식으로 물건이나 공간에 다시 생명을 불어넣어 강렬하고 새로운(새것이었을 때보다 더 아름다운) 창작품이 나왔다. 흔히 킨츠기를 "귀중한 상흔의 예술"이라고 부른다.[14] 최근에 이 개념을 받아들여 제왕절개나 유방절제술의 흉터를 세련된 문신으로 바꾸는 여자들이 있다. 흉터를 숨기는 것이 아니라 더 돋보이게 한다. 나도 그들 중 하나다. 최근에 나는 항암 치료를 위해 중심정맥관을 삽입한 흉터에 미국의 전 대법관 루스 베이더 긴즈버그Ruth Bader Ginsburg의 상징적인 '이의 있습니다' 레이스 칼라를 문신으로 새겨서 '덮었다.' 어떤 장애물에도 항상 정의를 추구해야 한다는 마음가짐으로 살기 위한 나만의 노력이었다. 또 흉터에 싹트는 나뭇가지를 새기거나 꽃 모양의 지퍼를 새기거나 심전도 심장박동, 곰 발자국, 영감을 주는 글귀("이제 나는 전사다"는 내가 개인적으로 좋아하는 문구다)를 새기는 사람도 있다. SNS에서 이렇게 자기 몸을 긍정하는 새로운 문화가 퍼지면서 젊은 여자들이 임신선과 튼살에 반짝이는 물감을 칠하기도 한다. 한마디로 완벽하지 않은 것이 아름답다는 메시지를 전한다.

킨츠기는 위장하지 않고 수정하는 방법이다. 그리고 그 결과물에는 균열의 역사가 담겨 있다.

실수를 인정하라

문제 해결의 결과가 오래가지 않는 이유는 해결책에 문제 자체에 대한 인식을 제대로 담지 않았기 때문이다. 최선의 해결책은 과거의 실패를 알고 어떻게 바꿀 것인지 알아보는 것이다. 미국약학대학협회 정책대표부의 대변인 브래들리 캐넌Bradley Cannon 박사는 그의 직업에서는 실수가 곧 치명적인 결과로 이어질 수 있으므로 실수를 제대로 만회하려는 노력이 얼마나 중요한지 누구보다 잘 안다. 의료계 최전선에 있는 사람들을 떠올리면 주로 의사와 간호사, 응급구조사, 구급차 운전사가 떠오르지만 약사는 잘 떠오르지 않는다. 약사도 중요한 역할을 하는 의료인이지만 환자가 맨 마지막에 만나는 사람이기 때문이다.

약사가 직면하는 가장 큰 문제 중 하나는 투약 지도 과정에서 발생하는 의사소통의 오류다. 환자가 투약 지침을 제대로 지켜서 제시간에 정확한 방법으로 정량을 복용하지 않으면, 비용으로든 생명으로든 피해가 막심하다. 지금처럼 전염병의 세계적 범유행과 마약성 진통제 위기와 복잡한 투약 지침의 시대에는 특히 더 그렇다고 캐넌 박사는 말한다. 투약 지도 과정은 의사와 환자, 의사와 약국, 약국과 고객이 긴 사슬로 연결되어 있어서 아이들의 전화 놀이처럼 도중에 끊기기 쉽다. 캐넌 박사는 오랜 세월 문제 해결에 유용한 세 구절에 의존해 왔다. "나는 모른다." "내가 틀렸다." "도움이 필요하다."

지속적인 변화를 원하면 애초에 문제가 발생한 적이 없다거나, 실수한 적이 없다거나, 어떤 것이 절대 틀리지 않았다는 식으로 생각해서는 안 된다. 109쪽에서 본 '호퍼 호텔 체험'에서 불행한 하룻밤의 경험에 관해 쓴 미술평론가 세프 로드니는 비평의 눈으로 사람들을 볼 뿐 아니라 자신의 실수도 공개적으로 반성한다. 예술문화 온라인 잡지 〈하이퍼알러직Hyperallergic〉에서 4년간 일한 로드니는 생략이나 잘못된 귀인이나 부주의처럼 그리 사소하지 않은 실수를 비롯해 "그가 무엇을 오해했을 수 있고, 왜 그러했는지"에 대해 성찰하는 기사를 올렸다.[15] 2020년 5월의 기사에는 이렇게 썼다. "나는 늘 솔직해지고 싶다. 사실 내게는 나만의 맹점이 있다. 나의 맹점이 시야를 가로막는 순간을 예측할 수 없어서 어떤 예술품이나 논의의 취지를 놓칠 때가 있다."[16]

로드니의 편집장인 흐라그 바르태니언Hrag Vartanian은 이렇게 썼다. "때로는 스스로 실수를 인정하면 우리가 옳다고 생각하는 것 이상을 배우게 된다. 실수를 인정하는 순간 더는 쓸모없을 수 있는 정설에 의문을 던지게 되기 때문이다."[17] 로드니는 이제 "더 나은 질문"을 던진다. "그리고 나는 내 목소리를 잠재우고 답을 찾아 신중히 경청한다."[18]

킨츠기는 우리에게 치유나 용서에는 기한이 없다는 것을 일깨워 준다. 어떤 해결책은 마지막 순간에 나타난다.[19] 제리코는 〈메두사호의 뗏목〉이 파리 살롱에 걸리고 나서야 자기가 그린 인간 피라미드가 현실 세계에서는 불안정해 보인다는 것을 깨닫고 그 자리에서 그림을 다시 떼어 인물 두 명을 더 그려 넣었다. 또 어떤 해결책은 그보다 훨씬 늦게 나오기도 한다.

바로잡는 데 너무 늦은 때는 없다

문제를 지금 당장 해결할 수도 있고, 나흘 뒤에 해결할 수도 있고, 4년 뒤에 해결할 수도 있고, 40년 뒤에 해결할 수도 있다. 킨츠기는 결코 늦은 때는 없으니 계속 해보라고, 가장 까다로운 문제를 붙들고 계속 시도하라고 일깨워 준다.

예술가 페이스 링골드Faith Ringgold가 처음 흑인 비하 발언을 들은 건 뉴욕의 휘트니미술관에서였다.[20] 1968년에 링골드는 다른 여자 몇 명과 함께 미술관 앞에서 흑인은 한 명도 끼워주지 않은 미국 조각 전시회를 규탄했다. 2년 뒤 휘트니미술관의 연례 조각 초대전에서는 붉은 완장을 차고 "이제 여자들도"라고 적힌 플래카드를 들고 난입했다. 5분간 평화롭게 연좌 농성을 벌이며 여자가 설립한 미술관에서 여성 예술가에게도 동등한 전시 기회를 달라고 요구했다. 스티븐 E. 웨일Stephen E. Weil 관장은 당시 〈뉴욕타임스〉에 이렇게 말했다. "우리는 여자들의 요구를 무시하지 않기 위해 최선을 다해왔습니다."[21] 그전 해에 출품한 사람 103명 중 22명이 여자 조각가이고, 8명만 전시했다. 그중 한 명인 루이스 부르주아Louise Bourgeois는 연대의 의미로 정장 차림으로 갈 행사에 붉은 완장을 차고 갔다.

링골드의 분노는 아직 풀리지 않았다. 링골드는 할렘 르네상스 시대에 예술과 음악에 둘러싸여 자랐다. 1950년 뉴욕시립대학교에 들어가서 예술을 전공하려 했지만 여학생은 인문학 학위를 받을 수 없다는 말을 들었다.[22] 링골드는 틈새를 찾아 교육학으로 미술사를 전공하고 결국 예술가가 되었다. 그 후 1970년대에 창작 활동을 하고 예술을 위해 예술을 수단으로 저항했다. 갤러리 관장인 스티븐 래디치Stephen Radich가 성조기를 결합해 베트남전쟁에 항의하는 마크 모렐Marc Morrel의 작품을 전시한 뒤 체포당하자 링골드는 저항을 주제로 한 깃발의 전시를 주최했다. 2007년에는 직접 작품을 제작했다.[23] 남부연방기와 비슷한 깃발을 그려놓고 별이 들어갈 자리에 "혐오는 범죄다"라고 흰 글씨로 적어 넣은 그림이었다. 그리고 그림의 가장자리에 빙 둘러서 휘트니미술관 밖에서 무시당한 사연을 새겼다. ("휘트니미술관에서 흑인 예술가를 차별하는 데 항의하는 전단을 나눠줄 때 어느 백인 남자가 자기 딸에게 말했다. 검둥이 근처에 가지 마라.")

링골드의 작품은 뉴욕현대미술관과 구겐하임미술관에 전시되었지만(뉴욕시의 벽과 로스앤젤레스 지하철역도 장식하지만), 휘트니미술관에서는 그녀의 작품을 단 한 점도 사지 않았다. 2018년까지도. 그러다 링골드가 휘트니미술관 앞에서 딸들이 보는 데서 수모를 당한 지 꼬박 50년이 지난 뒤 휘트니미술관이 〈혐오는 범죄다 Hate Is a Sin〉를 구입해 '불완전한 저항의 역사' 전시회에 넣었다.[24]

"휘트니미술관이 그 오랜 세월이 지난 뒤에야 이 작품을 샀고, 또 이 작품에 얽힌 사연도 들려줄 예정이라고 하니 놀라움을 금치 못하겠어요."[25]

휘트니미술관이 링골드에게 더 일찍 손을 내밀었다면, 링골드를 초대하는 데 50년이나 걸리지 않았다면 더 좋았을까? 물론이다. 지나간 시간의 무게에 짓눌려 잘못된 행동이 뿌리 깊이 박히는 경우가 많다. 잘못을 바로잡는 데는 제약이 없고, 아무리 오래되고 곤란한 문제라고 해도 꾸준히 문제에서 벗어나려고 시도해야 한다.

모든 것을 이용하라

킨츠기는 깨진 것과 부담스러운 것에 의미를 부여한다. 무언가가 깨지면 쓸모없어지는 것이 아니라 더 유용해질 수 있다고 가르쳐준다. 158쪽의 진 신이 우산으로 만든 캐노피와 159쪽의 어맨더 샥터와 알렉산더 레비가 버려진 우산살로 만든 구체 조형물에서 보았듯이, 쓰레기도 보물이 될 수 있다. 포르투갈의 거리미술가 보르달로 II Bordalo II는 이 개념을 한 단계 더 발전시켜서 쓰레기로 쓰레기에 위협받는 거대한 동물 벽화를 그려 지구촌 쓰레기 문제에 이목을 집중시켰다.[26] 보르달로 II는 머나먼 어딘가의 새끼 물개를 그리는 대신 태국의 코끼리처럼 구체적인 장소를 정해서 현지의 쓰레기에 위협받는 현지의 동물을 그린다. 그는 이렇게 시각적으로 문제 해결에 관한 중요한 메시지를 전달한다. 우리가 우리의 자원으로 문제를 해결해야지 남에게 떠넘겨서는 안 된다는 메시지다.

기후변화의 위기에 관심이 커지면서 자연보호에 관심이 집중되고, 쓰레기 문제가 심각한 사회문제로 대두했다. 선진국 국민은 쓰레기가 환경에 미치는 영향을 절실히 깨닫지 못한다. 그들이 버린 쓰레기는 다른 어딘가로 보내지기 때문이다. 매년 500만 톤이 넘는

〈코끼리Elephant〉, 보르달로 II, 2016

쓰레기가 미국과 독일, 일본 같은 선진국에서 서남아시아로 수출된다.[27]

미국인 한 사람이 배출하는 쓰레기가 하루 평균 약 2킬로그램으로, 세계 평균 약 0.7킬로그램을 한참 웃돈다.[28] 미국 가정에서는 연간 약 3000킬로그램 혹은 3.3세제곱미터의 쓰레기를 배출한다. 한 가정이 1년에 배출하는 양이다. 선진국에 사는 사람 대다수는 자기가 배출한 쓰레기를 자기 집 뒤뜰에 쌓아둘 필요가 없지만, 만약 뒤뜰에 쓰레기를 쌓아두어야 한다면 자신의 소비 실태를 통렬히 인식할 수 있을 것이다. 인도의 아이들처럼 쓰레기 산 옆에서 뛰어놀아야 한다면 말이다. 뉴델리 외곽의 가지푸르 쓰레기 매립지의 쓰레기 산은 타지마할보다 높다. 네 살짜리 아이들도 부모의 일손을 거들며 쓰레기를 뒤진다.[29]

서구 국가들이라고 해서 모두 쓰레기를 다른 지역으로 보내는 것은 아니다. 쓰레기를 보관하고 시민의 자랑으로 여기는 곳도 있다.

I-75 도로를 타고 미시간주 오클랜드 카운티의 숲이 울창한 교외 지역을 달리다 보면 평평한 땅이 나온다. 한때 디트로이트 피스톤스 농구팀의 홈구장이었던 더팰리스 경기장을 감아 돌면 오른편에 오르막이 나온다. 370미터 높이로, 여기서 16킬로미터 북쪽에 있는 스키 슬로프보다도 높다. 이 오르막은 산도 아니고 언덕도 아니다. 이 도시의 쓰레기 폐기장이다.

"매립지요!" 지역 주민이 내 표현을 고쳐준다.

이곳 이글밸리 매립지는 내가 본 어느 폐기장이나 매립지와도 닮지 않았다. 푸른 잔디로 덮여 있고, 가까이에서도 악취가 나지 않는다. 이곳이 매립지인 것을 드러내는 유일한 증거는 산꼭대기를 맴도는 십여 마리의 새와 산허리 흙길을 따라 올라가는 불도저뿐이다. 지난 25년간 7미터 정도 높아졌다고 한다. 이 지역 초등학교에서 해마다 여기로 소풍을 오고, 2011년에는 오바마 대통령이 이곳을 방문하기도 했다.

오바마 대통령은 대한민국의 대통령과 함께 그 옆에 있는 GM 오라이언 공장을 방문해 매립지의 메탄가스를 가둬 공장을 돌리는 공정을 직접 참관했다.[30] 쉐보레 볼트 전기차를 생산하는 이 공장은 매립지의 메탄가스를 가둬 에너지로 변환하는 방식으로 공장에 필요한 전력의 66퍼센트를 충당하면서 미국환경보호국EPA 소속 재생에너지 협력 업체 중 현장에서 재생된 에너지를 여덟 번째로 많이 활용한 공장이 되었다.[31] 이 매립지의 가스 변환 시스템은 이 지역 3000세대에 전기를 공급한다.[32]

한편 이 공장은 환경을 고민하다가 쓰레기를 활용하는 해법을 찾아낸 덕분에 예기치 못한 경제 위기를 피해 갈 수도 있었다. 재생에너지 사업으로 (GM 오라이언 조립공장에서는 석탄을 태울 필요가 없어져서 연간 100만 달러 이상 절약하여) 2008년에 자동차 업계가 줄줄이 문을 닫는 추세에서 안전할 수 있었다.[33] 이 공장은 현재 GM의 첫 EUV로 예상 주행거리 417킬로미터에 CO_2 배출량 0인 스포츠실용차SUV를 생산한다.[34] 오라이언과 포트웨인 조립공장이 지역 매립지의 가스로 전력을 충당하는데도 GM은 공장 안에 매립지를 따로 만들지 않으려 한다. GM은 현재 전 세계에서 매립지 없는 공장 142곳을 운영하며 자원의 재활용이나 재사용, 변환으로 폐기물을 전혀 배출하지 않는다.[35] 따라서 음식물 쓰레기를 퇴비로 활용하는 공정부터 직원들이 쓰고 버린 플라스틱 물병으로 소음 방지 엔진 절연

섬유를 만드는 공정까지 다양한 방법을 시도해 왔다.[36]

"우리에게 쓰레기는 그저 제자리에 있지 않은 자원입니다."[37]
GM 글로벌 폐기물 감축 책임자 존 브래드번John Bradburn의 말이다.

GM의 사례처럼 남들이 간과하거나 폐기한 것을 다시 들여다보
고 용도를 변경하여 문제를 해결할 수 있을까?

루이스 밀러Lewis Miller는 뉴욕에서 가장 잘나가는 플로리스트다.
그는 불가리Bulgari, 베르사체Versace, 버그도프 굿맨Bergdorf Goodman 같은
고객사를 위해 다채롭고 자연스러우며 환상적인 장면을 연출한다.[38]
그러나 그는 갈라쇼나 패션쇼나 이사회를 마친 후 행사장의 꽃을 해
체해서 나눠 주는 정도로 만족하지 않았다. 주로 참가자들에게 나
눠 주어 집에 가져가게 하거나 병원이나 자선단체에 기부하지만 밀

〈플라워 플래시Flower Flash〉,
루이스 밀러

러는 여기서 더 나아가고 싶었다. 꽃을 완전히 새로운 방식으로 재사용해서 더 많은 사람에게 기쁨을 전하고 싶었다. 그래서 한밤중에 꽃 장식을 만들기로 했다. 그들의 게릴라 꽃장식으로 길모퉁이와 버려진 가게 앞과 심지어 쓰레기통까지 아름답게 장식되었다.

이렇게 킨츠기 기법으로 주변 환경과 자원을 보는 관점을 바꿔 재활용과 재창조의 영감을 얻을 수 있다.

깨트리는 것을 두려워하지 말라

흉터에서 아름다움을 찾으려면 때로는 기대와 전통과 기존 방식을 의도적으로 깨트리는 과정도 필요하다. 고전적인 인물 조각상을 제작하는 페이지 브래들리Paige Bradley는 2000년대 초 처음 맨해튼으로 옮기면서 큐레이터와 평론가들의 반응에 놀랐다. 다들 구상미술의 시대는 끝났다고 말했다. 그가 직접 미술관이나 갤러리를 둘러보니 그들의 말이 맞는 것 같았다. 구상주의적이고 사실적인 조각품은 거의 다 사라졌다. 브래들리는 그저 최신 유행이라는 이유로 새롭고 현대적인 양식을 택하고 싶지는 않았다. 그리고 다른 예술가들처럼 창작을 멈추고 후학을 양성하고 싶지도 않았다. 그는 대신 몇 달간 공들여 작업한, 결가부좌를 틀고 명상하는 여인의 밀랍 조각상을 가져와 들어서…… 떨어뜨렸다.

"산산조각이 났어요. 처음에는 '내가 무슨 짓을 한 거지?'라는 생각이 들었죠."[39]

브래들리는 상업적으로든 예술적으로든 변화하려면 그간 해온

〈확장Expansion〉, 페이지 브래들리, 청동에 전기

작업과 그간의 방식을 깨트려야 한다고 판단했다. 그는 깨진 조각을 청동으로 다시 주조한 다음 바닥에서 약간 띄워서 설치했다. 다음으로 기존의 작업 과정과 자존심을 버리고 조명 예술가의 도움을 받아 조각상 안에서 빛을 밝히며 그의 비전을 구현했다. 이렇게 완성된 〈확장〉이라는 제목의 이 작품은 브래들리에게 국제적 명성과 찬사를 안겨주었다. 낡은 틀을 깨고 앞으로 나아가게 해줄 새로운 창작을 발견한 것이다.

지금 벽 앞에 서 있다면

답을 전혀 찾을 수 없다면 어떻게 할까? 이 책에서 소개한 모든 예술적 과정을 시도해 보고, 사전 준비 작업을 마치고 문제를 모든 각도에서 조명해 보아도 해결책이 전혀 보이지 않는다면 어떻게 할까? 이런 상황을 헤쳐 나가는 데 도움이 될 만한 창조적 묘안이 있다.

잠시 벗어나라

책임과 과제와 프로젝트가 당장 시급하고 강렬하면 창의성과 문제 해결 능력, 더 나아가 공감 능력마저 떨어진다. 장애물을 뛰어넘을 수 없을 듯 보이거나 마음속에서 반대 의견이 끓어오르면 잠시 벗어날 필요가 있다. 당신에게만 해당하는 조언일 수도 있고, 같은 문제를 안고 있는 모두에게 해당하는 말일 수도 있다. 마감이 정해졌든 아니든, 어차피 우리는 인간이다. 과로에 지치고 압도당하기 쉬운 인간. 잠시 스트레스에서 벗어날 시간을 정해야 한다. 바로 이런 시간이야말로 당신의 해결책에서 빠진 조각일 수 있다.

〈사이언티픽아메리칸 Scientific American〉에서는 성공한 예술가와 선수가 자주 쓰는 마음의 휴식(낮잠과 자연 속 산책부터 명상, 친구들과 함께 마시는 모히토까지)이 어떻게 실력을 쌓고 집중력을 끌어올리고 창조성을 키우는지에 관한 연구를 실었다.[40]

연구자 팀 크라이더 Tim Kreider는 다음과 같이 적었다. "무위無爲가 주는 공간과 고요는 삶에서 잠시 물러나 삶을 전체적으로 관조하며, 뜻밖의 만남을 이어가고, 여름철 번개처럼 영감이 떠오르는 데 필요한 조건이 되어준다. 역설적으로 무슨 일을 진행하든 이런 조건이 필요하다."[41]

　일단 휴식을 취하라. 당장 해결할 문제만을 위해서가 아니라 각종 전자기기에서 흘러넘치는 문제와 정보의 홍수에서도 잠시 벗어날 필요가 있다. 한 시간이라도 디지털 다이어트를 통해 마음이 고요하게 머무를 시간을 주어야 한다. 나는 어떤 남자가 한 달간 산속에서 수도승들과 함께 명상하기로 한 이야기를 읽었다. 한 달이나 휴대전화나 노트북이나 신문도 없이 지내기로 했다는 것이다. 세상에서 무슨 큰일이 터지면 어떻게 할까? 수도승들은 그에게 큰일이 일어나면 누가 와서 알려줄 거라고 안심시켰다. 우리가 소비하는 뉴스 가운데 극히 일부만 중요한데도 일상적으로 뉴스를 접하며 정신적 타격을 입는다. 뉴스는 우리가 스트레스를 받고, 우울하고, 분노하고, 혼란스러워하고, 절망하고, 초조하게 만든다. 그리고 이런 상태가 계속 지속되게 만든다. 우리가 온전히 자발적으로 살 수 있다는 사실을 망각하게 만든다. 크라이더는 이렇게 말한다. "지금의 히스테리는 삶에 꼭 필요하거나 불가피한 조건이 아니다."[42]

　나는 휴대전화나 태블릿이나 시계를 보며 "둠스크롤링doom-scrolling(암울한 뉴스만 강박적으로 찾아보는 행위 – 옮긴이)"에 빠지지 말고 무엇을 해야 할지 제안하겠다. 예술을 보라. 어떤 예술이든 상관없다. 어린아이의 그림이든, 광고판이든, 소설책 표지든, 근처 미술관에 전시된 작품이든. 사람이 많지 않은 장소로 가라. 예술을 보면, 아무리 어려운 작품이라도 일단 보면 자신에게서 빠져나와 새로운 관점으로 상황을 보고, 혹시라도 운이 좋으면 갑자기 눈이 떠지며 당신이 바라던 무언가를 발견할 수도 있다.

문제를 뒤집어라

179쪽에서 배운 농담 연구를 시도해 보라. 이번에는 문제의 파편만 보지 말고 정반대 측면을 그려보라. 말하자면 매출을 늘릴 방법을 찾지 못했으면 매출을 줄일 전략을 찾아보라. 정반대로 접근하는 것이다. 고객서비스팀에 어떻게 동기를 부여할지 모르겠는가? 그렇다면 어떻게 하면 이들의 사기를 꺾을 수 있을까? 자녀에게 예의를 가르칠 수 없는가? 그렇다면 무례는 어떻게 가르칠까?

문제를 뒤집어 보는 방법이 언뜻 와닿지 않을 수도 있지만, 이렇게 정반대 방향에서 문제를 들여다보면 때로는 막연하던 답이 선명하게 드러날 수 있다.

제2차 세계대전에서 영국 공군은 독일군 대공포 공격으로 수많은 전투기를 잃는 문제를 해결하기 위해 전투기 기체에서 가장 많이 공격당하는 지점을 보강하기로 했다.[43] 전투기가 탄환 구멍으로 벌집이 되어 돌아오면 기술자들이 기체에서 가장 많이 손상된 부위를 확인한다. 그러자 얼마 후 뚜렷한 양상이 드러났다. 중폭격기 핼리팩스와 랭커스터가 옆구리가 벌어지고 꼬리가 반쯤 날아가고 날개에 커다란 구멍이 난 채로 돌아왔다. 그래서 가장 많이 공격받은 부위를 보강했지만 결과적으로는 효과가 없었다. 살아서 돌아오는 전투기가 늘어나기는커녕 오히려 더 감소했다. 왜였을까?

수학자가 답을 알아냈다. 전투기의 생존율을 높이기 위한 연구를 진행한 헝가리 출신의 아브라함 왈드 Abraham Wald는 다들 문제를 거꾸로 보고 있다고 지적했다. 기체와 날개와 꼬리에 커다란 구멍이 나고도 돌아온 전투기는 어쨌든 돌아왔다. 오히려 돌아오지 못한 전투기가 실패한 것이다. 통계적으로는 전투기의 모든 지점에 탄환 자국이 있어야 했다. 조종석 모니터가 박살 나고, 노즈콘이 날아가고, 프로펠러 몇 개가 날아간 전투기는 다들 어디로 갔을까? 이런 지점을 공격당한 전투기는 추락했다. 왈드는 돌아온 전투기의 탄환 자국을 조사할 것이 아니라(손상을 입고도 돌아오긴 했으므로), 탄환이 운 좋게 비켜 간 지점을 조사해서 그 부위를 보강해야 한다고 지적했다. 결과적으로 효과가 있었다.

문제의 해결책을 찾지 못했다면 문제를 뒤집어 보라. 팀이 승리하고 모두가 행복하고 비용을 절감할 방법을 찾을 것이 아니라, 거꾸로 팀이 패하고 모두가 비참해하고 비용이 상승하는 방법을 찾아보는 것이다. 여기에 없는 것을 분석하는 방법이 언뜻 와닿지 않을 수 있지만, 이런 간단한 뒤집기로 이전에는 빠져나간 답이 얼마나 잘 드러나는지 알면 놀랄 것이다.

반대로 수정할 방법을 찾아라

완벽한 해결책을 찾고도 현실적으로 적용할 수 없어서 이러지도 저러지도 못할 때가 있다. 이를테면 직원이 다섯 명만 더 있으면 위기를 넘길 수 있을 것 같은데, 예산 문제로 직원을 새로 뽑을 수 없다. 또 카페에 테이블을 더 들여놓으면 손님을 더 받을 수 있지만, 그럴 공간이 없다. 이럴 때는 굳이 벽에 부딪히지 말고 창문을 내야 한다.

브라질의 비주얼 아티스트 타티아네 프레이타스Tatiane Freitas는 낡은 나무 의자를 수리했다.[44] 다만 낡은 나무도, 새 나무도 쓰지 않았다. 대신 모던한 투명 아크릴로 보강했다. 이 재료는 모든 면에서 정반대였다. 더 단단하고, 무색이고, 투명하고, 더 매끄러웠다. 다만 가장 중요한 한 가지가 유사했다. 의자의 기능을 제공한 것이다. 프

〈나의 오래된 새 의자My Old New Chair〉, 타티아네 프레이타스, 2010,
아크릴과 나무

레이타스가 완벽한 나무 보강재를 고집했다면 의자를 제대로 사용
하지 못했을 수 있다. 프레이타스는 완벽한 수리의 개념을 버리고
실행 가능한 방법에 집중했다. 결과적으로 이 방법이 더 나아서 이
의자는 이제 예술이자 대화를 시작하기 위한 이야깃거리가 되었다.

  2020년에 뉴욕 프릭컬렉션이 진즉 시작했어야 할 보수공사를
위해 잠시 폐관했을 당시에는 명확한 계획이 없었다. 공사 기간에
미술관을 어떻게 운영할지, 문을 계속 열어둘지조차 결정되지 않았
다. 프릭컬렉션은 뉴욕의 미술관 중에서도 인기가 많고 독특한 곳이
라 폐관하면 뉴욕 시민에게든 관광객에게든 우울한 상황이 될 터였

다. 게다가 미술관으로서도 공사 기간 중 수익 손실은 결코 사소하게 넘길 문제가 아니었다. 이 미술관의 명화에 익숙한 사람들은 헨리 클레이 프릭의 옛 저택(미술관) 자체가 이 미술관의 소장품을 감상하는 경험에서 중요한 부분이라고 생각한다. 도금한 계단, 화려한 양탄자, 건물 안에 안뜰을 갖춘 고즈넉한 분위기가 소장품만큼이나 훌륭하기 때문이다. 따라서 이런 질문이 제기되었다. 관람객이 프릭컬렉션의 소장품을 헨리 클레이 프릭의 저택이 아닌 다른 장소에서 온전히 감상할 수 있을까?

뉴욕 어퍼이스트사이드는 수십 년 전부터 뉴욕의 가장 유명한 미술관들이 모인 곳이다. 2015년에 휘트니미술관이 다운타운으로 자리를 옮기면서 업타운의 상징적인 브로이어 건물을 떠나자 메트로폴리탄미술관이 그 건물을 매입하고 근현대 미술의 전시관으로 활용했다. 그러나 이 값비싼 도박은 관람객에게든 수익으로든 성공하지 못했고, 코로나19 범유행까지 터지면서 메트로폴리탄미술관은 이 공간을 다시 닫아두기로 했다. 그리고 때마침 프릭컬렉션이 이스트 70번가의 역사적인 저택의 확장 공사를 허가받은 것이다. 두 미술관(고가의 부동산을 가진 메트로폴리탄미술관과 훌륭한 예술품을 선보일 공간을 잃은 프릭컬렉션)은 두 가지 문제를 동시에 해결하면서 확장 공사가 끝날 때까지 프릭컬렉션의 소장품을 브로이어 건물로 이전할 계획을 고민했다. 프릭컬렉션은 새로운 공간을 얻고, 메트로폴리탄은 수천만 달러를 절약할 수 있는 계획이었다.

프릭컬렉션의 소장품을 브로이어 건물로 옮기는 것이 완벽한 해법일까? 결코 아니다. 프릭컬렉션 미술관 내부의 정취가 없다면 설립자의 소장품을 감상하는 경험이 희석될까? 아마도. 그러나 이 책에서 지금까지 살펴보았듯이, 예술은 강렬하고 해결책이 없어 보이는 문제를 비롯한 수많은 문제를 바로잡을 수 있다. 현재 프릭컬렉션의 방대한 소장품은 원래 자리에서 완전히 현대적인 분위기의 신선한 공기에 둘러싸여 있다. 이런 새로운 시도를 반기는 사람도 있고, 탐탁지 않게 생각하는 사람도 있다. 그러나 영구적인 해법도 아니고, 어쨌든 새로운 시도로 수많은 예술 애호가가 세계 최고의 컬렉션 하나를 문턱 없이 관람할 수 있게 되었다. 문제가 해결되었다. 원래의 해결책이 효과가 없다면 정반대에서 찾아야 한다.

파란 말들의 탑을 세워라

청기사파Der Blaue Reiter라는 현대미술 아방가르드 운동의 일원인 독일의 예술가 프란츠 마르크Franz Marc는 제1차 세계대전이 발발한 1914년에 기병으로 징병당했다. 독일군은 그의 예술적 재능을 알아보고 그에게 위장술을 맡겼다. 그는 아내에게 보내는 편지에 "마네부터 칸딘스키까지" 친구들에게 경의를 표하는 양식으로 포병대를 적의 전투기로부터 지켜주기 위한 그림을 그리는 일이 즐겁다고 적었다.[45] 1916년에 독일군은 군대 내 유명 예술가들을 찾아내 이들의 안전을 위해 위험한 전투에 내보내지 않았다.[46] 마르크도 명단에 올랐지만, 배치 명령이 그에게 닿기 전에 베르됭 전투에 투입되어 포탄에 맞아 전사했다.

마르크가 전사한 뒤 베를린국립미술관은 그가 1913년에 완성한 대형 그림을 입수했다.[47] '거의 실물 크기'의 강렬한 파란색 말 네 마리가 몽환적 풍경 속에 있는 모습의 〈파란 말들의 탑〉이다. 이 그림은 독일 전국에서 상징적인 작품이 되어 책과 엽서와 포스터로 다채

〈파란 말들의 탑The Tower of Blue Horses〉, 프란츠 마르크, 1913, 캔버스에 유채(1945년 이후 소실)

롭게 제작되었다. 그러나 1937년에 나치의 눈 밖에 났는데, 나치는 마르크를 비롯한 여러 현대미술 작가들에게 '퇴폐적인 예술가'라는 꼬리표를 달았다. 〈파란 말들의 탑〉은 미술관에서 제거되어 악명 높은 제국의회의 의장이던 헤르만 괴링Hermann Göring의 '보호' 아래 들어갔다. 그동안 이 그림을 보았다고 주장하는 목격담도 있고 이 그림이 어떻게 되었다는 가설도 있었지만(폭격 중 파손되었다거나 유스

호스텔에서 사라졌다거나 스위스 은행의 저장고에 들어 있다는 가설), 대중 앞에서 완전히 사라져 다시는 누구도 이 그림을 보지 못했다.

몇 년 전 나는 뮌헨에 갔다가 마침 '실종: 프란츠 마르크의 파란 말들의 탑'이라는 전시를 만났다. 전국그래픽아트컬렉션이라는 기관이 베를린의 하우스 암 발트제와 함께 현대미술 작가 20명의 초대전을 열었다. 이 전시회는 마르크의 이 상징적인 작품의 실종을 기념할 뿐 아니라 이 작품에 헌정하는 새로운 작품을 제작하고, 이 작품을 찾는 데 대한 관심을 되살리고자 하는 시도였다. 새로운 시도는 회화와 조각부터 사진과 문학에 이르기까지 다양하게 포괄했다. 결과는 놀라웠다. 영감을 줄 대상이 존재하지 않는데도 여러 작가들이 기념비적인 작품을 완성했다. 이 전시회의 기획자들은 사람들의 창조성을 열어주어 〈파란 말들의 탑〉의 실종 미스터리를 '풀려고' 시도했다.

고칠 수 없는 것은 받아들여라

킨츠기 철학이 일본에서 시작되어 성행한 한 가지 이유는 일본에서 유행한 와비사비라는 또 하나의 사상과 맥이 닿아 있기 때문이다. 도교와 선불교의 겸허한 삶의 태도에 대한 이해에서 시작된 와비사비는 다도와 함께 일본 전역으로 퍼져 나갔다. 전설에 따르면, 센리큐千利休라는 청년이 유명한 다도 스승을 찾아가 비법을 배우려 하자 스승이 그에게 우선 정원을 완벽히 청소하라고 지시했다고 한다.[48] 센리큐가 청소를 마친 정원은 흠잡을 데 없이 정돈되어 있었다. 풀한 포기, 나뭇잎 하나 없고 정갈하게 비질이 되어 있었다. 풀잎 하나 떨어져 있지 않았다. 센리큐는 스승을 부르러 가기 전에 꽃나무의 나뭇가지를 흔들어 꽃잎을 떨어뜨렸다. 이것이 와비사비의 정수다. 변화무쌍하고 변덕스러운 세상에 완벽이란 존재하지 않으므로 완벽을 추구하려고 안간힘을 쓸 필요가 없다는 것이다. 그보다 와비사비는 완벽하지 않은 것, 영원하지 않은 것, 불완전한 것을 받아들이라고 가르친다.

고칠 수 없는 것까지.

난해한 문제는 간단히 해결되지 않는다. 영원히 바로잡을 수 없는 문제도 있다. 시간은 되돌릴 수 없다. 잘못된 것을 항상 바로잡을 수 있는 것도 아니다. 이럴 때 예술의 세계로 눈을 돌려 미완성을 받아들이는 법을 배울 수 있다.

루브르박물관에 있는 시모트라케의 니케는 머리가 없어도 특별하다. 우아한 동작과 날아갈 듯한 몸짓이 머리가 없어도(머리는 발견되지 않았다) 보는 이에게 강렬한 느낌을 전달한다. 이 조각상은 불완전한데도 상징적인 작품이 되었고, 후대의 수많은 작품에 영감을 주었다.

그렇다고 기대치를 낮추라는 뜻은 아니다. 기대치를 바꾸라는 뜻이다. 완벽이나 완성을 추구하다가 실패하거나 실망할 수 있다. 흔히 흑과 백이 명백히 구분되기를 바라지만, 세상은 이진법으로 이루어지지 않았다. 필요하다면 회색 지대를 수용하는 법을 배워야 한다.

문제를 해결하지 못해도 해결책을 향해 나아가고, 격차를 메우고, 인식을 끌어올릴 수 있다. 남들이 고쳐야 하는 문제도 있다. 복잡

시모트라케의 니케, BC 3~2세기

한 문제에 와비사비의 정신으로 접근하면 해결할 수 없는 문제라는 점을 깨닫기만 해도 (적어도 당장은) 계속 나아갈 수 있다.

예술가들은 해법을 찾기 어려워 보이는 난제에 접근하면서 사람들이 함께 해결책을 찾도록 동기를 부여하려 한다. 247쪽에서 언급한 아이웨이웨이는 2016년에 베를린 콘체르트하우스의 웅장한 기둥을 화려한 색의 구명조끼 1만 4000개로 감쌌다.[9] 유럽에 가려고 지중해를 건너려던 난민들에게서 구한 것이다. 아이웨이웨이도 어린 시절에 난민캠프에서 살면서 인간성이 "말살"되는 현장을 목격했다.[50] 2017년에 그는 세계적 난민 문제를 다룬 다큐멘터리 〈유랑하는 사람들Human Flow〉을 발표하고, 2019년에는 〈남겨진 사람들The Rest〉을 발표했다. 아이웨이웨이의 구명조끼 설치미술과 다큐멘터리 영화가 난민 문제를 해결해 주지는 않겠지만, 이 문제가 계속 세상의 관심을 받으며 망각되지 않게 해주었다.

2010년대 후반 세상을 바꾼 여러 사건이 발생하기 전인 2015년에 리더십 전문가 마지 워렐Margie Warrell은 "빠르게 변화하고 예측 불가능하고 가속도가 붙은 업무 현장과 세계에서 (⋯) 이런 불확실한 바다에서 정해진 항로를 따라가는 것은 불가능"하다면서 불확실성을 수용하는 것이 성공의 "비결"이라고 말했다.[51]

불확실성을 창조의 원천으로 품을 수 있다. 테오도르 제리코는 다음과 같이 적었다. "재능 있는 사람들이 장애물을 두려워하지 않는 이유는 극복할 수 있을 뿐 아니라 장애물은 또 하나의 자산이며 정신을 자극하고 열기를 식지 않게 해주어 또 하나의 창조의 원천이 될 수 있다는 것을 알기 때문이다."[52] 이렇게 장애물은 잘하면 상상력을 자극해서 문제의 해결책을 찾게 해준다. 최악의 경우라도 중요한 위안거리가 있다. 바로 탄력성이다.

탄력성을 누려라

"경험은 원하는 것을 얻지 못할 때 얻는 것"이라는 말이 있다. 실수와 고난과 실패로 탄력성이 길러지고, 탄력성은 문제 해결을 위한 화살집에 든 날카로운 화살이다.

예술가 척 클로스는 60년 이상 창작 활동을 하면서 탄력성에 관해서는 누구보다 잘 알았다. 그는 1988년에 마흔여덟의 나이로 척추를 다쳐서 마비되었다. 그래도 멈추지 않았다. 병원에서 친구들에게 앞으로 머리밖에 움직이지 못하게 된다고 해도 이빨로 붓을 물고 캔버스에 물감을 뿌려서라도 그림을 그리겠다고 말했다.[53] 장기간 치료를 받으며 팔의 운동 능력을 되찾고 휠체어로 이동할 수 있게 되었다. 말년에는 손에 포크를 감아 음식을 먹고, 팔목에 붓을 감아 그림을 그렸다.

내가 2014년에 《우아한 관찰주의자》를 쓸 때만 해도 내게는 삶이 완벽해 보였다. 사업이 잘 풀리고, 아들도 잘 자라고, 나 역시 전 세계를 돌아다니며 진실로 사랑하는 일을 하고 있었다. 그러다 정기검진에서 아직 초기이지만 공격적인 암 진단을 받았다. 믿기지 않았지만 선택의 여지가 없었기에 이내 마음을 굳게 먹었다. 해야 할 일이 있고, 아들도 키워야 하고, 고정비도 내야 했다. 주치의의 말처럼 죽음은 선택지가 아니었다. 주치의가 자신 있게 말했다. "공격적으로 치료하긴 하겠지만, 무사하실 거예요." 다섯 차례 수술을 받고, 열여섯 차례에 걸쳐 화학요법으로 치료를 받고, 9개월간 머리가 다 빠진 채로 지내고, 이어서 다시 다섯 차례 방사선 치료를 받은 지금 나는 어느 때보다 좋다.

살아 있다는 데 감사한다. 그리고 나의 일상적인 문제 해결 능력은 전에 없던 결단력으로 더욱 굳건해졌다. 강인하다고 해서 다 완벽해지는 것은 아니지만, 내가 아들에게 거듭 강조하듯이 사람이 죽는 일만 아니면 어떤 문제든 바로잡을 수 있다.

나는 병을 앓고 치료하면서도 계속 일했고, 수술 흉터를 나만의 킨츠기로 자랑스럽게 여겼다. 암을 견디고 일어나며 온갖 부작용을 겪은 경험이 그리 좋았을 리는 없지만 덕분에 내게는 다채로운 붓과 훨씬 선명한 팔레트가 생겨서 실수와 결함을 덧칠하고 위장하고 더 큰 그림으로 통합할 수 있게 되었다.

돌이켜보면 내 생명과 온전한 정신을 구해준 것은 바로 탄력성이다.

킨츠기와 와비사비는 모두 탄력성을 시각적으로 구현한 것으로, 가지가 부러져도 희망을 꽃피울 수 있다는 깨달음을 준다. 충격적이고 부정적이며 해결 불가능한 문제조차 우리에게 탄력성이라는 선물을 안겨준다는 사실을 깨달으면, 더는 반갑지 않은 문제가 되지 않는다. 빅터 프랭클Viktor Frankl은 제2차 세계대전 중 나치 집단수용소의 경험을 이해하려고 노력하면서 이렇게 적었다. "어떤 면에서 고통이 의미를 발견하는 순간 더는 고통스럽지 않다."[54]

기밀 군부대의 강의 사례Ⅱ

내가 '사이클론'이라고 이름 붙인 이 어둠의 정부기관에 도움이 될 만한 방법을 찾으면서 부딪힌 문제는 내가 예술과 문제 해결에 관한 강연을 시작한 이래로 만난 가장 큰 난관이었다. 나는 예술과 예술이 끌어내는 질문만으로도 사이클론을 위해 최선의 해법을 찾을 수 있을지 알고 싶었다. 그러다 그들과 함께 어떻게 해나갈지 찾는 문제는 그들이 그 분야에서 마주하는 중대한 문제를 반영한다는 데 생각이 미쳤다(다행히 우리의 강의에서는 생명을 잃을 위험이 없다). 나 역시 그들처럼 아는 것보다 모르는 것이 많았다. 그러니 그런 환경에서 일하는 법을 배워야 했다(그리고 그들처럼 자신감을 발산하는 법도 배워야 했다).

나는 강의를 새로 시작할 때마다 우리에게 귀가 둘이고 입이 하나인 이유가 있으니 그에 따라 잘 써야 한다고 일깨워 주려 한다. 이제는 나도 내가 강의에 참가한 사람들에게 한 조언을 받아들일 때다. 나는 머릿속으로 캐럴린의 조언을 돌려보았다. 가장 많이 떠오르는 단어가 '낯선'이었다. 낯선 환경, 낯선 배우, 낯선 지역, 낯선 소리, 낯선 문화적 행동. 그리고 '낯선'에 이어서 두 번째와 세 번째로 떠오른 말은 '소통'과 '극단적'이었다. 하나하나가 폭넓은 주제이지만, 모두가 추상적이든 표상적이든 예술가들이 좋아하는 주제다. 나는 예술계의 전문 용어를 최소로 줄여서 청중에 맞는 언어를 구사하려 한다. 여기 내 비결이 있다.

나는 법집행기관과 국방부에서 강의하면서 예술을 데이터로 보는 일부터 시작해야 한다고 생각했다. 그들이 이미 쓰는 도구 중 낯선 정보를 다루는 데 도움이 되는 도구는 무엇일까? 다음으로 나는 그들이 시각적 예리함을 키우도록 도와주고 싶었다. 그래서 어떤 부분이 관계가 있다고 생각하는지, 또 그들의 판단을 다른 팀원들과 어떻게 소통하는지 물었다. 일단 사실주의 예술부터 시작하고, 곧이어 평소 그들의 틀에서 벗어나 평가하도록 유도하는 과감한 추상미술로 넘어가기로 했다. 일관되게 새로운 전략을 끌어낸 한 가지 방법이 있었다. 바로 서사적으로나 시각적으로나 연결점이 없는 예술품(사진, 그림, 조각, 설치)을 두 점씩 짝지어서 보여주고 서사와 형태 두 가지 모두에서 일정한 패턴을 찾아보게 하는 방법이다. 나는 선정한 예술품을 슬라이드 20개로 추리고 '사이클론' 담당자 캐럴린에게 다시 연락해 내가 엄선한 이미지로 일단 리허설을 해볼 테니 두 가지만 확인해 달라고 했다. ① 중요한 문제가 담겨 있는지, ② 처음 연락했을 때 내 프로그램에 대해 상상한 것과 같은지. 캐럴린은 리허설에서 좋은 반응을 보였고, 그렇게 첫 강의 일정이 잡혔다.

리허설에서 강의의 전반적인 서사와는 무관하지만 진행하는 방식을 약간 조율하는 데 도움이 되는 두 가지 정보를 얻었다. 첫째, 이 팀의 접시는 이미 가득 차서 새로 뭔가를 추가할 수 없다. 내가 소개하려는 기법이나 그들 앞에 놓으려는 난관은 그들이 강의실을 나서는 순간 지워질 터라 강의 자체가 강렬해야 했다. 새로운 개념을 지워지지 않는 시각 이미지로 강화해서 당장 떠오르게 만들어야 했다. 둘째, 새로운 개념과 기술을 현장의 상황 인식과 연결해야 한다. 항상 변화무쌍한 현장에서 일하는 그들이 내 강의에서 본 시각 자료로 서로 소통할 수 있다면 도움이 될 터였다. 강의의 모든 내용을 두 가지 범주 중 하나에 맞춰야 한다는 기준이 생기자 이제 강의에 적절한 이미지를 고르기가 훨씬 수월해졌다.

나는 원래 강의에 들어가기 전에 좀처럼 긴장하지 않는 편이지만, 사이클론을 마주하는 아침이 밝자 속이 울렁거렸다. 내가 엄선한 이미지의 순서를 숙지했지만, 소통은 양방향으로 오간다. 내용을 말로 전달하면서 그들에게 메시지가 어떻게 전달되는지 살펴야 한다. 세 시간 동안 슬라이드 200개를 넘긴 뒤 나는 숨을 토해냈다. 줌으로 강의하다 보니 참가자들의 몸짓이 다 보이지 않았지만, 모두의 얼굴이 각각의 이미지에 집중하는 정도는 알 수 있었다. 나는 평소 강의 중에 노트 필기를 허락하지 않는다. 예술품에 온전히 몰입해서 더 선명하게 기억에 담기를 바라기 때문이다. 어쨌든 그들이 현장에서 임무를 수행할 때도 필기는 하지 않는다. 마지막에 각자가 가장 많이 배운 점을 나누는 총평 시간을 가졌다. 다행히 그들의 해석은 내가 캐럴린을 위해 처음 기획안을 잡을 때 생각한 것과 일치했고, 캐럴린도 팀원들이 소통하고 참여하는 모습에 크게 기뻐했다. 그날 강의가 끝나고 캐럴린이 내게 전화해서 강의를 더 잡고 그들의 다른 문제도 포함해 달라고 제안했다.

나는 혼자 평가 시간을 가지며 나의 기대를 점검하고 내가 설정한 목표를 달성했는지 확인했다. 내 강의가 나 자신의 문제나 그들의 문제에 완벽한 해법을 제시한 것은 아니다. 다만 강의를 진행하면서 내가 점차 그들의 즉각적인 반응에 익숙해졌고, 내가 전달하고 싶은 요점이 그들에게 어떻게 전달되는지 확인할 수 있었다. 첫 시간을 마무리할 때 참가자들은 내가 왜 자아 인식과 자아 평가를 강조하는지 이해했다고 말했다.

세 번째 시간에 보여준 작품은 우리의 지각을 속이고, 시각적 수수께끼를 던지고, 우리의 주의를 분산시키도록 설계된 작품이다. 그림과 혼동하기 쉬운 에린 오키프Erin O'Keefe의 이 사진은 관람객에게 상황 인식에 대한 전제를 다시 생각하도록 유도한다. 사이클론 사람들에게 무엇보다 중요한 요소였다. 오키프는 조각상을 만들어 페인트칠한 판자의 앞이나 뒤 정확히 의도한 위치에 배치한 다음 전체 구도를 사진으로 찍는다. 오키프의 설치미술을 얼핏 보면, 정확히 말해서 정교하게 연출된 카메라 각도에서 보면 이차원의 그림으로 보인다. 공들인 작품이지만 (의도적으로) 정확성이 떨어진다. 이 작가가 심어둔 단서는 우리에게 평소 익숙한 정도보다 더 정교하다.

〈건축 작업 #17 Built Work #17〉, 에린 오키프, 2018

이 작가의 설치미술(어떤 의미에서는 작품이 놓인 전체 영역)이 공개될 때마다 관람객은 사진과 자신의 위치를 거듭 확인하면서 새로운 정보로 다시 생각해야 한다.

　예술가 가브리엘 오로스코 Gabriel Orozco 는 〈네 대의 자전거(항상 한 방향을 향한다)〉라는 설치미술에서 모순을 만든다. 어떻게 보면 이 작품은 장소의 초상화이기도 하다. 자전거 대여섯 대가 함께 보이고, 모두 하나의 받침다리에 의지해 균형을 잡는다. 각 자전거가 위태롭지만 완벽하게 서로 기댄 것처럼 보인다. 바람이 세게 불거나

〈네 대의 자전거(항상 한 방향을 향한다)Four Bicycles(There Is Always One Direction)〉, 가브리엘 오로스코, 1994

핸들이 살짝만 흔들려도 전체가 무너질 수 있다. 이 하나의 구조물에 동작과 고요, 내적 조화, 갑작스럽게 혼돈이 일어날 가능성이 모두 담겨 있다. 오로스코는 전시를 시작하기 불과 며칠 전에 암스테르담(물론 자전거가 사방에 널려 있는 도시)에 도착해서 사전에 아무런 계획 없이 즉흥적으로 이 작품을 완성했다. 사이클론 팀도 엄격한 시간 제약 아래서 낯선 상황에 던져져 재빨리 적응해야 한다. 나는 이 작품을 강의에 쓸 슬라이드에 넣어 사이클론 팀이 중시하는 적시의 반응을 새로운 관점에서 바라보게 했다.

〈파란색이 불길을 가르다Blue Cut Fire〉, 메리 웨더퍼드, 2017

　　마지막으로 메리 웨더퍼드Mary Weatherford의 작품은 크기가 커서 열심히 집중해야 한다는 이유만으로도 강의 자료에 넣을 가치가 있었다. 이 작품에서는 큼직한 붓질과 강렬한 색채, 그리고 바탕의 대리석 먼지까지 캔버스에 질감과 광택을 더한다. 하지만 네온이 그림을 뚫고 지나가면서 그림을 가르게 했다. 이 요소는 작품의 여러 측면을 분산시킬까, 집중시킬까? 네온이 전시장의 벽과 그림 표면과 바닥에 반사된 모습도 이 작품의 한 요소이므로 논의에 포함해야 한다. 이 작품들은 눈속임이나 복잡한 형태가 주의를 빼앗아 해석이 뒤로 밀려난다.

나는 대화가 오가는 사이 사이클론 팀에서 가져온 문제를 해결하는 과정이 즐거웠다. 다만 그들에게 도움이 될 방향으로 강의를 조율하면서 강의의 전체 목표를 지각과 인간의 수행을 보조하는 데 두었다. 그들은 독특하고 어려운 상황에서 최고 수준으로 임무를 수행할 수 있는 사람 중에서 선발된 엘리트 집단이지만, 나는 그들에게 편안하거나 익숙한 문제(특이하거나 복잡하거나 불안정한 상황에서 시각적 예리함을 단련하는 문제)를 제시해서 그들이 스스로 시험하고 거의 자각하지 못하는 사이에 안락과 지식의 한계를 넓힐 수 있게 만들고 싶었다.

이제 우리의 출발점, 사나운 바다 위의 뗏목으로 돌아가자.

프랑스 역사가 쥘 미슐레Jules Michelet는 제리코의 그림을 보면서 이렇게 일갈했다. "우리 사회 전체가 메두사호의 뗏목에 있다."[55] 사실 요즘처럼 그래 보인 적도 없다. 어찌 보면 우리는 모두 그 뗏목에 탔다. 뗏목의 피폐한 사람들은 불행히도 우리와 닮기도 하고, 전혀 다르기도 하다.

이 책을 시작할 때처럼 다시 이 그림을 봐주길 바란다.

어떻게 달라졌는가? 그림에 대한 해석이 어떻게 달라졌는가? 이 그림을 처음 볼 때 왼쪽에서 뗏목을 뒤집으려고 넘실대는 파도를 보았는가? 오른쪽 멀리 수평선에서 구원의 작은 점을 보았는가? 이제 이 점이 더 중요해 보이는가?

뗏목 위의 사람 중 당신을 가장 잘 대변할 한 명을 고른다면 누구를 택하겠는가? 이 그림을 처음 봤을 때와 그 인물이 달라졌는가?

〈메두사호의 뗏목〉, 테오도르 제리코, 1819, 캔버스에 유채

이 그림에 대한 전반적인 느낌이 달라졌는가? 뗏목 위의 사람들에 대한 느낌이 달라졌는가?

예술은 놀라운 마법을 부리듯 결코 똑같아 보이는 법이 없다. 작품을 볼 때마다 매번 다른 것이 보이고, 다르게 보이고, 결국에는 작품을 보는 우리 자신도 달라진다.

나는 문제 해결 과정을 보여주기 위해 제리코의 이 작품을 선택하면서 이 작품의 복잡성과 대학살 장면에 끌렸다. 문제라는 것이 본래 이렇게 거대하고 무시무시하고 난해해 보일 수 있기 때문이다. 나는 세상이 불타는 것처럼 느껴지는 이 작품을 보면서 절망과 절박함을 이야기할 수도 있었다. 하지만 예술가의 마음과 예술의 과정을 진지하게 들여다보자 이제는 다르게 보인다. 소용돌이치는 혼돈으로만 보이지 않고, 이제는 희망이 보인다. 그림 전체가 다른 사람의 어깨 위에 올라가 미래를 향해 희망을 손짓하는 인물을 강조하는 그림으로 보인다.

이 작품은 문제만이 아니라 문제 해결에 대한 완벽한 은유다. 더 나아가 불확실한 순간에는 인류애로 회귀해야 한다고 답한다. 서로를 지지하고 서로를 최대로 끌어올릴 때 모두가 구원받는다.

제리코는 〈메두사호의 뗏목〉을 그리는 여정에서 거대한 장애물에 직면했다. 비극적인 주제와 작품의 규모, 방대한 규모의 자료 수집, 왕의 심기를 건드릴 위험은 모두 제리코가 프랑스 낭만주의의 걸작으로 알려질 이 작품을 제작하기 위해 넘어야 했던 장애물이다. 그러나 이보다 더 많은 일이 있었다.

제리코의 걸작은 (그 모든 감정과 피와 열정으로) 낭만주의 미술의 초석을 다졌고, 1819년 파리 살롱에서 처음 선보인 후 수십 년에 걸쳐 널리 인정받았다. 제리코와 동시대인이자 뗏목 위 인물의 모델을 서준 외젠 들라크루아는 1830년 파리 살롱에 〈민중을 이끄는 자유의 여신상Liberty Leading the People〉(1830)을 출품하여 제리코의 작품처럼 큰 파장을 일으켰다. 들라크루아의 작품이 처음 공개되었을 때는 불과 6년 전에 루브르에서 사들여 마침내 명작의 반열에 오른 〈메두사호의 뗏목〉에 비추어 보아도 엇갈린 반응이 나왔다. 그러나 들라크루아의 작품에 대한 의문(그리고 그 안에 내재된 모순)이 넘쳐났다. 가슴을 풀어헤치고 옆얼굴을 보이며 돌격하는 여인은 누구일까? 여인은 연기와 군중을 뒤에 달고 삼색기를 흔들며 시체와 바리케이드를 넘어 성큼성큼 앞으로 나아간다. 여인은 군중의 한 사람이 아니라 군중을 이끄는 사람이다. 날개 달린 그리스 조각상을 연상시키는, 인체보다 큰 이 자유의 여신상은 노동자계급에서 자유의 상징인 프리지아 모자를 쓰고 있다. 옆얼굴은 고전적인 조각상을 닮았지만, 몸은 지저분하고 겨드랑이에 털이 나 있고 팔은 근육질 검투사의 팔과 같다. 이런 역설에도 이 여신상은 프랑스를 상징하며 보는 이들에게 그녀가 민중을 이끌어 공화국을 건설한다는 희망을 불어넣는다.

그러나 희망은 꺼졌다. 1865년에도 프랑스는 여전히 깊은 골로 갈라졌고, 반세기 이상 전에 혁명을 일으킨 적대감이 도사리고 있었다. 한쪽에는 억압적 왕정을 지지하는 세력이 있었고, 다른 쪽에는 계몽주의 이상을 지지하면서 더 나은 미래를 위해 관용과 진보를 주장하는 세력이 있었다. 노예 폐지론자이자 정치사상가인 에두아르 드 라불라예Edouard de Laboulaye는 프랑스인들이 이런 이상을 지지하도록 영감을 불어넣기 위해 민주주의의 상징을 만들어 미국에 선물하자고 제안하고, 프레데릭오귀스트 바르톨디Frédéric-Auguste Bartholdi를 조각가로 선정했다. 라불라예도 바르톨디도, 혁명의 혼란상을 묘사한 조각상이 아니라 경망스럽고 화려한 장식을 걷어내고 신고전주의 미학을 담은 주제를 원했다. 수송과 재정과 정치에 얽힌 수많은 장애물을 극복하는 데 긴 세월이 걸리기는 했지만, 결국 들라크루아가 자유의 여신상 그림을 파리 살롱에 처음 공개한 지 50년이 넘게 지난 1886년에 프랑스가 바르톨디의 자유의 여신상을 미국에 정식으로 선물했다. 이 조각상은 뉴욕항의 베들로섬에 설치되었다.

높이 46미터에 오른손에는 횃불을 들고 발에는 끊어진 족쇄를 찬 자유의 여신상은 들라크루아의 그림 속 여신상과 달리 고정되어 똑바로 서서 횃불을 높이 들고 있다. 자유의 여신상은 민주주의의 상징이면서도 박해를 피해 도망쳐온 사람들에게는 간절한 자유의 의미를 전한다. 바르톨디의 자유의 여신상이든 들라크루아의 그림 속 여신상이든 특정 인물을 묘사한 것은 아니지만, 두 여신상의 유사한 표현은 양국이 공유한 민주주의를 향한 경외감을 강조한다. 대서양 양안의 두 나라가 자유를 얻기 위한 고단한 싸움에서 승리했지만, 다들 알다시피 그 싸움은 여전히 계속되고 양국 정부는 지지받기 어려운 해결책을 쥐고 씨름하고 있다.

미술사에서 예술의 고전 목록은 시대에 따라 변하지만 제리코의 〈메두사호의 뗏목〉과 들라크루아의 〈자유의 여신상〉은 여전히 이론의 여지 없이 확고한 지위를 차지한다. 작품을 변화의 도구로 삼은 제리코의 영향은 고전 목록(심지어 프랑스 미술의 고전)을 넘어서 현대의 에티오피아계 미국인 예술가 줄리 메레투에게서도 나타난다. 휘트니미술관 회고전에 전시된 메레투의 최근작은 관람객에게 전쟁의 혼란상과 집단 학살의 비인간성, 파괴적인 기후변화의 추이와 같은 현재의 주요 쟁점을 정면으로 응시하게 해준다. 메레투의 작품이 주는 활력과 집요한 세부 묘사의 근간에는 노골적이라 무시하기 어려운 사회적 힘이 있다. 메레투의 예술은 순수하게 그림으로만 보는 것이 불가능하다. 메레투의 작품은 규모 면에서 압도적일 뿐 아니라 독특한 매체를 통해 극적인 명령을 전하며 메시지를 전달한다. 궁극적으로는 사회의 변화를 바라는 메시지다.

이 회고전에서는 천장부터 바닥까지 통창으로 눈부신 햇살이 들어오고 허드슨강 전경이 내려다보이는 5층의 마지막 전시실에 작품이 한 점만 걸려 있었다. 메레투의 작품은 찾는 사람이 많고 최고로 부유한 수집가나 기관조차 엄두를 못 낼 만큼 고가여서 이 회고전을 위해 작품을 대여해 준 누구도 이런 공간에 자기네 소장품이

〈고스트힘(뗏목 이후)Ghosthymn(After the Raft)〉, 줄리 메레투, 2019~2021, 캔버스에 잉크와 아크릴

걸리기를 원하지 않았다. 공간 자체는 근사하고 좋지만 통창으로 들어온 햇빛에 작품 표면이 손상될 수 있기 때문이었다. 그래서 메레투는 이 공간만을 위해 작품을 새로 제작하여 스스로 문제를 해결했다. 이 전시실에 홀로 걸린 〈고스트힘(뗏목 이후)〉은 제리코의 〈메두사호의 뗏목〉에 경의를 표하는 작품이다.

작품의 규모(3.6×4.5미터)가 거대하고, 전시 큐레이터의 표현처럼 메레투는 제리코의 〈메두사호의 뗏목〉과 관련해 "이 작품의 역사를 뒤집는 상상"을 한다. 메레투는 더 나아가 "유럽의 극빈자들이 식민지 사업으로 삶을 이어가려고 식민지로 떠나는 것이 아니라 그 반대의 상황"이라고 설명한다.[56]

메레투는 밑그림 작업을 위해 미국과 영국, 독일의 반ﬅ이민 집회가 찍힌 흐릿한 사진을 오렸다. 역경과 박해를 피해 도망치며 직면하는 난관에 집중하면서 〈메두사호의 뗏목〉의 서사를 뒤집는다. 이 작품은 추상화이지만 제리코의 뗏목의 피라미드 구조를 재현하여 붓질과 잉크가 위로 향하게 해서 거친 바다의 파도를 표현한다. 메레투는 오른쪽 상단 구석에 작은 초록색 면을 배치해서 수평선과 함께 제리코의 원작에서 구조선 형태였던 희망의 자리를 표현했다.

많은 문제와 마찬가지로 〈고스트힘〉은 다층적이다. 메레투는 마지막 전시실을 전시의 종결부에 어울리는 작품으로 채우면서 전시실 자체의 난관도 해결해야 했다. 그래서 인종과 정치의 혼란상을 처참하게 보여준 제리코의 작품을 가져와 그가 전하려는 메시지에 헌사를 바치고 사회를 변화시키려는 욕구를 모방했다. 창문에서 들어오는 빛을 최소로 줄이지 않고 빛을 통합하고 창밖 풍경을 통합하여 작품의 주제와 연결했다.

관람객은 이 전시실에 들어서면 등 뒤에 그림이 걸린 것을 알기도 전에 허드슨강의 반짝거리는 강물에 마음을 빼앗긴다. 창밖으로는 자유의 여신상이 횃불을 높이 들고 여전히 뉴욕에 새로 들어오는 사람들을 환영하는 모습이 보인다. 메레투의 〈고스트힘〉은 추상적이고 시각적인 선언으로서 고향을 떠나 기회와 자유를 찾아온 사람들의 잠재력과 역경을 아우른다. 이 공간의 느낌을 포착하고 강조하는 이 작품은 전시를 마무리하는 문제를 해결했을 뿐 아니라, 메레투의 표현에 따르면 그의 조상의 정신으로 "가능성과 창조를 위한 공간"을 만들어 주었다.

메레투는 실질적 의미에서 당면한 문제를 해결했다. 그러나 더

〈고스트힘(뗏목 이후)〉, 줄리 메레투, 2019~2021, 휘트니미술관에 전시된 장면, 뉴욕, 2021

심오하고 지속적인 의미에서는 예술가가 오래전부터 직면한 문제를 해결하기 위해 그가 아는 최선의 방법으로 시도한다. 우리는 한 나라를 식민지로 만들려고 아프리카로 떠나는 제리코의 프랑스 구축함 그림에서 출발해 메레투의 새로운 도전에 이르기까지 한 바퀴를 돌아왔다. 예술가는 이렇듯 현재의 불의를 해결하려고 시도하면서 그들에게 주어진 가장 강렬한 시각적 수단을 내세워 세상이 위기에 관심을 갖게 만들고 우리 같은 관람객이 그들과 함께 최선의 해결책을 찾아보게 만든다.

주

서론

1 Rupert Christiansen, *The Victorian Visitors: Culture Shock in Nineteenth-Century Britain* (New York: Grove Books, 2002).

2 Arthur Bloch, *Murphy's Law, and Other Reasons Why Things Go Wrong* (New York: Price Stern Sloan Publishers, 1978).

3 *Essays on the History of Rocketry and Astronautics: Proceedings of the Third through the Sixth History Symposia of the International Academy of Astronautics*, Volume 1, National Aeronautics and Space Administration, Scientific and Technical Information Office, 1977; Craig Ryan, *Sonic Wind: The Story of John Paul Stapp and How a Renegade Doctor Became the Fastest Man on Earth* (New York: Liveright, 2015).

PART 01   준비 단계

1 Artists Network Staff, "8 Beginner Painting Mistakes and How to Conquer Them," *Artists Magazine*, April 10, 2018.

1단계   렌즈를 닦아라

1 Elena Fabietti, "A Body of Glass: The Case of El licenciado Vidriera," *symploke*, vol. 23, 2015.

2 Fabietti, "A Body of Glass."

3 Constantine Sedikides et al., "Behind Bars but above the Bar: Prisoners Consider

Themselves More Prosocial than Non-prisoners," *British Journal of Social Psychology*, vol. 53, June 2014.

4   Tasha Eurich, *Insight: Why We're Not as Self-Aware as We Think, and How Seeing Ourselves Clearly Helps Us Succeed at Work and in Life* (New York: Crown Business, 2017). (국내 출간 《자기통찰: 어떻게 원하는 내가 될 것인가》, 김미정 옮김, 저스트북스, 2018)

5   John Baldoni, "Few Executives Are Self-Aware, but Women Have the Edge," *Harvard Business Review*, May 9, 2013.

6   Nicholas Kristof, "The Daily Me," *New York Times*, March 3, 2009.

7   Brendan M. Lynch, "Study Finds Our Desire for 'Like Minded Others' Is Hard-wired," University of Kansas, February 23, 2016.

8   Harry Kraemer, "How Ford CEO Alan Mullaly Turned a Broken Company into the Industry's Comeback Kid," *Quartz*, June 18, 2015.

9   Bill Bishop, *The Big Sort: Why the Clustering of Like-Minded America Is Tearing Us Apart* (Boston: Mariner Books, 2009).

10 Kristof, "The Daily Me."

11 Leonid Rozenblit and Frank Keil, "The Misunderstood Limits of Folk Science: An Illusion of Explanatory Depth," *Cognitive Science*, September 2002.

12 Steven Sloman and Philip Fernbach, *The Knowledge Illusion: Why We Never Think Alone* (New York: Riverhead Books, 2017). (국내 출간 《지식의 착각: 왜 우리는 스스로 똑똑하다고 생각하는가》, 문희경 옮김, 세종서적, 2018)

13 Simon Kemp, "Digital 2020: Digital Global Overview," *DataReportal*, January 30, 2020.

14 Russell Smith, "Why I Don't Like Picasso," *Globe and Mail*, May 2, 2012.

15 Jeff Schimel, Jeff Greenberg, and Andy Martens, "Evidence That Projection of a Feared Trait Can Serve a Defensive Function," *Personality and Social Psychology Bulletin*, August 1, 2003, https://doi.org/10.1177/0146167203252969.

16 Carl G. Jung, "The Relations between Ego and Unconscious," *Collected Works of C.G. Jung, Volume 7: Two Essays in Analytical Psychology 2nd ed.* (Princeton, NJ: Princeton University Press, 1972).

17 Carl G. Jung, "Aion: Researches into the Phenomenology of the Self," *Collected Works of C.G. Jung, Volume 9, Part 2* (Princeton, NJ: Princeton University Press, 1979).

18 Jung, "The Relations between Ego and Unconscious."

19 "Lick and Lather: Janine Antoni," *Art21.org*, November 2011.

20 Robin Cembalest, "Self-Portrait of the Artist as a Self-Destructing Chocolate Head," *ARTnews*, February 21, 2013.

21 "Lick and Lather," *Art21.org*, November 2011.

22 "Adams' Argument for the Defense: 3 – 4 December 1770," *The Adams Papers: Legal Papers of John Adams, vol. 3, Cases 63 and 64: The Boston Massacre Trials*, ed. L. Kinvin Wroth and Hiller B. Zobel (Cambridge, MA: Harvard University Press, 1965); Patrick J. Kiger, "8 Things We Know about Crispus Attucks," History.com, February 3, 2020.

23 "Adams' Argument for the Defense," *The Adams Papers*.

24 Norman Vasu et al., *Fake News: National Security in the Post-truth Era*, Report, S. Rajaratnam School of International Studies, 2018, http://www.jstor.org/stable/resrep17648.7.

25 Vasu et al., *Fake News*.

26 *The Adams Papers*; Amy Forliti, "Ex-officer Charged in George Floyd's Death Freed on $1M bond," AP News, October 9, 2020; Amy Forliti, "Judge Dismisses 1 Charge against Former Cop in Floyd's Death," AP News, October 22, 2020.

27 Davey Alba, "Misinformation about George Floyd Protests Surges on Social Media," *New York Times*, June 1, 2020.

28 Richard Read, "Attorney for Minneapolis Police Officer Says He'll Argue George Floyd Died of an Overdose and a Heart Condition," *Los Angeles Times*, August 20, 202037.

29 Amy Forliti and Steve Karnowski, "Medical Examiner: Floyd's Heart Stopped While Restrained," AP News, June 1, 2020.

30 Bill Hutchinson, "Officer Charged in George Floyd's Death Argues Drug Overdose Killed Him, Not Knee on Neck," *ABC News*, August 30, 2020.

31 Adam Chaim, "Reframe How You Think, Speak, and Eat with Rebecca Clements," *Plant Trainers* podcast #336, December 24, 2019.

32 Rebecca Clements, "Why 'I don't know' is NOT an Answer: Manage Your Mind to Learn to Decide," *Simply Whimsical*, Medium.com, June 10, 2019.

33 Clements, "Why 'I don't know' is NOT an Answer."

34 United States Naval Institute, *Reef Points 2016~2017*, United States Naval Institute, 2016.

35 Clements, "Why 'I don't know' is NOT an Answer."

36 Clements, "Why 'I don't know' is NOT an Answer."

37 Kendra Yoshinaga, "Babies of Color Are Now the Majority, Census Says," *NPR*, July 1, 2016.

38 Yoshinaga, "Babies of Color Are Now the Majority."

39 Joseph Choi, "Rep. Phillips Says He Did Not Truly Understand White Privilege until the Capitol Riot," *The Hill*, February 4, 2021.

40 T. H. Chi Michelene and Kurt A. VanLehn, "The Content of Physics Self-Explanations," *Journal of the Learning Sciences*, 1:1, 69 – 105.

41 Alexander Salle, "Analyzing Self-Explanations in Mathematics: Gestures and Written Notes Do Matter," *Frontiers in Psychology*, November 23, 2020; Jia-Wei Chang et al., "Effects of Using Self-Explanation on a Web-Based Chinese Sentence-Learning System," *Computer Assisted Language Learning* 30, nos. 1 – 2 (2016): 44 – 63; Helga Noice and Tony Noice, "An Example of Role Preparation by a Professional Actor: A Think-Aloud Protocol," *Discourse Processes* 18, no. 3 (1994): 345 – 69.

42 Art Markman, "The Importance of Creating a Culture of Why," *Fast Company*, December 11, 201452.

43 "The Story Behind the Chains, the Mohawk, the Earrings," *Harvard Crimson*, October 7, 1993.

44 Jessica Chasmar, "Barack Obama's Portrait Artist Kehinde Wiley Painted Black Women Beheading White Women," *Washington Post*, February 13, 201855.

45 Kehinde Wiley, *Officer of the Hussars*, 2007, *Detroit Institute of Arts* website, dia.org.

46 Emily Pronin, Daniel Y. Lin, and Lee Ross, "The Bias Blind Spot: Perceptions of Bias in Self versus Others," *Personality and Social Psychology Bulletin*, March 2002; Joyce Ehrlinger, Thomas Gilovich, and Lee Ross, "Peering into the Bias Blind Spot: People's Assessments of Bias in Themselves and Others," *Personality and Social Psychology Bulletin*, May 2005.

47 Erik Luis Uhlmann and Geoffrey L. Cohen, "'I Think It, Therefore It's True': Effects of Self-Perceived Objectivity on Hiring Discrimination," *Organizational Behavior and Human Decision Processes*, November 2007.

48 Matthew Stevens, "BHP chairman Jac Nasser Reflects on 30 Years in Management," *Australian Financial Review Magazine*, May 25, 2017.

49 "In Focus: Former Ford CEO on Leadership and Inspiring Others [Video]," *Georgetown University School of Continuing Studies*, December 15, 2016.

50 Bryce G. Hoffman, "Nine Things I Learned from Alan Mulally," *Change This*, April 11, 2012.

51 Alex Wong, "Jeremy Lin, 'Reppin' Asians with Everything I Have,' Is Bigger Than an N.B.A. Title," *New York Times*, June 18, 2019.

52 Jessica Prois and Lilly Workneh, "Jeremy Lin's Dreads and Kenyon Martin's Chinese Tattoo Are a False Equivalency," *Huffington Post*, October 11, 2017.

53 Matt Bonesteel, "After Kenyon Martin Rips His Dreads, Jeremy Lin Kills Him with Kindness," *Washington Post*, October 6, 2017.

54 Yao Ming with Ric Bucher, *YAO: A Life in Two Worlds* (Los Angeles: Miramax, 2004).

55 Bonesteel, "After Kenyon Martin Rips His Dreads."

56 Jeremy Lin, "So . . . about My Hair," *Players' Tribune*, October 3, 2017.

57 Cameron Wolf, "A Timeline of All of Jeremy Lin's Ridiculous Hairstyles," *Complex*, July 21, 2016.

58 Lin, "So . . . about My Hair."

59 Brian Lewis, "Jeremy Lin Turns Hair Criticism into Plea for Tolerance," *New York Post*, October 6, 2017.

2단계   관점을 바꿔라

1 *Lonely Planet*, "Budapest, History," August 8, 2019, https://www.lonelyplanet.com/hungary/budapest/background/destination-today/a/nar/bb5701d1-d6bf-4ea8-8d09-200cb986eaff/359522.

2 Sheryl Silver Ochayon, "The Shoes on the Danube Promenade—Commemoration of the Tragedy," Yad Vashem, yadvashem.org.

3 "Escaping Death on the Danube," The Holocaust Survivor Memoirs Program, March 22, 2017, https://medium.com/@azrielimemoirs/suddenly-the-shadow-fell-4ca42a36e9b1.

4 "Escaping Death on the Danube," Holocaust Survivor Memoirs Program.

5 Gyula Pauer, "Shoes on the Danube Bank," Gyula Pauer homepage, http://www.pauergyula.hu/emlekmuvek/cipok.html.

6 Ochayon, "The Shoes on the Danube Promenade."

7   "Constable to Delacroix: British Art and the French Romantics: Room Guide: Room 8: 'The Raft of Medusa,' " Tate, https://www.tate.org.uk/whats-on/tate-britain/exhibition/constable-delacroix-british-art-and-french-romantics/constable-7.

8   Mary Slavkin, "*The Raft of the Medusa, The Fatal Raft* and the Art of Critique," *Kritikos*, vol. 9, January~June 2012.

9   "Slavery and Portraiture in 18th-Century Atlantic Britain," *Elihu Yale, the Second Duke of Devonshire, Lord James Cavendish, Mr. Tunstal, and a Page*, Yale Center for British Art, http://interactive.britis hart.yale.edu/slavery-and-portraiture/266/elihu-yale-the-second-duke-of-devonshire-lord-james-cavendish-mr-tunstal-and-a-page.

10 "New Light on the Group Portrait of Elihu Yale, His Family, and an Enslaved Child," Yale Center for British Art, https://britishart.yale.edu/new-light-group-portrait-elihu-yale-his-family-and-enslaved-child.

11 Terence Trouillot, "Titus Kaphar on Putting Black Figures Back into Art History and His Solution for the Problem of Confederate Monuments," *ArtNet*, March 27, 2019.

12 Trouillot, "Titus Kaphar on Putting Black Figures Back into Art History."

13 Titus Kaphar, "Can Art Amend History?," TED Talks, August 1, 2017, https://www.ted.com/talks/titus_kaphar_can_art_amend_history/discussion?utm_content.

14 Kaphar, "Can Art Amend History?"

15 "Kerry James Marshall at Secession," *Contemporary Art Daily*, November 20, 2012.

16 Peter Schjeldahl, "Hitler as Artist," *New Yorker*, August 12, 2002.

17 Sotheby's Institute of Art, "The Business Model of the Nonprofit Museum," *Sotheby's Institute of Art*, https://www.sothebysinstitute.com/news-and-events/news/the-business-model-of-the-nonprofit-museum.

18 "Edward Hopper and the American Hotel," VMFA, https://www.vmfa.museum/exhibitions/exhibitions/edward-hopper-american-hotel/.

19 "Hopper Hotel Experience," VMFA, https://www.vmfa.museum/calendar/events/hopper-hotel-experience/.

20 Seph Rodney, "How Does a Black Man Fit into an Edward Hopper Painting?," *Hyperallergic*, January 10, 2020.

21 Rodney, "How Does a Black Man Fit into an Edward HopperPainting?"

22 Mary Louise Schumacher, "Hyperallergic, at Age 9, Rivals the Arts Journalism of Legacy Media," *NiemanReports*, May 24, 2018.

23 Ochayon, "The Shoes on the Danube Promenade."

24 William Dent, "Object: Abolition of the Slave Trade, or the Man the Master," 1789, British Museum, https://www.britishmuseum.org/collection/object/P_1948-0214-538.

25 "Man as Object: Reversing the Gaze," Northern California Women's Caucus for Art, https://www.ncwca.org/mao-reversing-the-gaze.html.

26 Alexxa Gotthardt, "Behind the Fierce, Assertive Paintings of Baroque Master Artemisia Gentileschi," *Artsy*, June 8, 2018.

27 Gotthardt, "Behind the Fierce, Assertive Paintings of Baroque Master Artemisia Gentileschi."

28 Hakim Bishara, "Minor Offenders Can Substitute Jail Time with an Art Class at the Brooklyn Museum," *Hyperallergic*, October 24, 2019.

29 Kimberly Dalve and Becca Cadoff, "Project Reset: An Evaluation of a Pre-arraignment Diversion Program in New York City," Center for Court Innovation, January 2019, https://www.courtinnovation.org/sites/default/files/media/document/2019/projectreset_eval_2019.pdf.

30 Dalve and Cadoff, "Project Reset."

31 Joseph Luzzi, *In a Dark Wood: What Dante Taught Me about Grief, Healing, and the Mysteries of Love* (New York: Harper Wave, 2015).

32 Scott Barry Kaufman, "Post-traumatic Growth: Finding Meaning and Creativity in Adversity," *Scientific American*, April 20, 2020.

33 Alexandra Schwartz, "The Artist JR Lifts a Mexican Child over the Border Wall," *New Yorker*, September 11, 2017.

34 Carole Cadwalladr, "JR: 'I Realised I Was Giving People a Voice,' " *Guardian*, October 11, 2015.

35 Cadwalladr, "JR."

36 Schwartz, "The Artist JR Lifts a Mexican Child over the Border Wall."

37 Schwartz, "The Artist JR Lifts a Mexican Child over the Border Wall."

38 JR, Instagram, September 6, 2017, https://www.instagram.com/p/BYto6YrjovS/?taken-by=jr.

39 Schwartz, "The Artist JR Lifts a Mexican Child over the Border Wall."

40 Gregory M. Herek, John P. Capitanio, and Keith F. Widaman, "HIV-Related Stigma and Knowledge in the United States: Prevalence and Trends, 1991~1999," *American Journal of Public Health*, March 2002, https://www.ncbi.nlm.nih.gov/pmc/articles/PMC1447082/.

41 Ronald O. Valdiserri, "HIV/AIDS Stigma: An Impediment to Public Health," *American Journal of Public Health*, March 2002, https://www.ncbi.nlm.nih.gov/pmc/articles/PMC1447072/.

42 Stacy Lambe, "How 'The Real World' Star Pedro Zamora Humanized AIDS," *Entertainment Tonight*, June 21, 2018; Stacy Lambe, "EXCLUSIVE: 'Real World' Creator Jonathan Murray on Show's Changes, Remembering Diem Brown," *Entertainment Tonight*, December 15, 2014.

43 "Who Was Ryan White?," HIV/AIDS Bureau, November 14, 2017, https://hab.hrsa.gov/about-ryan-white-hivaids-program/who-was-ryan-white; Jeffry J. Iovannone, "Pedro Zamora: Real World Activist," *Medium*, June 21, 2018.

44 Iovannone, "Pedro Zamora."

45 Laura Franco, "Pedro Zamora of 'Real World: San Francisco' Remembered 20 Years Later," *MTV News*, November 11, 2014.

46 Michael Sidibe, "Giving Power to Couples to End the AIDS Epidemic," *Huffington Post*, May 7, 2012.

47 Titus Kaphar, "Can Beauty Open Our Hearts to Difficult Conversations?," TED, July 24, 2020, https://www.ted.com/talks/titus_kaphar_can_beauty_open_our_hearts_to_difficult_conversations/transcript.

48 Kaphar, "Can Beauty Open Our Hearts?"

49 Beth A. Bechky et al., "Sharing Meaning across Occupational Communities: The Transformation of Understanding on a Production Floor," *Organization Science*, May 1, 2003, https://dl.acm.org/doi/10.1287/orsc.14.3.312.15162.

50 Bechky et al., "Sharing Meaning across Occupational Communities."

51 Joel Magalnick, "Growing Up in an Oasis," *JT News*, June 11, 2004, https://wasns.org/growing-up-in-an-oasis.

52 Grace Feuerverger, *Oasis of Dreams: Teaching and Learning Peace in a Jewish-Palestinian Village in Israel* (Oxfordshire, England: Routledge, 2001).

53 Daniel Gavron, "Living Together," *Holy Land Mosaic: Stories of Cooperation and*

Coexistence between Israelis and Palestinians (Lanham, MD: Rowman & Littlefield, 2007).

54 "Art as a Language of Communication" workshop, August 1998: http://wasns. org/village/updates/artwork.htm.

55 "Art as a Language of Communication" workshop.

56 "Art as a Language of Communication" workshop.

57 Barbara Hepworth, "Approach to Sculpture," *Studio*, vol. 132, no. 643, October 1946.

58 Art Markman, "How You Define the Problem Determines Whether You Solve It," *Harvard Business Review*, June 6, 2017.

59 "Atomic Education Urged by Einstein: Scientists in Plea for $200,000 to Promote New Type of Essential Thinking," *New York Times*, May 25, 1946, 13.

3단계   프로젝트를 정의하라

1 Sam Eifling, "Think Slow and Other Tricks for Better Problem-Solving," *Success*, October 6, 2016.

2 Herbert A. Simon, *Models of Man: Social and Rational—Mathematical Essays on Rational Human Behavior in a Social Setting* (Hoboken, NJ: Wiley, 1957); Daniel Kahneman, *Thinking, Fast and Slow* (New York: Farrar, Straus and Giroux, 2013). (국내 출간 《생각에 관한 생각》, 이창신 옮김, 김영사, 2018)

3 Sir Arthur Conan Doyle, *The Adventures of Sherlock Holmes* (London, George Newnes Ltd., 1892).

4 Kahneman, *Thinking, Fast and Slow*.

5 Trent Morse, "Slow Down, You Look Too Fast," *ARTNews*, April 1, 2011.

6 슬로 아트 데이 공식 홈페이지, www.slowartday.com.

7 Morse, "Slow Down, You Look Too Fast."

8 Julie Mack, "78 Michigan School Districts with Enrollment Drops of 25% or More since 2009," *MLive*, October 29, 2019.

9 Frank Witsil, "All-Boys St. Mary's Prep to Accept Girls as Michigan Enrollment Drops," *Detroit Free Press*, October 15, 2019.

10 James David Dickson and Jennifer Chambers, "Ladywood High Closing at End of School Year," *Detroit News*, December 12, 2017.

11 John Keane, "Post-truth Politics and Why the Antidote Isn't Simply 'Fact-Checking' and Truth," *The Conversation*, March 22, 2018.

12 "England Forward Raheem Sterling Defends Gun Tattoo," *BBC News*, May 29, 2018.

13 Stephen Moyes and Alex Diaz, "England Ace Raheem Sterling Sparks Fury by Unveiling M16 Assault Rifle Tattoo," *Sun*, May 29, 2018.

14 Jessica Glenza, "Trump's Decision to Allow Plastic Bottle Sales in National Parks Condemned," *Guardian*, August 20, 2017.

15 Darryl Fears, "National Parks Put a Ban on Bottled Water to Ease Pollution. Trump Just Sided with the Lobby That Fought It," *Washington Post*, August 17, 2017.

16 Sandy Bauers, "Which Is Greener: Glass Bottles, Plastic Bottles, or Aluminum Cans?," *Philadelphia Inquirer*, July 23, 2012.

17 Jennifer Peltz, "In an Instant, Vietnam Execution Photo Framed a View of War," Associated Press, January 29, 2018.

18 "Eddie Adams' Iconic Vietnam War Photo: What Happened Next," *BBC News*, January 29, 2018.

19 Peltz, "In an Instant." AP Images/Eddie Adams.

20 "Eddie Adams' Iconic Vietnam War Photo," *BBC News*.

21 "Eddie Adams' Iconic Vietnam War Photo," *BBC News*.

22 "Eddie Adams' Iconic Vietnam War Photo," *BBC News*.

23 James Joyce, Berenice Abbott/Masters via Getty Images.

24 Clare Davies, "Diane Arbus' Best Photographs," *Sleek Magazine*, April 20, 2017.

25 Alec Soth, "Josh, Joelton, TN, 2004," *The Last Days of W* (St. Paul, MN: Little Brown Mushroom, 2008).

26 Rachel Whiteread, *Untitled (One Hundred Spaces)*, 1995, Tate Britain Exhibition 2017, https://www.tate.org.uk/whats-on/tate-britain/exhibition/rachel-whiteread.

27 Jean Shin, *Penumbra*, 2003, https://jeanshin.com/penumbra.

28 Justine Testado, "Harvest Dome 2.0 Is Finally Afloat," *Archinect*, August 5, 2013.

29 "Prostitution in the United States," HG.org, https://www.hg.org/legal-articles/prostitution-in-the-united-states-30997.

30 Ellen Killoran, "Why So Many Sex Worker Murders Go Unsolved," *Rolling Stone*, November 11, 2016.

31 Eric Leonard and Andrew Blankstein, "LAPD's 'SVU' That Investigates Complicated Sex Crimes Shuttered in Initial Budget Cuts," *NBC Los Angeles*,

November 10, 2020.

32 Katie Sierzputowski, "A Single Book Disrupts the Foundation of a Brick Wall by Jorge Méndez Blake," *Colossal*, February 14, 2018.

33 Johnny Diaz, "A Viewer Spotted a Lump on Her Neck. Now, She's Having a Tumor Removed," *New York Times*, July 25, 2020.

34 Maura Hohman, "TV Reporter Shares Health Update after Viewer Spots Her Thyroid Cancer," *Today*, August 4, 2020.

35 J. R. R. Tolkien, "Letter 163 to W.H. Auden (1955)," J. R. R. Tolkien Estate, https://www.tolkienestate.com/en/writing/letters/letter-163-to-wh-auden.html.

36 Richard Lane, *Images from the Floating World, The Japanese Print* (Oxford: Oxford University Press, 1978). 스즈키 하루노부를 풍속화에 색을 함께 인쇄한 목판화 니시키에(錦繪)의 창시자로 보는 학자가 많지만, 일각에서는 스즈키는 부유한 후원자 덕에 니시키에를 완성한 사람이라고 본다. 목판에 그림을 새기는 사람인 긴로쿠가 니시키에의 실제 창시자이고, 판화를 다수 찍어낸 하루노부가 대중화했다는 것이다.

37 "Meet Vincent: Inspiration from Japan," Vincent Van Gogh Museum, Amsterdam, https://www.vangoghmuseum.nl/en/stories/inspiration-from-japan#0.

38 Caitlin Flanagan, "The Media Botched the Covington Catholic Story," *Atlantic*, January 23, 2019.

39 Flanagan, "The Media Botched the Covington Catholic Story."

40 Katherine Hignett, " 'The Red MAGA Hat Is the New White Hood' Says Alyssa Milano in Twitter Storm," *Newsweek*, January 22, 2019.

41 Flanagan, "The Media Botched the Covington Catholic Story."

42 Karma Allen, "Teen Accused of Taunting Native American Protesters in Viral Video Says He's Receiving Death Threats," *ABC News*, January 20, 2019.

43 Flanagan, "The Media Botched the Covington Catholic Story."

44 Flanagan, "The Media Botched the Covington Catholic Story."

45 Scott Wartman, "Covington Catholic Student from Incident at the Indigenous Peoples March Issues Statement with His Side of the Story," *Cincinnati Enquirer*, January 20, 2019.

46 Deloitte, Datawheel, and Cesar Hidalgo, "Covington, KY," Data USA, https://datausa.io/profile/geo/covington-ky; Jessica Semega, "Income and Poverty in the United States: 2018," Cen sus.gov, September 10, 2019.

47 Alyssa Milano, "Red MAGA Hats Are the New White Hoods—Let's Take a Stand (Commentary)," *The Wrap*, February 13, 2019.

48 Ebony Bowden, "Washington Post Settles $250M Suit with Covington Teen," *New York Post*, July 24, 2020.

49 Flanagan, "The Media Botched the Covington Catholic Story."

50 Flanagan, "The Media Botched the Covington Catholic Story."

51 Marriott International, "Renaissance Hotels Brings High Design to Historic 'Old City' Philadelphia," *PR Newswire*, June 28, 2018.

52 AnneWestChester_PA, "Who Designed This Hotel????," TripAdvisor, July 2019; Steven O, "Great Location and Modern, Clean Hotel," TripAdvisor, March 2019.

PART 02   밑그림 단계

1 Dan Scott, "How to Analyze Art," *Draw Paint Academy*, October 15, 2018.

2 Scott, "How to Analyze Art."

3 Barry John Raybould, "A Guide to Notan: The What, Why, and How," Virtual Art Academy, n.d., https://www.virtualartacademy.com/notan/.

4 Mitchell Albala, *The Landscape Painter's Workbook: Essential Studies in Shape, Composition, and Color* (Beverly, MA: Rockport Publishers, forthcoming 2021).

5 "Number of User Reviews and Opinions on TripAdvisor Worldwide from 2014 to 2019," *Statista*, February 2020, https://www.statista.com/statistics/684862/tripadvisor-number-of-reviews/.

6 Linda Fox, "Extreme Comments Ignored and Few Focus on Negative Reviews Says Tripadvisor," PhocusWire, November 15, 2012.

7 Sophia Soltani, "90% of Travellers Avoid Booking a Hotel If Labelled 'Dirty' Online Says FCS," *Hotel News ME*, November 22, 2016.

8 "Hotel Online Reputation Research, Statistics, and Quotes." ReviewPro, January 25, 2016.

9 "Hotel Online Reputation Research, Statistics, and Quotes."

10 "Hotel Online Reputation Research, Statistics, and Quotes."

4단계   한입 크기로 쪼개라

1   Christiansen, *The Victorian Visitors*.

2   Christiansen, *The Victorian Visitors*.

3   Alexander McKee, *Wreck of the Medusa: The Tragic Story of the Death Raft* (New York: Skyhorse Publishing, 2007).

4   Sarri Gilman, *Naming and Taming Overwhelm: For Healthcare & Human Service Providers* (Healthy Gen Media and Island Bound Publishing, 2017).

5   Gilman, *Naming and Taming Overwhelm*.

6   Gay Robins, *Proportion and Style in Ancient Egyptian Art* (Austin: University of Texas Press, 1994). (국내 출간 《이집트의 예술》, 강승일 옮김, 민음사, 2008)

7   McKee, *Wreck of the Medusa*.

8   Kumi Yamashita, *Building Blocks*, 2014, Permanent Collection Otsuma Women's University, Tokyo, Japan.

9   Hugo Glendinning, Cold Dark Matter Shed before explosion, 1991, ⓒ Hugo Glendinning. All Rights Reserved, DACS/Artimage 2021; Hugo Glendinning, Cold Dark Matter Explosion, 1991, ⓒ Hugo Glendinning. All Rights Reserved, DACS/Artimage 2021.

10   "The Story of *Cold Dark Matter*," Tate, https://www.tate.org.uk/art/artworks/ parker-cold-dark-matter-an-exploded-view-t06949/story-cold-dark-matter.

11   Cornelia Parker, *Cold Dark Matter: An Exploded View*, 1991, Tate, ⓒ Cornelia Parker.

12   Salvador Dalí, *Retrospective Bust of a Woman*, 1933 (some elements reconstructed 1970).

13   Grace Ebert, "Human Figures Removed from Classic Paintings by Artist José Manuel Ballester," *Colossal*, March 23, 2020.

14   José Manuel Ballester, *3 de Mayo*, 2008, https://www.josemanuelballester.com.

15   José Manuel Ballester, *La balsa de la Medusa*, 2010, https://www. josemanuelballester.com.

5단계   관계와 경고 신호를 알아차려라

1   Ovid, *Metamorphoses*, trans. Rolfe Humphries (Bloomington: Indiana University Press, 1961), 241–43.

2 Anthony Lane, "Top Ten Things about Wonder Woman," *New Yorker*, June 5, 2017.

3 Elizabeth Pashley, "The Transformation and Adaptation of Ovid's Pygmalion," ArtsEmerson, October 26, 2012; Emma Nolan, "The Umbrella Academy Cast: Who Is Dolores in 'The Umbrella Academy?,'" *Daily Express*, April 2, 2019.

4 Editors, "Tawfīiq al-Hakīm," *Encyclopedia Britannica*, July 22, 2020.

5 Society for Personality and Social Psychology, "Meaningful Relationships Can Help You Thrive," *ScienceDaily*, August 2014.

6 Kate Lemery, "Awakening to Art," *After the Art*, December 4, 2018.

7 Lemery, "Awakening to Art."

8 Lauren Cowling, "Gwen Stefani Says Blake Shelton Kissed Her Back to Life after Divorce," *One Country*, November 21, 2016.

9 Amanda Lampel, "Pygmalion and Galatea," *Sartle*, https://www.sartle.com/artwork/pygmalion-and-galatea-jean-leon-gerome.

10 Dani Bostick, "Dear National Junior Classical League, Don't Have Children Dress Up like Galatea & Pygmalion at Your Convention," *Medium*, February 19, 2020.

11 "Amanda Lampel," *Sartle*, https://www.sartle.com/profile/amanda-lampel?page=1.

12 "About Me," DaniBostick.net, https://www.danibostick.net/about-me--contact.html.

13 "Amanda Lampel," *Sartle*.

14 "Lot 43: Jean-Léon Gérôme," *Bonhams*, https://www.bonhams.com/auctions/242 13/lot/43/.

15 Susan Waller, "Jean-Léon Gérôme's Nude (Emma Dupont): The Pose as Praxis," *Nineteenth Century Art Worldwide*, vol. 13, issue 1, Spring 2014.

16 사진: 익명 혹은 루이 보나르. 장 레옹 제롬과 전면의 옴팔레 석고상을 위해 포즈를 취하는 모델, c. 1885. Albumen silver print. Département des Estampes et de la Photographie, Bibliothèque Nationale de France, Paris.

17 Waller, "Jean-Léon Gérôme's Nude."

18 "Jean-Léon Gérôme—Biography and Legacy," *The Art Story*, https://www.theartstory.org/artist/gerome-jean-leon/life-and-legacy/.

19 Scott Allan and Mary Morton, *Reconsidering Gérôme* (Los Angeles: J. Paul Getty Museum, 2010).

20 Emily Beeny, "Blood Spectacle: Gérôme in the Arena," in Allan and Morton, *Reconsidering Gérôme*.

21 Bogdan Migulski, "Inspiration: 'Truth Coming Out of Her Well to Shame Mankind,' by Jean-Léon Gérôme," *The Art Bog*, February 13, 2005.

22 Gavia Baker-Whitelaw, "How a 19th Century Nude Painting Became a Feminist Meme," *Daily Dot*, July 31, 2017; "Truth Coming Out of Her Well to Shame Mankind," Know Your Meme, https://knowyourmeme.com/memes/truth-coming-out-of-her-well-to-shame-mankind; Jo Perry, "Jo Perry," Facebook, April 20, 2020, https://www.facebook.com/joperryauthor/posts/moodzoom-background-of-the-daytruth-coming-from-the-well-armed-with-her-whip-to-/1420449328142800/.

23 Emily Bedard, "Pygmalion and Galatea," *Artery: The Art History Journal of Students*, Lyme Academy College of Fine Arts, April 23, 2006.

24 Amy Johnson, "Chromosomes," *The Tech Interactive*, Stanford University, April 5, 2012, https://genetics.thetech.org/ask-a-geneticist/which-parent-decides-whether-baby-will-be-boy-or-girl.

25 Geoffrey Miles, *Classical Mythology in English Literature: A Critical Anthology* (London: Routledge, 1999).

26 Bostick, "Dear National Junior Classical League."

27 Caroline Perkins and Denise Davis-Henry, *Ovid: A Legamus Transitional Reader* (Mundelein, IL: Bolchazy-Carducci Publishers, 2009).

28 Bedard, "Pygmalion and Galatea."

29 Ian Lockey, "Not a 'Charming Little Tale': Teaching the Pygmalion Myth Ethically," *Medium*, February 26, 2020.

30 Perkins and Davis-Henry, *Ovid*; Lockey, "Not a 'Charming Little Tale.'"

31 Lockey, "Not a 'Charming Little Tale'"; Mark D. Griffiths, "Love Sculpture," *Psychology Today*, November 1, 2013.

32 Bedard, "Pygmalion and Galatea."

33 Lockey, "Not a 'Charming Little Tale.'"

34 Bedard, "Pygmalion and Galatea."

35 Ovid, *Ars Amatoria*, trans. B. P. Moore (London: The Folio Society, 1965).

36 Ian Lockey, "Not a 'Charming Little Tale.'"

37 Alfred North Whitehead, *Dialogues of Alfred North Whitehead as Recorded by Lucien*

Price (Boston: David R. Godine, 2008).

"Art History," The Writing Center, University of North Carolina at Chapel Hill, https://writingcenter.unc.edu/tips-and-tools/art-history/.

테오도르 제리코의 〈메두사호의 뗏목〉 연구, 캔버스에 유채, 36×48cm, 루브르 박물관, 파리, Wikimedia Commons.

McKee, Wreck of the Medusa.

Aengus Dewar, "Under the Hood: What's Going On in Famous Paintings—*The Raft of the Medusa*: Theodore Géricault," *Medium*, August 4, 2020.

Dewar, "Under the Hood."

6단계   데드라인을 정하라

"Prisoner Shelters," Andersonville: National Historic Site, Georgia, National Parks Service, https://www.nps.gov/ande/learn/historyculture/prisoner-shelter.htm?fullweb=1.

John McElroy, *Andersonville: A Story of Rebel Military Prisons* (Toledo: D.R. Rock, 1879).

McElroy, *Andersonville*.

McElroy, *Andersonville*.

McElroy, *Andersonville*.

Richard Saeurs, ed., *The National Tribune Civil War Index: A Guide to the Weekly Newspaper Dedicated to Civil War Veterans, 1877~1943, Volume 1: 1877~1903* (El Dorado Hills, CA: Savas Beati, 2019).

"Origin of the 'Deadline,'" *Today I Found Out*, January 6, 2014.

Tia Ghose, "Lurking beneath the 'Mona Lisa' May Be the Real One," *Live Science*, December 9, 2015.

Simon Plant, "Stefan Sagmeister's the Man for Rolling Stones Covers," *Herald Sun*, May 4, 2009.

Shane Mehling, "Are Deadlines Good for Creativity? Of Course They Are," *Creative Live*, March 6, 2015.

Joe Fig, *Inside the Painter's Studio* (Princeton, NJ: Princeton Architectural Press, 2009). (국내 출간 《뉴욕 화가들의 내밀한 작업실》, 김재경 옮김, 비즈앤비즈, 2017)

"2019 Jobs Rated Report on Stress," *CareerCast*, April 18, 2019, https://www.careercast.com/jobs-rated/2019-jobs-rated-stress.

362

13 Jacob Moore, "The Story behind One of the Best Album Covers of the Year, 6lack's 'Free 6lack,'" *Complex*, November 15, 2016.

14 Moore, "The Story behind One of the Best Album Covers of the Year."

15 Moore, "The Story behind One of the Best Album Covers of the Year."

16 Moore, "The Story behind One of the Best Album Covers of the Year."

17 Ashlee Vance, *Elon Musk: Tesla, SpaceX, and the Quest for a Fantastic Future* (New York: Ecco, 2017). (국내 출간《일론 머스크, 미래의 설계자》, 안기순 옮김, 김영사, 2015)

18 McKee, *Wreck of the Medusa*.

19 Abigail Cain, "The Morning Routines of Famous Artists, from Andy Warhol to Louise Bourgeois," Artsy.net, August 15, 2018.

20 Cain, "The Morning Routines of Famous Artists."

21 Dame Paula Rego, "Where I Work: Artist Paula Rego's North London Studio," *Guardian*, December 17, 2014.

22 Cain, "The Morning Routines of Famous Artists."

7단계   그냥 하라

1 Christopher Hooton, "Nike Is Pronounced Nikey, Confirms Guy Who Ought to Know," *Independent*, June 2, 2014.

2 Martin Kessler, "The Story behind Nike's 'Just Do It' Slogan," WBUR.org, November 23, 2018.

3 Kessler, "The Story behind Nike's 'Just Do It' Slogan."

4 Norman Mailer, *The Executioner's Song* (New York: Little, Brown and Company, 1979).

5 Jef Rouner, "Gary Gilmore: 5 Songs for a Famous Executionee," *Houston Press*, January 17, 2012.

6 Joan Didion, "'I Want to Go Ahead and Do It,'" *New York Times*, October 7, 1979.

7 Kessler, "The Story behind Nike's 'Just Do It' Slogan."

8 Kessler, "The Story behind Nike's 'Just Do It' Slogan."

9 Melanie Vandenbrouck, "Impossible Balance: Richard Serra's Sculptures at Gagosian Gallery," *Apollo: The International Art Magazine*, November 6, 2014.

10 Robert Frost, "A Servant to Servants," *North of Boston* (New York: Henry Holt and Company, 1915).

11 JP McMahon, "Ai Weiwei, 'Remembering' and the Politics of Dissent," *Khan*

Academy, https://www.khanacademy.org/humanities/global-culture/concepts-in-art-1980-to-now/appropriation-and-ideological-critique/a/ai-weiwei-remembering-and-the-politics-of-dissent.

12 Xan Brooks, "Ai Weiwei: 'Without the Prison, the Beatings, What Would I Be?,'" *Guardian*, September 17, 2017.

13 Brooks, "Ai Weiwei: 'Without the Prison, the Beatings, What Would I Be?'"

14 Helen Armitage, "11 Dissident Artists Who Aren't Ai Weiwei," *Culture Trip*, January 11, 2017.

15 Mojtaba Mirtahmasb and Jafar Panahi, *This Is Not a Film*, Palisades Tartan, March 13, 2013.

16 줄리 코흐번 공식 홈페이지, http://www.juliecockburn.com; "Julie Cockburn," Artsy.net, https://www.artsy.net/artist/julie-cockburn.

17 Susan Svrluga, "Princeton Protesters Occupy President's Of-fice, Demand 'Racist' Woodrow Wilson's Name Be Removed," *Washington Post*, November 18, 2015.

18 W. Raymond Ollwerther, "University Won't Rename Wilson School or Wilson College," *Princeton Alumni Weekly*, April 5, 2016.

19 Ollwerther, "University Won't Rename Wilson School."

20 Ollwerther, "University Won't Rename Wilson School."

21 Artsy Editors, "At Princeton, Titus Kaphar Reckons with the University's History of Slavery," Artsy.net, November 14, 2017.

22 Denise Valenti, "University Dedicates Marker Addressing the Complex Legacy of Woodrow Wilson," Princeton University, Office of Communications, October 10, 2019.

23 Kiki Gilbert and Nathan Poland, "A Concrete Step Backwards," *Daily Princetonian*, October 4, 2019.

24 Office of Communications, "Board of Trustees' Decision on Removing Woodrow Wilson's Name from Public Policy School and Residential College," Princeton University, June 27, 2020.

25 Office of Communications, "President Eisgruber's Message to Community on Removal of Woodrow Wilson Name from Public Policy School and Wilson College," Princeton University, June 27, 2020; Office of Communications, "Board of Trustees' Decision on Removing Woodrow Wilson's Name."

26 Christopher L. Eisgruber, "I Opposed Taking Woodrow Wilson's Name off Our School. Here's Why I Changed My Mind," *Washington Post*, June 27, 2020.

27 Joe Illick, "On Respectful Listening and Change," *Princeton Alumni Weekly*, September 10, 2020.

28 Robby Slaughter, "Graffiti and Good Behavior," *AccelaWork*, October 28, 2009.

29 Chris Matyszczyk, "Police Visit Facebook Dad Who Shot Daughter's Laptop," *CNET*, February 13, 2012.

30 Lilia Cervantes, MD, "Dialysis in the Undocumented: Driving Policy Change with Data," *Journal of Hospital Medicine*, August 2020.

31 Cervantes, "Dialysis in the Undocumented."

32 Lilia Cervantes, MD, et al., "Association of Emergency-Only vs Standard Hemodialysis with Mortality and Health Care Use among Undocumented Immigrants with End-Stage Renal Disease," *JAMA Internal Medicine*, February 2018, doi:10.1001/jamainternmed.2017.7039.

33 Cervantes, "Dialysis in the Undocumented."

34 Jeff Lagasse, "Thousands of Uninsured Kidney Disease Patients Strain Texas Emergency Departments," *Healthcare Finance*, February 21, 2020.

35 Lilia Cervantes, MD, and Nancy Berlinger, PhD, "Moving the Needle: How Hospital-Based Research Expanded Medicaid Coverage for Undocumented Immigrants in Colorado," *Health Progress, Journal of the Catholic Health Association of the United States*, March~April 2020.

36 Cervantes, "Dialysis in the Undocumented."

37 Jennifer Brown, "Immigrants Here Illegally Were Waiting until Near Death to Get Dialysis. A New Colorado Policy Changes That," *Colorado Sun*, February 25, 2019.

38 Lagasse, "Thousands of Uninsured Kidney Disease Patients."

39 May Ortega, "Colorado Changed Its Rules So Undocumented People Can Get Regular Dialysis. It's Saved Lives and Dollars," *CPR News*, March 4, 2020.

40 Cervantes and Berlinger, "Moving the Needle."

41 Will Maddox, "State Sen. Nathan Johnson's Plan to Expand Medicaid in Texas and Save Taxpayer Dollars," *D Magazine*, October 27, 2020.

42 Rex Crockett, "Art and Communication," *Art & Perception*, November 18, 2006.

43 Christopher Jobson, "Support: Monumental Hands Rise from the Water in Venice to Highlight Climate Change," *Colossal*, May 12, 2017.

44 FAQ, 크리스토와 잔클로드 공식 홈페이지, 크리스토 V. 자바체프 재단, https://christojeanneclaude.net/faq.

45 "Wrapped Reichstag," 크리스토와 잔클로드 공식 홈페이지, 크리스토 V. 자바체프 재단, https://christojeanneclaude.net.

46 Digby Warde-Aldam, "Understanding Christo and Jeanne-Claude through 6 Pivotal Artworks," Artsy.net, June 19, 2018.

47 Oliver Wainwright, "Interview: How We Made the Wrapped Reichstag," *Guardian*, February 7, 2017.

48 Wainwright, "Interview: How We Made the Wrapped Reichstag."

49 FAQ, 크리스토와 잔클로드 공식 홈페이지, 크리스토 V. 자바체프 재단.

50 Wainwright, "Interview: How We Made the Wrapped Reichstag."

51 Warde-Aldam, "Understanding Christo and Jeanne-Claude through 6 Pivotal Artworks."

52 Hilarie M. Sheets, "A Monument Man Gives Memorials New Stories to Tell," *New York Times*, January 23, 2020.

53 Sheets, "A Monument Man."

54 "Art May Hold the Key to Solving the Problems of the Future," *Japan Times*, September 17, 2013.

55 "Art May Hold the Key to Solving the Problems of the Future."

56 "Art May Hold the Key to Solving the Problems of the Future."

PART 03   전시 단계

1 Tara Wray official website, https://www.tarawray.net; Tara Wray, *Too Tired for Sunshine* (New York: Yoffy Press, 2018), http://www.yoffypress.com/too-tired-for-sunshine/; Too Tired Project, https://www.tarawray.net/tootiredproject.

8단계   모순을 관리하라

1 Nikitta Foston, "Considering Private Practice? Here Are 6 Things to Think About," *The Do*, American Osteopathic Association, November 8, 2017.

2 Constance Grady, "*The Heathers* TV Show Was Pulled Following a Mass Shooting—for the Third Time This Year," Vox.com, October 29, 2018; Nicholas

Kristof, "Why 2017 Was the Best Year in Human History," *New York Times*, January 6, 2018.

3　Joel Shannon, "At Least 228 Police Officers Died by Suicide in 2019, Blue H.E.L.P. Says," *USA Today*, January 2, 2020.

4　Sasha Bogojev, "Uncanny Trompe L'oeil Replicas of Classic Masterpieces Painted in Humble Outdoor Locations," *Colossal*, November 6, 2018.

5　Sasha Bogojev, "Julio Anaya Cabanding Displays Museum-Worthy Masterpieces in Public Space," *Juxtapoz*, January 4, 2019.

6　Sasha Bogojev, "A Fist of Flowers Presents a Message of Unity on the Streets of Santarcangelo," *Colossal*, October 12, 2018.

7　Judith E. Glaser, "Your Brain Is Hooked on Being Right," *Harvard Business Review*, February 28, 2013.

8　Vicki Webster, Paula Brough, and Kathleen Daly, "Fight, Flight or Freeze: Common Responses for Follower Coping with Toxic Leadership," *Stress & Health*, October 2016, https://doi.org/10.1002/smi.2626.

9　Rosanna Sobota et al., "Oxytocin Reduces Amygdala Activity, Increases Social Interactions, and Reduces Anxiety-like Behavior Irrespective of NMDAR Antagonism," *Behavioral Neuroscience*, August 2015, http://dx.doi.org/10.1037/bne0000074.

10　Mark Sherman, "Why We Don't Give Each Other a Break," *Psychology Today*, June 20, 2014.

11　Roger J. Volkema, *The Negotiation Toolkit: How to Get Exactly What You Want in Any Business or Personal Situation* (New York: AMACOM, 1999).

12　Jonathan Miles, *The Wreck of the Medusa* (New York: Atlantic Monthly Press, 2007).

13　McKee, *Wreck of the Medusa*.

9단계　　실수를 금으로 메우기

1　Editors of Encyclopaedia Britannica, "Ashikaga Yoshimasa: Japanese Shogun," *Encyclopaedia Britannica*.

2　Michael Hoffman, "Fifteenth Century Shogun Ashikaga Yoshimasa: Impotent or Indifferent?," *Japan Times*, October 15, 2016.

3　Kevin Shau, "Higashiyama Culture and Quintessential Japanese Aesthetics," *Medium*, March 20, 2019.

4 "What Is a Chinese Tea Ceremony?," Red Blossom Tea Company, June 25, 2019.

5 Kelly Richman-Abdou, "Kintsugi: The Centuries-Old Art of Repairing Broken Pottery with Gold," *My Modern Met*, September 5, 2019.

6 "'Urushi,' the Beautiful and Dangerous Art of Japanese Lacquerware," *Japan Info*, August 2, 2016.

7 "The Space Between," MASS MoCA, https://massmoca.org/event/the-space-between/.

8 Grace Ebert, "Opulent Kintsugi Installation by Artist Victor Solomon Gilds Dilapidated Basketball Court in Los Angeles," *Colossal*, August 4, 2020.

9 Katie Sierzputowski, "Jan Vormann Invites Playful Interaction by Patching Crumbling Walls with LEGO Bricks," *Colossal*, October 3, 2018.

10 Jan Vormann, *Dispatch Work*, https://www.dispatchwork.info.

11 Pinar Noorata, "Artist Beautifies Public Spaces with Ornate Lace Patterns," *My Modern Met*, February 18, 2013.

12 Boooooooom.com Staff, "Broken Window Installation by Artist Pejac," Boooooooom.com, October 31, 2016.

13 Johnny Waldman, "Broken Ceramics Found on the Beach, Turned into Chopstick Rests Using Kintsugi," *Colossal*, June 13, 2016.

14 "Kintsugi Bowl: The Art of Precious Scars," The Course at the Centre, https://www.thecourseatthecentre.com/the-kintsugi-bowl-art-of-precious-scars; Eric D. Zelsdorf, "Kintsugi: The Art of Precious Scars," *Psychology Today*, June 27, 2020.

15 Seph Rodney, "Reflecting on the Mistakes I've Made as an Art Critic," *Hyperallergic*, May 29, 2020.

16 Rodney, "Reflecting on the Mistakes I've Made."

17 Hrag Vartanian, "Sunday Edition, Mistakes: From Oversights to Missteps," *Hyperallergic*, August 30, 2020.

18 Rodney, "Reflecting on the Mistakes I've Made."

19 McKee, *Wreck of the Medusa*.

20 Regina F. Graham, "50 Years after She Was Called a N***** outside the Whitney, Artist Faith Ringgold's Work—Inspired by That Day—Hangs in the New York Gallery That Once Refused to Show Her Paintings," *Daily Mail*, February 13, 2018.

21 Grace Glueck, "Women Artists Demonstrate at Whitney," *New York Times*,

December 12, 1970.

22 Andrew Russeth, "The Storyteller: At 85, Her Star Still Rising, Faith Ringgold Looks Back on Her Life in Art, Activism, and Education," *ARTNews*, March 1, 2016.

23 Russeth, "The Storyteller."

24 Faith Ringgold, *Hate Is a Sin Flag*, 2007, Whitney Museum of American Art, https://whitney.org/collection/works/55835.

25 Graham, "50 Years after She Was Called a N*****."

26 Jessica Stewart, "Artist Turns Discarded Trash into Fantastical Animal Sculptures," *My Modern Met*, September 28, 2016.

27 Ann Koh and Anuradha Raghu, "The World's 2-Billion-Ton Trash Problem Just Got More Alarming," *Bloomberg*, July 11, 2019.

28 Juliana Lytkowski, "Curbing America's Trash Production: Statistics and Solutions," Dumpsters.com, April 29, 2020.

29 Lauren Frayer, "A Day's Work on Delhi's Mountain of Trash," *NPR*, July 6, 2019; Ariel Min, "In World's Poorest Slums, Landfills and Polluted Rivers Become a Child's Playground," *PBS*, February 12, 2015.

30 Jen Anesi, "Obama Visit Likely to Delay Lake Orion Schools Buses, Snarl Local Traffic," *Orion Patch*, October 13, 2011.

31 Megan Greenwalt, "GM Plant Using Landfill Gas to Produce 54% of Its Electricity," *Waste 360*, August 2, 2016; "GM Greener Vehicles," Corporate Newsroom, General Motors, July 10, 2015.

32 Eagle Valley Landfill, Waste Management, https://eaglevalleylandfill.wm.com/index.jsp.

33 Eagle Valley Landfill, Waste Management; "GM Greener Vehicles."

34 Wendy Johnson, "Suddenly, the Chevrolet Bolt Is an SUV?," *Motor Biscuit*, October 24, 2020; Energy Efficiency & Renewable Energy, US Department of Energy, FuelEconomy.gov.

35 "General Motors Expands Landfill-Free Efforts Globally," Corporate Newsroom, General Motors, February 28, 2018, https://media.gm.com/media/us/en/gm/news.detail.html/content/Pages/news/us/en/2018/feb/0228-landfill-free.html.

36 "General Motors Expands Landfill-Free Efforts Globally"; "GM Turns Recycled Water Bottles into Engine Insulation," *Environmental Protection*, May 9, 2016.

37 "General Motors Expands Landfill-Free Efforts Globally."

38 Christopher Jobson, "Guerilla Flower Installations on the Streets of NYC by Lewis Miller Design," *Colossal*, December 13, 2017; "Lewis Miller—Not Your Grandmother's Florist," Phaidon.com.

39 Alice Yoo, "Riveting Story behind that Striking Sculpture," *My Modern Met*, June 30, 2011.

40 Ferris Jabr, "Why Your Brain Needs More Downtime," *Scientific American*, October 15, 2013.

41 Tim Kreider, "The 'Busy' Trap," *New York Times*, June 30, 2012.

42 Kreider, "The 'Busy' Trap."

43 Kevin Drum, "The Counterintuitive World," *Mother Jones*, September 30, 2010.

44 Christopher Jobson, "My New Old Chair: Artist 'Fixes' Broken Wood Furniture with Opposing Materials," *Colossal*, November 16, 2016.

45 Tim Newark, *Camouflage* (London: Thames and Hudson, 2007).

46 Michele Dantini, *Modern & Contemporary Art* (New York: Sterling Publishing, 2008).

47 Susanna Partsch, *Franz Marc, 1880~1916* (Cologne: Taschen, 2001).

48 Robyn Griggs Lawrence, "Wabi-Sabi: The Art of Imperfection," *Utne*, September~October 2001.

49 Kate Sierzputowski, "Ai Weiwei Wraps the Columns of Berlin's Konzerthaus with 14,000 Salvaged Refugee Life Vests," *Colossal*, February 16, 2016.

50 Ai Weiwei, "The Refugee Crisis Isn't about Refugees. It's about Us," *Guardian*, February 2, 2018.

51 Margie Warrell, "Why Embracing Uncertainty Is Critical to Your Success," *Forbes*, July 21, 2015.

52 "Théodore Géricault," *The Art Story*, https://www.theartstory.org/artist/gericault-theodore/.

53 Todd Farley, "Disabilities Are at the Heart of Chuck Close's Art," *Brain & Life*, American Academy of Neurology, August/September 2011.

54 Viktor Frankl, *Man's Search for Meaning* (Boston: Beacon Press, 2006). (국내 출간 《빅터 프랭클의 죽음의 수용소에서》, 이시형 옮김, 청아출판사, 2020)

55 *The Raft of the Medusa*, Louvre, https://www.louvre.fr/en/oeuvre-notices/raft-medusa.

56 줄리 메레투와의 인터뷰, 휘트니미술관 전시 오디오 가이드, 2020년 1월.

- Gericault, Theodore (1791~1824). *The Raft of the Medusa* [*Le radeau de la Meduse*]. 1819. Oil on canvas, 491.0×716.0 cm. Inv. 4884. Photo: Michel Urtado. Musée du Louvre, Paris, France ⓒ RMN-Grand Palais / Art Resource, NY.

- *George Washington* (*Lansdowne Portrait*). Gilbert Stuart (3 Dec 1755~9 Jul 1828), National Portrait Gallery, Smithsonian Institution; acquired as a gift to the nation through the generosity of the Donald W. Reynolds Foundation.

- Abraham Lincoln, three-quarter length portrait, seated and holding his spectacles and a pencil—digital file from original neg. | Library of Congress (loc.gov).

- Kehinde Wiley, *Barack Obama*, 2018 Oil on canvas, 84×58 inches. ⓒ Kehinde Wiley. Courtesy of The National Portrait Gallery, Smithsonian Institution.

- Janine Antoni, *Lick and Lather*, 1993. One licked chocolate self-portrait bust and one washed soap self-portrait bust on pedestals. Edition of 7+2 AP. Bust: 24×16×13 inches (60.96×40.64×33.02 cm) (each, approximately). Pedestal: 45 7/8×16 inches (116.01×40.64 cm) (each). Collection of Carla Emil and Rich Silverstein and the San Francisco Museum of Modern Art (John Caldwell, Curator of Painting and Sculpture, 1989~93, Fund for Contemporary Art purchase). ⓒ Janine Antoni; Courtesy of the artist and Luhring Augustine, New York. Photo: Ben Blackwell.

- Janine Antoni, *Lick and Lather*, 1993. Seven licked chocolate self-portrait busts and seven washed soap self-portrait busts on fourteen pedestals. Bust: 24×6×13 inches (60.96×40.64×33.02 cm) (each, approximately) Pedestal: 45 7/8×16 inches (116.01×40.64 cm) (each). Installation dimensions: variable. Photographed by Lee Stalsworth at the Hirshhorn Museum and Sculpture Garden, Washington, D.C., 1999. ⓒ Janine Antoni; Courtesy of the artist and Luhring Augustine, New York.

- World maps: *Black and White Political Map of the World*: Public domain, via Wikimedia

Commons.

- Paul Pfeiffer, *Caryatid* (*De La Hoya*), 2015 digital video loop, chromed 12-inch colour television with embedded media player 24.1×26.7×36.8 cm. 91/2×01/2×141/2 in. ⓒ Paul Pfeiffer. Courtesy of the artist, Thomas Dane Gallery, and Paula Cooper Gallery.

- Pablo Picasso, *Girl before a Mirror*. Boisgeloup, March 1932. Oil on canvas, 64×51 1/4″ (162.3×130.2 cm). Gift of Mrs. Simon Guggenheim. The Museum of Modern Art, New York, NY, USA. ⓒ 2021 Estate of Pablo Picasso / Artists Rights Society (ARS) Digital Image ⓒ The Museum of Modern Art / Licensed by SCALA / Art Resource, NY.

- *Woman Holding a Mirror*, from the series "Eight Views of Tea-stalls in Celebrated Places" ("Meisho koshikake hakkei"), 1790~1801. Clarence Buckingham Collection. The Art Institute of Chicago.

- *Top left*: Egon Schiele, *Drawing a Nude Model in front of a Mirror* (1910) ⓒ The Albertina Museum, Vienna. *Top right*: Magritte, René (1898~1967) ⓒ ARS, NY. *La Reproduction interdite* (*Portrait d'Edward James*). 1937. Oil on canvas, 81×65 cm. Museum Boijmans van Beuningen, Rotterdam, The Netherlands ⓒ 2021 C. Herscovici / Artists Rights Society (ARS), New York Banque d'Images, ADAGP / Art Resource, NY. *Bottom*: Elizabeth Colomba, *Narcissus*, 2008, ⓒ 2021 Elizabeth Colomba / Artists Rights Society (ARS), New York.

- *Alice Neel Self-Portrait*, Alice Neel, 1980. Oil on canvas. National Portrait Gallery, Smithsonian Institution ⓒ The Estate of Alice Neel. Courtesy The Estate of Alice Neel and David Zwirner.

- *Synecdoche* by Byron Kim. ⓒ Byron Kim 2021. Image courtesy of the artist and James Cohan, New York.

- *Officer of the Hussars*, 2007 (oil on canvas), Wiley, Kehinde (b. 1977) / Detroit Institute of Arts, USA / ⓒ Detroit Institute of Arts / Bridgeman Images.

- Géricault, Théodore (1791~1824). *Officer of the Chasseurs* (*Imperial Guard*) *on Horseback* Oil on canvas. 349.0×266.0 cm. Inv4885. Photo: Franck Raux. Musée du Louvre, Paris, France ⓒ RMN-Grand Palais / Art Resource, NY.

- Cristofano Allori (1577~1621), *Judith with the Head of Holofernes*, 1613 (signed and dated 1613). Oil on canvas. Royal Collection Trust / ⓒ Her Majesty Queen Elizabeth II 2021.

- Panorama view on Budapest city from Fisherman Bastion. Hungary. VitalEdush/

istockphoto.com. Stock photo ID:537333836.

- *The Shoes on the Danube Bank*: Dr. Borgovan / Shutterstock.com ID: 1535291591/ Shutterstock.

- *Elihu Yale; William Cavendish, the second Duke of Devonshire; Lord James Cavendish; Mr. Tunstal; and an Enslaved Servant*, Unknown artist, 1708, Oil on canvas, 79 1/4×92 3/4 inches (201.3×235.6 cm). Yale Center for British Art, Gift of Andrew Cavendish, eleventh Duke of Devonshire Object Number: B1970.1.

- Frans Hals, *Family Group in a Landscape*, 1645~1648, oil on canvas. 202×285 cm. Copyright Museo Nacional Thyssen-Bornemisza, Madrid.

- *Top*: Hans Holbein the Younger (1497~1543), *Jean de Dinteville and Georges de Selve* ('*The Ambassadors*'), 1533. © National Gallery, London / Art Resource, NY. *Bottom*: Hans Holbein the Younger (1497~1543), *Jean de Dinteville and Georges de Selve* ('*The Ambassadors*'), 1533. Detail of the skull. © National Gallery, London / Art Resource, NY.

- Kerry James Marshall, *School of Beauty, School of Culture*, 2012, acrylic on canvas, 108×158 inches. © Kerry James Marshall. Courtesy of the artist and Jack Shainman Gallery, New York.

- Edward Hopper, *Western Motel*, 1957. © 2021 Heirs of Josephine N. Hopper / Licensed by Artists Rights Society (ARS), NY. Yale University Art Gallery. Bequest of Stephen Carlton Clark, B.A. 1903.

- *Virginia Museum of Fine Arts Hopper Hotel Experience*. Photo: Travis Fullerton © Virginia Museum of Fine Arts.

- *Object*: *Abolition of the Slave Trade, or the Man the Master*, 1789. "Pub. by W Dent May 26 1789 / Sold by W. Moore. Oxford Street May 26 1789." *British Museum* © *The Trustees of the British Museum*.

- Karen Zack, *Icon*, 2010, photography, 16×20 inches.

- Manet, Edouard (1832~1883) *Olympia*. 1863. Oil on canvas, 130.5×190.0 cm. RF644. Photo: Patrice Schmidt Musée d'Orsay, Paris, France © RMN-Grand Palais / Art Resource, NY.

- Félix Vallotton, *La Blanche et la Noire*, 1913. Öl auf Leinwand, 114×147 cm. Kunstmuseum Bern, Dauerleihgabe Hahnloser/Jaeggli Stiftung © Reto Pedrini, Zürich.

- *Left*: Artemisia Gentileschi (Rome 1593~Naples 1652), *Self-Portrait as the Allegory of Painting (La Pittura)* 1638 to 1639 (c. 1638~9). Oil on canvas. Royal Collection Trust

/ ⓒ Her Majesty Queen Elizabeth II, 2021. *Right*: *Judith and Her Maidservant with the Head of Holofernes*, c.1625 (oil on canvas), Gentileschi, Artemisia (1597~c.1651) / Detroit Institute of Arts, USA / ⓒ Detroit Institute of Arts / Gift of Mr Leslie H. Green / Bridgeman Images.

- John Francis Peters/*The New York Times*/Redux. A border patrol officer on the U.S. side of the Mexico border wall, across from an art installation by artist JR, on the Mexican side, near Tecate, Calif.

- Gentileschi, Artemisia (1597~c.1651), *Susanna and the Elders*, c. 1650. Oil on canvas. 168×112 cm. Photo: Mario Bonotto. Museo Civico, Bassano del Grappa, Italy Mario Bonotto / Scala / Art Resource, NY.

- Félix Vallotton (Lausanne, 1865~Paris 1925), *La chaste Suzanne*, 1922. Huile sur toile, 54×73 cm. Musée cantonal des Beaux-Arts de Lausanne. Acquisition en copropriété avec la Fondation Gottfried Keller, Office fédéral de la culture, Berne, un crédit extraordinaire de l'Etat de Vaud, et un don de l'Association des Amis du Musée, 1993. Inv. 1993-017 ⓒ Musée cantonal des Beaux-Arts de Lausanne.

- Gen. Nguyen Ngoc Loan, South Vietnamese chief of the national police, fires his pistol into the head of suspected Viet Cong official Nguyen Van Lem on a Saigon street early in the Tet Offensive, February 1, 1968. (AP Images/ Eddie Adams).

- *Left*: Jan Brueghel the Elder, *Flowers in a Wooden Vessel*, from 1606~1607, Kunsthistorisches Museum, Vienna, Austria. *Right*: Steve McQueen *Running Thunder*, 2007, 16mm colour film continuous loop. ⓒ Steve McQueen. Courtesy of the artist, Thomas Dane Gallery, and Marian Goodman Gallery.

- *Left*: Berenice Abbott/Masters via Getty Images. *Right*: Alec Soth, *Mary, Milwaukee, WI. 2014.* ⓒ Alec Soth/Magnum Photos.

- Alec Soth, Joelton, Tennessee. 2004. Josh Vance (aka Crash) with peanut butter & jelly. ⓒ Alec Soth/Magnum Photos.

- Colton Seale, *Perspectives*, Peterborough, NH.

- Installation photograph of Rachel Whiteread's "Untitled (One Hundred Spaces)," 1995, Tate Britain, during the Whiteread exhibition.

- Jean Shin, *Penumbra*, 2003, Courtesy of the Artist and Socrates Sculpture Park.

- *Harvest Dome*, 2.0. SLO Architechture, 2013. Photo: Andreas Symietz.

- Jorge Méndez Blake, *Amerika, 2019 Bricks*, edition of "Amerika" by Franz Kafka, 185.1×30.2×1016 cm. Installation view at the exhibition Borders at James Cohan, New York, 2019. Images courtesy of the artist.

- Magritte, René (1898~1967), *La Clairvoyance*. 1936. Private Collection © 2021 C. Herscovici / Artists Rights Society (ARS), New York Herscovici / Art Resource, NY.
- Dan Scott, Childe Hassam, *The Sea*, 1892, focal points, 2018. www.drawpaint academy.com, 2018.
- Dan Scott, Claude Monet, *The Thames Below Westminster*, 1871, focal points, 2018. www.drawpaintacademy.com.
- Yin and Yang Symbol © teono4ka / Fotosearch LBRF / agefotostock.
- *Left*: Ilya Repin, *Girl with Flowers, Daughter of the Artist*, 1878, Artefact / Alamy Stock Photo. *Right*: Dan Scott, *Notan of Ilya Repin, Girl with Flowers, Daughter of the Artist*, 1878, www.drawpaintacademy.com, 2018.
- Mitchell Albala, *Cascade Dusk*.
- Mitchell Albala, notan study, Cascade Dusk, marker on paper, 2.5"×5.5", 6.3×12.7 cm.
- Maggie Holyoke, *Expanding the Square*, 2021.
- *Left*: Hugo Glendinning, Cold Dark Matter Shed before explosion, 1991, © Hugo Gledinning. All Rights Reserved, DACS/Artimage 2021. *Right*: Hugo Glendinning, Cold Dark Matter Explosion, 1991, © Hugo Glendinning. All Rights Reserved, DACS/Artimage 2021.
- Cornelia Parker. *Cold Dark Matter: An Exploded View*, as displayed in Duveen Gallery, Tate Britain.
- Kumi Yamashita, "Warp & Weft, Mother No. 2."
- Dalí, Salvador (1904~1989), *Retrospective Bust of a Woman*. 1933 (some elements reconstructed 1970). Painted porcelain, bread, corn, feathers, paint on paper, beads, ink stand, sand, and two pens, 29×27 1/4×12 5/8". The Museum of Modern Art, New York, NY, USA. Digital Image © The Museum of Modern Art/Licensed by SCALA / Art Resource, NY © 2021 Salvador Dalí, Fundacio Gala-Salvador Dalí, Artists Rights Society; MoMA, https://www.moma.org/collection/works/81329.
- Francisco Goya. *The Third of May 1808 in Madrid or "The Executions."* 1814. Oil on canvas. © Photographic Archive, Museo National del Prado.
- *Top*: José Manuel Ballester, *3 de mayo*, 2008. Photographic print on canvas 269.2×351 cm. Edition 1/2+1 A.P. Guggenheim Bilbao Museoa Photo: Guggenheim Bilbao Museoa © FMGB Guggenheim Bilbao Museoa, photo by Erika Barahona Ede. *Bottom*: José Manuel Ballester, *La balsa de la Medusa*, 2010. Photographic print

on canvas 491×717 cm. Unique edition Guggenheim Bilbao Museoa. Photo:
Guggenheim Bilbao Museoa ⓒ FMGB Guggenheim Bilbao Museoa, photo by
Erika Barahona Ede.

- Jean-Léon Gérôme (1824~1904) *Pygmalion and Galatea*. ca. 1890. Oil on
canvas, 35×27 in. (88.9×68.6 cm). Gift of Louis C. Raegner, 1927 (27,200). The
Metropolitan Museum of Art, New York, NY, USA. Image copyright ⓒ The
Metropolitan Museum of Art. Image source: Art Resource, NY.

- Anonymous or Louis Bonnard, Jean-Léon Gérôme with a model in frontal view,
posing for *Omphale*, plaster seen in frontal view, ca. 1885. Albumen silver print.

- *Top*: Jean-Léon Gérôme, *Truth Coming Out of Her Well*, Musée Anne-de-Beaujeu
(Moulins, France) / Jérôme Mondière. *Bottom*: Jean-Léon Gérôme, *A Roman Slave
Market*, The Walters Art Museum, Baltimore.

- *Top*: Archibald J. Motley, Jr., *Nightlife*, 1943 (oil on canvas). The Art Institute
of Chicago, IL, USA ⓒ Valerie Gerrard Browne / Chicago History Museum/
Bridgeman Images. *Bottom*: Louise Fishman, *Too Much, Too Much*, 2020. Courtesy
the artist, the Royal De Heus Collection, The Netherlands, and Karma, New York.

- M.C. Escher, *Day and Night* ⓒ 2021 The M.C. Escher Company-The Netherlands.
All rights reserved. www.mcescher.com.

- Géricault, Théodore (1791~1824), *The Raft of the Medusa* [*Le radeau de la Meduse*].
1819. Oil on canvas, 491.0×716.0 cm. Inv. 4884. Photo: Michel Urtado. Musee du
Louvre, Paris, France ⓒ RMN-Grand Palais / Art Resource, NY.

- Géricault, Théodore (1791~1824), *The Raft of the Medusa*, detail of bottom center
section. 1819. Oil on canvas, 491.0×716.0 cm. Inv. 4884. ⓒ Musée du Louvre,
Dist. RMN-Grand Palais / Photo: Angèle Dequier. / Art Resource, NY.

- Géricault, Théodore (1791~1824), *The Raft of the Medusa*, detail of top center
section. 1819. Oil on canvas, 491.0×716.0 cm. Inv. 4884. Louvre, Paris, France
ⓒ Musée du Louvre, Dist. RMN-Grand Palais / Photo: Angèle Dequier. / Art
Resource, NY.

- Géricault, Théodore (1791~1824), *The Raft of the Medusa*, detail of center section.
1819. Oil on canvas, 491.0×716.0 cm. Inv. 4884. Louvre, Paris, France ⓒ Musée du
Louvre, Dist. RMN-Grand Palais / Photo: Angèle Dequier. / Art Resource, NY.

- Free 6lack album cover. Photo by Anthony Cabaero / Designed by Carlon Ramong
and Mihailo Andic.

- *Andersonville Prison, Ga., August 17, 1864*. Southwest view of stockade showing the dead-line photographed 1864, [printed between 1880 and 1889]. Library of Congress, Prints & Photographs Division, Civil War Photographs, [reproduction number, LC-USZ62-122695 DLC.].

- Richard Serra, *Backdoor Pipeline*. Photo by Mike Bruce, 2010, © 2021 Richard Serra / Artists Rights Society (ARS), New York.

- Ai Weiwei, *Remembering*, 2009, © Manfred Bail/imageBROKER/agefotostock Haus der Kunst art museum, exhibition, "So Sorry" by Ai Weiwei, Munich, Bavaria, Germany, Europe.

- *Left*: Julie Cockburn, *Mr Optimistic*, 2014. Hand embroidery on found photograph. Copyright Julie Cockburn, Courtesy of Flowers Gallery. *Right*: Julie Cockburn, *The Conundrum*, 2016. Hand embroidery on found photograph. Copyright Julie Cockburn, Courtesy of Flowers Gallery.

- Christo and Jeanne-Claude, *The Gates*, Project for Central Park, New York City, USA, Credit: Wolfgang Volz/laif/Redux.

- Julie Mehretu, American, b. 1970, *Stadia II*, 2004 ink and acrylic on canvas, H: 107 3/8 in.×W: 140 1/8 in.×D: 2 1/4 in. (272.73×355.92×5.71 cm). Carnegie Museum of Art, Pittsburgh: Gift of Jeanne Greenberg Rohatyn and Nicolas Rohatyn and A. W. Mellon Acquisition Endowment Fund, 2004.50 © Julie Mehretu. By permission.

- Henri Matisse, *Jeanette I-V*, 1910~13. © 2021 Succession H. Matisse / Artists Rights Society (ARS), New York Gift of the Art Museum Council in memory of Penelope Rigby (68.3.1-.2 and M.68.48.1-.3). Photo © M . . . Matisse, Henri (1869~1954) © Copyright Digital Image © (2021) Museum Associates / LACMA. Licensed by Art Resource, NY.

- Jennifer Odem, *Rising Tables*, Sunset Photo: Kevin Kline.

- Lorenzo Quinn, *Support*, 2017, © 2021 Artists Rights Society (ARS), New York / VEGAP, Madrid.

- Christo and Jeanne-Claude, *Wrapped Reichstag*, Berlin 1971~95, Germany. Credit: Wolfgang Volz/laif/Redux.

- Krzysztof Wodiczko, *Monument*, 2020. Video installation, dimensions variable. Collection Krzysztof Wodiczko, courtesy of Galerie Lelong & Co., New York. © Krzysztof Wodiczko. Photograph by Andy Romer/Madison Square Park Conservancy. This exhibition was organized by Madison Square Park Conservancy, New York, and was on view from January 16 through May 10, 2020.

- Yayoi Kusama, *Infinity Mirrored Room—The Souls Of Millions Of Light Years*

Away, 2013. Wood, metal, glass mirrors, plastic, acrylic panel, rubber, LED lighting system, acrylic balls, and water. 113 1/4×163 1/2×163 1/2 inches, 287.7×415.3×415.3 cm. ⓒ YAYOI KUSAMA. Courtesy David Zwirner, New York; Ota Fine Arts, Tokyo/Singapore/Shanghai.

- Tara Wray, *Quechee*, *VT*, *2014*, from the book *Too Tired for Sunshine* (UK: Yoffy Press, 2018).
- Eron, *Tower to the People*, spray paint on wall, Santarcangelo di Romagna, Rimini, (Italy) 2018.
- *Top*: Julio Anaya Cabanding, "Emilio Ocón y Rivas, 'Vista del puerto de Málaga.'" Intervención pictórica, 2018. *Bottom*: Julio Anaya Cabanding, "Simón Vouet, 'El tiempo vencido por el amor, la belleza y la esperanza.'" Intervencion pictorica/ pictorial intervention, 2017.
- *Top*: *Marcel Duchamp*, New York, 1948 ⓒ The Irving Penn Foundation. *Bottom*: *Georgia O'Keeffe*, New York, 1948 ⓒ The Irving Penn Foundation.
- Kintsugi Bowl: Marco Montalti/ Shutterstock.com ID:1799987551/Shutterstock.
- Victor Solomon, *Kintsugi Court*. studio@victorsolomon.com, Literally Ball ing.com. Photo Credit: Shafik Kadi‒ @Shafik.
- *Top*: Jan Vormann, *Lego Blocks Art Work*, 2015, Sofia, Bulgaria, June 6, 2015, Zoonar GmbH / Alamy Stock Photo. *Bottom*: *Camouflage Year*: *2016*. Location: Rijeka, Croatia. Photos: PEJAC, @pejac_art.
- Bordalo II, *Elephant*, 2016. Parody Art Museum, Pattaya, Thailand. Photo credit: Bordalo II.
- *Flower Flash* by Lewis Miller. Photo credit: Irini Arakas Greenbaum.
- Paige Bradley, *Expansion*, bronze with electricity, photograph by Victor Lear www. paigebradley.com.
- Tatiane Freitas, *My Old New Chair*, 2010, 20.5×18×33.5, acrylic×wood, @ tatianefreitastudio www.tatianefreitas.com.
- Marc, Franz (1880~1916). *The Tower of the Blue Horses* (*Turm der Blauen Pferde*). 1913. Oil on canvas, 200×130 cm. Lost since 1945 /Art Resource, NY.
- *Nike* (*Victory*) *of Samothrace*. 3rd‒2nd centuries, BCE. Musée du Louvre. Scala / Art Resource, NY.
- ⓒ Erin O'Keefe, *Built Work #17*. Photograph, 40"×32", used with permission.
- Gabriel Orozco, *Four Bicycles* (*There Is Always One Direction*) *Cuatro Bicicletas* (*Siempre hay una direccion*), 1994 Bicycles 78×88×88 in. / (198.1×223.5×223.5 cm). Courtesy of the

artist and Marian Goodman Gallery. © Gabriel Orozco.

- Mary Weatherford, *Blue Cut Fire*, 2017. Flash and neon on linen 117×104 inches. Photo: Fredrik Nilsen Studio. Courtesy of the artist and David Kordansky Gallery, Los Angeles.

- Géricault, Théodore (1791~1824). *The Raft of the Medusa* [*Le radeau de la Meduse*]. 1819. Oil on canvas, 491.0×716.0 cm. Inv. 4884. Photo: Michel Urtado. Musée du Louvre, Paris, France © RMN–Grand Palais / Art Resource, NY.

- *Ghosthymn* (*After the Raft*), 2019~2021. Diptych; ink and acrylic on canvas, 144×180 in. (365.8×457.2 cm). Courtesy of the artist and Marian Goodman Gallery. Photo credit: Tom Powel. Imaging Copyright: Julie Mehretu.[insert new credit; hard return:]

- Installation view of Julie Mehretu (Whitney Museum of American Art, New York, March 24~August 8, 2021). *Ghosthymn* (*After the Raft*) by Julie Mehretu, 2019~21. Courtesy of the artist and Marian Goodman Gallery. Photo credit: Ron Amstutz.

문제의 너머를 보다
예술가의 해법

1판 1쇄 인쇄 2023년 5월 31일
1판 1쇄 발행 2023년 6월 7일

지은이 에이미 E. 허먼
옮긴이 문희경
펴낸이 고병욱

기획편집실장 윤현주 **책임편집** 장지연 **기획편집** 유나경 조은서
마케팅 이일권 김도연 함석영 김재욱 복다은 임지현
디자인 공희 진미나 백은주
제작 김기창 **관리** 주동은 **총무** 노재경 송민진

펴낸곳 청림출판(주)
등록 제1989-000026호

본사 06048 서울시 강남구 도산대로 38길 11 청림출판(주) (논현동 63)
제2사옥 10881 경기도 파주시 회동길 173 청림아트스페이스 (문발동 518-6)
전화 02-546-4341 **팩스** 02-546-8053
홈페이지 www.chungrim.com
이메일 cr1@chungrim.com
블로그 blog.naver.com/chungrimpub
페이스북 www.facebook.com/chungrimpub

ISBN 978-89-352-1418-1 03320